保险精算简明教程

王达布希拉图　主编

中国统计出版社
China Statistics Press

图书在版编目(CIP)数据

保险精算简明教程 / 王达布希拉图主编. —— 北京 ：中国统计出版社，2017.4

ISBN 978－7－5037－8128－5

Ⅰ. ①保… Ⅱ. ①王… Ⅲ. ①保险精算－高等学校－教材 Ⅳ. ①F840.48

中国版本图书馆 CIP 数据核字(2017)第 064842 号

保险精算简明教程

作　　者/王达布希拉图

责任编辑/梁　超

封面设计/李雪燕

出版发行/中国统计出版社

通信地址/北京市丰台区西三环南路甲 6 号　邮政编码/100073

电　　话/邮购(010)63376909　书店(010)68783171

网　　址/http://www.zgtjcbs.com

印　　刷/三河市双峰印刷装订有限公司

经　　销/新华书店

开　　本/710×1000mm　1/16

字　　数/295 千字

印　　张/18.25

版　　别/2017 年 4 月第 1 版

版　　次/2017 年 4 第 1 次印刷

定　　价/40.00 元

前　言

保险精算是为可保风险损失提供经济保障的科学方法体系和测算工具集合。保险作为一种经济制度起源于人类社会客观存在的风险及其造成的损失。风险的不确定性和复杂性使得人类对其内在规律的探索举步维艰。尽管如此,人类在一些特定风险的认识和处理方面积累了丰富的经验,并总结提炼成为有价值的科学理论与方法,其最典型的一类代表就是保险精算科学。

本教程意在为地方高校金融数学专业、统计学专业、金融工程专业以及其他金融经济类、工商管理类学生提供关于保险精算原理和概貌的简明读本,亦可作为保险精算课程的教材使用。

为了在短时间内使读者了解保险精算的概貌,本教程试图将保险学、利息论、寿险精算、非寿险精算的一些基础知识精简融合。教程共分十二章:第一章主要讲述保险的产生、发展、功能和地位等保险学知识;第二章讲述利息理论基础;第三章至第十章讲述寿险精算基础知识;第十一章讲述保单现金价值与红利;第十二章为非寿险精算选讲,概括介绍非寿险基本概念、费率厘定原理和方法、分类与经验费率、车辆保险等基础知识。读者通过本教程的学习可正确理解与掌握保险的意义和本质,保险中的风险、损失的意义;利息度量、单利与复利公式、名义与实际利率、贴现率、利息力、年金;人的寿命保险,生存函数,生命表,余寿变量的概率分布,寿险的精算现值,生存年金与养老金精算现值,保费、净准备金精算原理;非寿险的损失模型、费率厘定、车辆保险精算原理等基础知识和应用方法。

为了更好地理解和掌握本教程,读者应已学过概率论与数理统计、高等数学、金融学等相关基础知识。

在本教程的编写中，作者在总结自己历年保险精算课程教案的基础上，主要参考了王晓军、孟生旺先生编著的教材《保险精算原理与实务》，魏华林、林宝清先生主编的教材《保险学》，杨静平先生编著的教材《寿险精算基础》以及李秀芳先生编著的教材《保险精算》等素材。没有这些素材的支撑，完成本教程的编写任务是难以想象的。在此，作者谨向他们表达由衷的谢意。梁达宏副教授提供了他利息理论的电子版讲义供参考，作者的研究生张秋芸、蒋翠、黄惠婷、张颖、全森协助部分文字、公式、图表的编辑录入工作，对于他们的辛勤劳动表示诚挚的谢意。

本教程作者虽倾注较大精力，但为统计学、金融工程、金融数学等专业本科生编写一本综合性的保险精算简明教程还是初次尝试。作者在保险精算领域的学术水平有限，实践经验不足，因此，不当之处难免，欢迎读者批评指正。

编者

2017 年 4 月

目　录

第一章　保险原理概述

§1.1　风险损失导致保险

1.1.1　风险及其特征

1.1.1.1　风险的概念

人们经常谈论风险，但对风险的准确定义，不同的人有不同的解释。有的认为风险是一种不确定性，包括不幸事件发生与否的不确定性、或损失发生的不确定性、或可测定的不确定性等；有的则认为风险是一种疑虑，包括对客观存在的遭受损害可能性的疑虑，或在一定情况下关于未来结果的疑虑等。这些解释都有一定的合理性，但缺乏准确性。风险的真正含义是指引致损失的事件发生的一种可能性。这里首先强调的是“引致损失的事件”的存在。引致损失的事件一定是随机事件，但随机事件不一定是损失事件。例如，投币试验中的出现正面事件的可能性大小是可测定的，大约50％，然而，投币的行为本身不存在损失的问题。该定义中的事件并不一定是“不幸事件”，因为风险不仅与损失相联系，而且也可能与盈利相联系，如股票市场中股价下跌作为风险，空头可以从中获利，而多头则遭受损失。其次，定义中的“可能性”与不确定性略有区别。它是指概率介于0－1的可能性，除去概率为0和1的极端情形。不确定性只是风险的特征之一，并不包括风险的全部内涵。如投机风险具有不确定性但它是不可测定的，而纯粹风险则一般为可测定的不确定性。综上，可以认为风险是可以被感知和认识的客观存在，无论从微观角度，还是从宏观角都可以对其进行判断和估计，从而对风险进行有效管理。

1.1.1.2　风险的特征

风险有如下特征：

1. 客观性特征。风险是客观存在的，是不以人们的意志为转移的。虽然随着人类科技水平的提高对部分风险的认知和处理有一定的改善，但总体上风险是不可排除的，只能在一定条件下探求其规律加以防范。

2. 损害性特征。风险与人的利益密切相关，损害是风险发生的后果，给人们造成直接或间接经济损失。正因为如此，人类必然产生避险需求。无损害或损失也就无风险。无风险损失也就无保险。(注意:保险不是保证风险的不发生，而是保证消除风险发生的后果，即对损失进行经济补偿。)

3. 不确定性特征。风险明显具有不确定性。它有空间上的不确定性、时间上的不确定性、损失程度的不确定性。偶然性是不确定性之一。风险的偶然性形成了经济单位和个人对风险保障(保险)的需求，风险的不确定性使之成为保险关注的风险。

4. 可测定性特征。风险是随机现象，对个别风险而言是不可预知的。但就风险总体而言，利用处理随机现象的概率统计方法，风险损失概率是可以测定的。如生命表。

5. 发展性特征。人类社会的不断发展也在不断创造新的风险品种。如高新技术的开发利用导致的各种污染。

1.1.1.3 风险因素、风险事故和损失

1. 风险因素

风险因素也称风险条件，是引发风险事故或在风险事故发生时使损失增加的条件。一般分为:

(1)实质风险因素:指有形的并能直接影响事件的物理功能的风险因素;

(2)道德风险因素:指与人的品行修养有关的风险因素。如:诈骗、纵火;

(3)心理风险因素:与人的心理状态有关的无形因素。如:人的疏忽、过失、片面依赖保险。

2. 风险事故

也称风险事件，是指损失的直接原因或外在原因，也即指风险由可能变为现实、以至引起损失的结果。风险因素是损失的间接原因，因为风险因素要通过风险事故的发生才能导致损失。风险事故是损失的媒介物。火灾、爆炸、地震、车祸、疾病等是其表现形式。

风险事故与风险因素的区分，如暴风雨，若其毁坏房屋、庄稼等，则它就是风险事故，但若它只是造成路面积水、能加度差、道路泥泞引致连环车祸，则它就不是风险事故，而是风险因素，车祸才是风险事故。所以，判别标准就看是否直接引起损失。

3. 损失

损失作为风险管理和保险经营的重要概念，是指非故意的、非计划的和非预

期的经济价值的减少。如恶意行为、折旧等造成的后果不构成损失，记忆力减退的后果也不是损失。但车祸导致人的胳膊丧失便是损失。形态上分为两类：直接、间接。前者即实质损失；后者是直接损失进一步引发的或带来的无形损失，包括额外费用损失、收入损失和责任损失。

1.1.2 可保风险

1.可保风险的概念

可保风险即可保危险，是指可被保险公司接受的风险或可以向保险公司转嫁的风险。可保风险必须是纯粹风险，即危险，经过核保的危险。

2.可保风险的条件

(1)可保风险不是投机性风险

保险公司承保的风险一般是纯粹风险，即仅有损失机会而无获利可能的风险。即不是投机性的风险。

(2)可保风险必须是偶然性风险

风险是客观存在的，风险的偶然性是对个体标的而言的，如对某个人、某一企业等。偶然性包含两层意思：一是发生的可能性，不可能发生的风险是不存在的。二是发生的不确定性，即发生的对象、时间、地点、原因和损失程度等，都是不确定的。如果是确定的风险，那么就是必然要发生的风险。对某个人必然要发生的风险，保险人是不予承保的。如某人患了绝症，并已确诊，他就不能向保险公司投保死亡保险，因为在可预见的时间内，死亡对他来说已是必然的。

(3)可保风险必须是意外的风险

风险的意外性包含两层意思：一是风险发生或风险损害后果的扩展都不是投保人的故意行为。因为故意引发的风险事件和扩大损害后果均为道德风险，保险人是不予承保的。二是风险的发生是不可预知的，因为可预知的风险往往具有必然性。如适航的油轮在海上出险是不可预知的，而不适航的海轮由于出险概率大，其在海上出险是可预知的，因此，保险人不予承保。即使侥幸投保成功，出险时一经查出，保险人也不负赔偿责任。

(4)可保风险必须是大量标的均有遭受损失可能性的风险

这一条件是要满足保险经营的大数法则要求。即是说某一风险必须是大量标的均有遭受损失的可能性(不确定性)，但实际出险的标的仅为少数(确定性)。如火灾对于建筑物。只有这样的风险，才能计算出合理的保险费率，让投保人付得起保费，保险人也能建立起相应的赔付基金，从而实现保险的“千家万户帮一家”的宗旨。否则，某种风险只是少数几个个体所具有，保险人承保这样的风险等于下赌注进行投机。

(5)可保风险应是具有发生重大损失可能性的风险

只有这样的风险才有对保险的旺盛需求。

§1.2 保险的定义与功能

1.2.1 保险的概念

1. 保险的定义(自然属性)

保险是集合具有同类危险的众多单位或个人,以合理计算分担金的形式,实现对少数成员因该危险事故所致经济损失的补偿行为。

2. 保险的本质(社会属性)

即多数单位或个人为了保障其经济生活的安定,在参与平均分担少数成员因偶发的特定危险事故所致损失的补偿过程中形成的互助共济价值形式的分配关系。简言之,保险的本质是指在参与平均分担损失补偿的单位或个人之间形成的一种分配关系。

3. 保险分配关系的客观必然性

保险分配关系是客观存在的一种经济关系。这是因为人与自然界的关系决定了人类在进行物质资料生产和与意外事故应对的活动中必须以一定方式联合起来,互相共济,互相交换,共同分担经济损失补偿,以集体的力量增强同自然界和谐相处的能力,这就形成了我为人人,人人为我,千家万户帮一家的经济关系,即保险分配关系。由于自然力和偶发事件造成的破坏在任何社会制度下都是不可避免的,是不以人的意志为转移的自然规律,这就决定了在商品货币经济条件下,保险分配关系的客观必然性。

1.2.2 保险的功能

保险的基本功能包括:

1. 分散危险功能

为了确保经济生活的安定、分散危险,保险把集中在某一单位或个人身上的因偶发的灾害事故或人身事件所致的经济损失,通过直接摊派或收取保险费的办法平均分摊给所有被保险人,这即是保险的分散危险功能。

2. 补偿损失功能

保险将集中起来的保险费用于补偿被保险人合同约定的保险事故或人身事

件所致的经济损失，这便是保险的补偿损失功能。

1.2.3　保险功能所发挥的作用

1. 保险在微观经济中的作用

(1)有利于受灾企业及时恢复生产。保险可以合理、及时、有效的补偿受灾企业的经济损失，能够使企业迅速恢复生产。

(2)有利于企业加强经济核算。企业花费少量的保险费就能较大程度地将企业的危险事宜转嫁于保险公司，这将使企业加强经济核算，积极参保。

(3)有利于企业加强危险管理。参保企业虽然在保险事故发生时得到应有的经济损失补偿，但有时事故造成的经济损失往往得不到完全补偿，仍然会有较大的不能补偿的经济损失，所以企业将会自觉加强危险管理。

(4)有利于安定人民生活。自然灾害等保险事故同样对社会的细胞家庭造成经济损失，但参保家庭会及时获得保险人的经济补偿，度过难关，因此灾害面前人民生活安定有序。

(5)有利于民事赔偿责任的履行。由于承担民事赔偿责任的单位或个人可以通过参保的办法将赔偿风险转嫁于保险人，这较大程度地避免了不履行赔偿责任的风险。

2. 保险在宏观经济中的作用

(1)保障社会再生产的正常进行。保险可以及时修补因自然灾害等保险事故造成的社会生产系统的中断和失衡，使社会再生产得以正常进行。

(2)推动商品的流通和消费。商业信用保险有助于商品的流通和消费。

(3)推动科学技术向现实生产力转化。保险可以为使用新技术带来的风险提供经济损失保障，从而促进技术进步和科技成果的产品转化。

(4)有利于财政和信贷收支平衡的顺利实现。保险可以使参保企业的财产损失得到有效补偿，生产得以恢复，这也就恢复了财政收入增长，信贷收支的实现。

(5)增加外汇收入，增强国际支付能力。保险是对外经济贸易和国际交往中必不可少的环节。

(6)动员国际范围内的保险基金。由于再保险和共保机制可以使保险基金联结为一体，一旦超越国界，就可以与国际范围内的保险基金联结起来。

1.2.4　商业保险

1. 保险的商品属性

(1)保险的商品形态

保险能够成为买卖对象，取得商品形态，是因为它具有经济损失补偿的功能或说能提供经济保障，从而满足人们转嫁危险损失的需要。在商品保险的形态下，保险是纯粹独立形态的保障性商品，它的商品表现即为保险单。另外，在市场化条件下保险基金的的筹集和保险补偿一般不可能采取直接摊派的方式，而只能采用保险人出售保险单和投保人交付保险费的买卖方式得以实现。

(2)保险商品的价值和使用价值

保险商品价值的质和量：质的规定性指保险补偿过程中必需消耗的部分生产资料和生活资料生产的物化劳动；量的规定性指净保费率。

保险商品使用价值的质和量：质的规定性指保险所能提供的经济保障；量的规定性指的是保险金额。

(3)保险商品符合等价交换原理

保险商品是否是等价交换的？初看不是，因为一部分人交了保费并未得到补偿。但保险商品是特殊商品，投保人从保险人购买保险实际上是两厢情愿，符合等价交换原则。

(4)商业保险的定义

商业保险，又称合同保险或自愿保险，即保险双方当事人自愿订立保险合同，由投保人交纳保险费，用于建立保险基金；当被保险人发生合同约定的财产损失或人身事件时，保险人履行赔付或给付保险金的义务。给付一词的应用是因为寿险中储蓄已是主因，储蓄的兑付不是赔偿。

1.2.5 保险公司

1. 保险公司的性质

我国保险公司与世界各国保险公司一样，是非银行金融机构的一种形态。保险公司之所以被定位为金融机构，是因为其拥有巨额的保险基金可用于货币市场和资本市场融资，而且几乎表现为资金的融出，并成为金融市场三大或四大金融支柱之一。保险公司与商业银行不同，它的融资活动主要是在资本市场，而不是货币市场。

2. 保险公司的功能

保险公司的功能可分为两种，一种是作为组织保险经济活动和经营保险业务的专业公司的功能，有组织保险经济补偿功能、掌握保险基金功能和防灾防险功能。二是作为金融机构的保险公司的功能，有融资和吸收储蓄的功能。所谓金融型保险公司，即是组织经济补偿和融通资金这两个基本功能的统一。

§ 1.3 保险合同

1.3.1 保险合同概述

与一般消费者和商家的商品买卖关系不同,保险商品买卖是建立在合同的基础之上的,因而它是一种法律关系。法律关系是指人们根据法律规定而结成的、由国家强制力保证实施的权利和义务关系。保险合同又称保险契约,是保险双方之间订立的一种在法律上具有约束力的协议。

1. 保险合同与一般合同的共性

(1)当事人必须具有民事行为能力;

(2)是双方当事人意思一致的行为;

(3)合同必须合法,否则得不到法律保护。

2. 保险合同的特性

(1)双务性:合同双方均有对等的权利和义务;

(2)射幸性(机会性):保险标的发生风险损失具有偶然性,其造成保险合同具有碰运气、赶机会的特征;

(3)补偿性:在财产保险中凸显保险的补偿性特征;

(4)条件性:保险合同的履行具有明确的条件限制;

(5)附和性:保险合同由保险人提出,投保人只有同意或不同意的选择而没有改变合同条款的权利,只能附和;

(6)个人性:这主要指财产保险中保险人只能保障遭受经济损失的投保人个人,而不是所有遭受损失的财产。未经保险人审核同意,投保人在财产转让时不得将财产保险合同一并转让。

1.3.2 保险合同的要素

1. 保险合同主体

(1)合同当事人,包括保险人和投保人两者。

(2)保险合同的关系人,包括被保险人、保单所有人和受益人。

2. 保险合同的客体

保险合同的客体是保险利益。保险利益是指投保人或被保险人对保险标的所具有的法律上承认的利益。保险利益不同于保险标的。保险标的是保险合同中所载明的投保对象,是保险事故发生所在的本体,即作为保险对象的财产及其有关利益或人的生命、身体和健康。

3. 保险合同的内容

包括合同主要条款和合同的形式。

(1)主要条款,包括当事人的姓名和住所、保险标的、保险金额、保险费和保险期限。

(2)合同形式,包括投保单、暂保单、保费收据和保险单。

1.3.3 保险合同的履行

保险合同一经成立,投保人及保险人都必须各自承担自己的义务。一方履行其义务,他方则得以享受其权利或利益。所谓保险合同的履行即双方各自承担义务。

1. 投保人的义务

(1)缴纳保费的义务。

(2)通知义务:"危险增加"的通知义务;保险事故发生的通知义务;避免损失扩大的义务。

2. 保险人的义务

(1)确定损失赔偿责任

①基本责任:是指保险人依据保险合同的基本条款对投保人所承担的赔偿或给付的责任;②附加责任:是指附加于保险人基本责任范围之上的责任,是由投保人或被保险人提出要求并经保险人同意而增加的承保责任范围;③除外责任:是指保险标的的损失不属于由保险责任范围内的保险事故所导致的结果,因而保险人不予赔偿的责任。

(2)履行赔偿给付义务:

①赔偿金的内容:赔偿给付金额、施救费用、检验、估价、出售的合理费用;②赔偿金额的支付方式:原则上以现金支付方式为主,但不排除原来合同约定以实物赔偿的情况。

§1.4 保险的基本原则

1.4.1 保险利益原则

1. 保险利益及其成立条件

所谓保险利益原则,是指在签订和履行保险合同的过程中,投保人或被保险人对保险标的必须具有保险利益。保险利益既是订立保险合同的前提条件,也是保险合同生效及其在存续期间保持效力的前提条件。

(1)保险利益的含义

保险利益是指投保人或被保险人对保险标的所具有的法律上承认的经济利益,这种经济利益因保险标的的完好、健在而存在,因保险标的的损毁、伤害而受损。

(2)保险利益的要件:

①保险利益必须是合法的利益;②保险利益必须是确定的利益;③保险利益必须是经济上的利益。

2. 保险利益的意义

保险利益可以用来规定保险保障的最高限度,可以有效防止道德危险的发生,并可用来区别保险与赌博的标准。

1.4.2 最大诚信原则

1. 最大诚信原则的含义

任何一项民事活动,各方当事人都应当遵循诚信原则,这是世界各国立法对民事、商事活动的基本要求。保险合同关系属于民商事法律关系,自然也必须遵守诚信的原则。但保险活动中对当事人诚信的要求要比一般民事活动更为严格,要求当事人具有“最大诚信”。这主要源于海上保险。因为在海上保险中,投保的船舶和货物往往远离保险人,保险人无法对投保的财产作实地查勘,只能根据投保人的陈述来决定是否承保及以什么条件承保。因此,投保人的陈述是否正确属实对于保险人是至关重要的,由此确立了最大诚信原则。例如英国《1906 年海上保险法》第 17 条规定:“海上保险合同是建立在最大诚信原则基础上的合同,如果任何一方不遵守这一原则,另一方可以宣告合同无效。”以后这一原则被运用于各种保险,成为保险的基本原则之一。诚信就是讲诚实和守信用。讲诚实是指一方当事人对另一方当事人不得隐瞒、欺骗;守信用是指任何一方当事人都必须善意地、全面地履行自己的义务。所以,最大诚信原则基本含义是:保险双方在签订和履行保险合同时,必须以最大的诚信,履行自己应尽的义务,互不欺骗和隐瞒,恪守合同的认定与承诺,否则保险合同无效。坚持最大诚信原则是为了确保保险合同的顺利履行,维护保险双方当事人的利益。但实际中,往往对投保人的要求严一些,因为投保人对保险标的的情况最了解,之所以要投保,是知道危险的存在,欲将标的的危险转嫁给保险人。而保险人面对广泛的保险标的,对标的的危险除了调查之外,了解甚少,主要是根据投保人的陈述来决定是否承保,如何承保以及适用的费率。对保险人的诚信要求，主要通过保险业法和和政府监管来实现。

2. 最大诚信原则的主要内容

(1)告知

告知是指投保人在订立保险合同时，应当将与保险标的有关的重要事实如实地向保险人陈述，以便让保险人判断是否接受承保或以什么条件承保。告知是投保人或被保险人的法定义务。

(2)保证

保证是指保险人在签发保险单或承担保险责任之前要求投保人或被保险人对某一事项的作为或不作为，某种事态的存在或不存在做出的承诺或确认。保证的内容属于保险合同的重要条款之一，是保险人签发保险单或承担保险责任所需投保人或被保险人履行某种义务的条件。

1.4.3 损失补偿原则

1. 损失补偿原则的含义

损失补偿原则是指保险合同生效后，如果发生保险责任范围内的损失，被保险人有权按照合同的约定，获得全面、充分的赔偿。保险赔偿的目的是弥补被保险人由于保险标的遭受损失而失去的经济利益，被保险人不能因保险赔偿而获得额外利益。

2. 损失补偿原则的基本内容

(1)被保险人请求损失赔偿的条件

①保险人对保险标的具有保险利益；②被保险人遭受的损失在保险责任范围之内；③被保险人遭受的损失能用货币衡量。

(2)保险人履行损失赔偿责任的限度

①以实际损失为限；②以保险金额为限；③以保险利益为限。

(3)损失赔偿方式

①第一损失赔偿方式。即在保险金额限度内，按照实际损失赔偿。其计算公式为：

当损失金额小于等于保险金额时，赔偿金额＝损失金额

当损失金额大于保险金额时，赔偿金额＝保险金额

②比例计算赔偿方式。按保障程度，即按保险金额与损失当时保险财产的实际价值的比例计算赔偿金额，具体计算公式为：

$$\text{赔偿金额}=\frac{\text{损失金额}\times\text{保险金额}}{\text{损失当时保险财产的实际价值}}$$

§1.5　保险业务的种类

现代保险业务主要包括财产保险、人身保险、责任保险、再保险四大部分。其中前两者属于传统保险业务，持续了几个世纪。后两者是现代社会发展起来并越来越受到重视的新保险业务。

1.5.1　财产保险

财产保险是指以财产及其相关利益为保险标的、因保险事故的发生导致财产的损失，以金钱或实物进行补偿的一种保险。财产保险包括如下保险种类：

1. 火灾保险，简称火险。是指保险人对于保险标的因火灾所导致的损失负责补偿的一种财产保险。

2. 海上保险，简称水险。是指保险人对于保险标的物因海上危险所导致的损失或赔偿责任，提供经济保障的一种保险。

3. 汽车保险，包括汽车损失保险和汽车责任保险。前者主要承保汽车车身的损失，有时也承保医疗费用风险，此种医疗费用风险，是指被保险汽车在使用过程中发生意外事故，致使被保险人或同车乘客直接受到身体伤害时，由被保险人支付医疗费用的保险。后者承保被保险人因汽车对第三者所负的赔偿责任，故称第三者意外责任保险。

4. 航空保险，这是一个统称，在国际保险市场上，其保障范围包括一切与航空有关的风险。航空保险的保障对象有财物和人身之分，以财物为保险标的的航空保险主要有飞机保险与空运货物保险。以责任为保险标的的航空保险有旅客责任险、飞机第三者责任险和机场责任险等。

5. 工程保险，是指对进行中的建筑工程项目、安装工程项目及工程运行中的机器设备等面临的风险提供经济保障的一种保险。

6. 利润损失保险，该保险在英国被称为灾后损失险（consquential loss insurance），在美国被称为营业中断险（busniess interruption insurance）或毛收入险（gross earning form）。该保险主要对传统的财产保险中不承保的间接后果的损失提供损失补偿。这是一种附加保险。它承保由于火灾等自然灾害或意外事故使被保险人在一定时期内停产、停业或者营业受到影响所造成的间接的经济损失，包括利润损失和灾后营业中断期间仍需开支的必要费用等损失。

7. 农业保险，是以种植业和养殖业为保险标的，对其在生长、哺育、成长过程中因遭受自然灾害或意外事故导致的经济损失提供损失补偿的一种保险。由于农业风险较大，农业的经济收入偏低的客观因素的制约，不适宜采用商业保险模式。

1.5.2 人身保险

1. 人寿保险，即寿险，是本教程重点阐述的内容，它主要包括：死亡保险、生存保险、生死合险。

2. 意外伤害保险，是指被保险人在保险有效期间因遭遇非本意的、外来的、突然的意外事故，致使其身体蒙受伤害因而残废或死亡时，保险人按照合同约定给付保险金的一种人身保险。

3. 健康保险，是指被保险人因疾病、分娩而造成的经济损失由保险人提供经济保障的一种保险。分为三类：因疾病或分娩造成残疾或死亡时的残废保险金或死亡保险金；因疾病或分娩造成的医疗费用保险；工作能力丧失收入保险，被保险人因疾病所致的全部工作能力丧失或部分工作能力丧失，而使其不能获得正常收入，由保险人分期给付保险金的一种健康保险。

1.5.3 责任保险

1. 公众责任保险，又称普通责任保险或综合责任保险，它是责任保险中独立的，适用范围极为广泛的保险类别，主要承保企业、机关、团体、家庭、个人以及各种组织，在固定的场所因其疏忽，过失行为而造成他人的人身伤害或财产损失，依法应承担的经济赔偿责任的一种保险。包括场所责任保险，个人责任保险等。

2. 产品责任保险，该保险是承保产品制造者、销售者，因产品缺陷致使他人的人身伤害或财产损失而依法应由其承担的经济赔偿责任的一种保险。

3. 职业责任保险，该保险是承保各种专业技术人员，因工作上的疏忽或过失造成合同对方或他人人身伤害或财产损失而依法应承担经济损失赔偿责任的一种保险。

4. 雇主责任保险，雇主雇佣劳工需要承担数种责任，其中代价最高的是按照劳工赔偿法或雇主责任法对雇员因工作而遭受的伤亡和疾病应当承担的法律赔偿责任。雇主通过参加雇主责任保险来遵守这一法律规定。该保险是承保雇主的雇员在受雇期间从事业务时，因遭受意外事故导致伤、残、死亡，或患有与职业有关的的职业性疾病而依法或根据雇佣合同应由雇主承担的经济赔偿责任的一种保险。

§1.6　保险精算概述

精算学起源于人寿保险的保费计算。如今精算学已成为度量和评价风险并制定经济安全方案的方法体系。它运用统计学、数学、金融学、人口学、经济学等学科知识和原理，解决经济社会中各种风险损失保障的有关计算问题，应用各种数理模型来估计和分析未来不确定事件（风险）产生的影响（特别是财务方面的影响），尽而为决策提供科学依据。

保险精算是运用统计学、数学、金融学、保险学、会计学和人口学等学科的知识和原理，去解决商业保险和社会保障业务中需要精确计算的项目，如研究保险事故的出险规律、保险事故损失额的分布规律、保险人承担风险的平均损失及其分布规律、保险费和责任准备金等保险具体问题的计算。按照精算学的发展过程，人们习惯于将保险精算分为寿险（人寿保险）精算和非寿险精算两部分。

1.6.1　寿险精算

寿险精算包括人寿保险经营中涉及的保险费、责任准备金和保单现金价值计算等内容。利息理论和生命表是寿险精算的两大基础。寿险精算的数理基础是大数法则，其保费计算的基本原则是收支平衡原则。

人寿保险是人类最早涉足的保险业务，寿险精算伴随寿险业务的发展应运而生，而精算学也自然起源于寿险精算。早在 1530 年伦敦有一对淋巴腺鼠疫流行状况进行早期预报的系统，该系统每周一次给出所统计的死亡人数数据，当死亡人数上升时，表明鼠疫开始流行，富人们就会从城镇迁移到乡下躲避。后来到 1693 年，英国著名天文学家哈利（E. Halley）编制了第一个较完善的人口生命表，使年金价值的计算更为精确，并提出了一些精算理念。因此，一些精算学者认为，寿险精算始于 1693 年。在此之前的寿险保费采用赋课制，未将年龄大小、死亡率高低等与保费挂钩，有关计算单一、粗糙，考虑的因素少，因而使寿险经营缺乏严密的科学基础。18 世纪 40 年代至 50 年代，辛普森（Thomas Simpson）根据哈利的生命表，制作出依照死亡率增加而递增的费率表，陶德森（James Dodson）依据年龄之差等因素找出计算保险费的方法。寿险经营与寿险精算密不可分，相互促进，并最终形成当今一整套成熟的寿险精算体系，所以在一般的保险教育中，寿险精算是首选课程。

1.6.2 非寿险精算

非寿险是指除人寿保险以外的其他保险业务类型。非寿险精算是指上述业务的保险费、意外损失准备金、自留限额、未到期责任准备金和未决赔款准备金等的计算，大致可分为财产保险精算、意外伤害保险精算和医疗保险精算三类。

尽管非寿险经营由于保费收入高发展势头好，但与寿险精算相比，非寿险精算的发展相对落后。这多由于非寿险精算在数量分析、随机因素影响、计算误差等方面远比寿险精算复杂，高度依赖统计学理论和方法的进步。它们间的差异如下：

1. 二者风险性和经营稳定性不同。寿险的标的是人的生命，风险的测定和保险经营相对稳定；而非寿险以各种自然灾害和意外事故作为保险事故，风险的测定和保险经营不稳定。

2. 二者的费率厘定方法不同。寿险的保费是以预定的死亡率、预定利率和预定费用率为基础计算的，计算比较准确。非寿险的保险费是以历史上长期的保险损失统计资料为依据的，与实际赔付差异的波动性较大。

3. 巨额损失可能性不同。

4. 保险期限和合同数量不同。

非寿险精算始终把损失发生的频率、损失发生的规模以及对损失的控制作为它的研究重心。现在，非寿险精算已经发展了两个重要分支：一是损失分布理论，研究在过去有限的统计资料的条件下未来损失的分布情况及损失和赔偿的相互关系等问题；二是风险理论，通过对损失频率和损失规模分布的分析，研究出险次数和每次损失金额大小的复合随机过程，以确定保险公司应具备多大的基金方可不“破产”，以及评估“破产”概率的大小等问题。

1.6.3 精算学的应用领域

前已提到，精算学已成为评价风险和制定经济安全方案的方法体系，因此，应用性与交叉性是它的特点。它的应用主要包括：人口死亡率的估计、财产、灾害、责任保险的营运和社会保障，如出险规律、损失的分布规律、保费的厘定、保险产品的设计、准备金的提取、基金的投资，退休、医疗、失业、工伤、生育等保障方面成本与债务的分配方案、社会保障基金的投资方案等。

以下让我们以 1 年期定期寿险为例来初步理解保险的本质和意义。

对保额为 100000 元的保单，在 0.0043 的死亡概率下，每个人的期望损失为 430 元，即在不考虑保险公司的费用、投资收益、利润的情况下，每个投保人需要缴付的保费为 430 元，如保险公司出售 10000 张保单，则纯保费收入总额为 4300000 元。如果实际的与预期的死亡概率相等，则 1 年内死亡 43 人，按上述保额的总赔付恰为 4300000 元，收支相等。但实际给付支出是取决于该年内保单组实际死亡人数的随机变量，若实际死亡人数超过 43 人，则保险人预收的保费不能补偿给付支出，产生不利偏差；反之，则得承保利润。保险人的风险就是不利偏差。

对投保人而言，用小额 430 元换来 10 万元的保障，1 年后，保险期间内的所有不确定性均消失，出现索赔与非索赔两种结局，死亡者获得经济支持，生存者未得任何保费的返还，这里在保单所有人之间发生了转移支付，这种转移支付的功能是由保险人来完成的。

这里充分展示了保险的基本特征：自助互助性、保费的返还性、大数定律的保证和保险产品的保障性功能。

1.6.4　精算师和精算工作

精算师在国外，被称为金融、保险、投资和风险管理的工程师。通过对风险和损失的预先评价，对风险事件做出预先的财务安排，保证风险经营的财务稳健性。在保险公司，精算师主要就职于产品开发部、精算部、财务部等部门，其工作职责主要有经验数据分析、新产品设计和保费定价、负债评估、利润分析等。

精算师的教育体系和职业培训体系为保险业提供源源不断的精算人才。从国际上最早用生命表分析年金问题的论文算起，精算学在西方已有 300 多年的发展历史。1848 年，国际上第一个精算师协会——英格兰精算师协会成立。在英国、美国、加拿大、日本等国家，成为精算师必须通过一系列的考试，不论过去的教育背景如何，只要通过规定课程的考试，就可获得精算师资格。考试课程分为两个阶段，基础知识和基本技能阶段，系列高级精算课程阶段。通过前者可获准精算师资格，通过后者在加一定的实际工作经验可获精算师资格，成为精算协会的正式会员。其他国家主要采用学历认可制度，大学精算专业本科毕业相当于获准精算师资格。

全球经济与金融一体化的发展使得精算师的认可标准和教育标准也将在全球范围内趋于一致。

我国《保险法》第 121 条规定，保险公司必须聘用经保险监督管理机构认可的精算专业人员，建立精算报告制度。1998 年中国保险监督委员会成立，1999 年 10 月，举行第一次精算师资格考试，2000 年 12 月 15 日，开始了正式的中国精算师系列考试，2004 年，增加了中国精算师非寿险方向考试。

习　题

1.1　关于风险的定义有哪些？你支持哪一种说法？为什么？

1.2　如何理解保险与风险的关系？

1.3　保险商品交换具有哪些特点？

1.4　保险公司具有哪些功能？如何获得这些功能？

1.5　区分保险标的和保险利益对保险公司的实际意义是什么？

1.6　什么是最大诚信原则？其主要内容有哪些？

1.7　如何理解保险精算的意义？什么是精算学？

第二章　利息论基础

§2.1　利息的度量

2.1.1　基本概念

在经济活动中,资金的周转使用会带来价值的增值。资金周转使用的时间越长,实现的价值增值就越大。同时,等额的货币在不同时间,由于受通货膨胀的影响,其实际价值也不同。因此,借入或出让资金都有相应的代价或报酬。

利息:利息是借入资本需要支付的使用代价,或者是出让资本使用权得到的报酬。利息的计算与累积函数、计息方式、投资期长短有关。

本金:开始投资滋生利息的款项。

终值(累积值):本金经过一定时期后形成的总金额称为终值,也称为累积值。

累积函数 $a(t)$:0 时刻数量为 1 的本金在 t 时刻的累积值(终值),$a(0)=1$,$a(t)$ 可以连续或间断,可以单调递增,也可以单调递减,但我们总希望它单调递增以保证存在正的利息。显然,$a(t)=a(0)+i(t)=1+i(t)$,其中 $i(t)$ 表示 1 元本金在 t 时刻的利息,t 表示 1 元本金投资使用的时间长度。时间长度可以用不同的单位来度量,如分钟、小时、日、周、月、季、三个月、半年、一年等。用来度量时间的单位称为“度量期”或“期”,其中最常用的期是年。

总额函数 $A(t)$:一定额度(K 个单位)的本金在 t 时刻的累积值称为总额函数,它是本金与利息之和,$A(0)$ 就是本金。以 $I(t)$ 表示 t 时刻的利息,则 $I(t)=A(t)-A(0)$。

$A(t)$ **与** $a(t)$ **的关系**:$A(t)=A(0)+I(t)=A(0)+A(0)i(t)=A(0)a(t)$。

我们称累积函数 $a(t)$ 的倒数 $1/a(t)$ 为 t **期贴现因子或贴现函数**,记为 $v(t)$。把 1 期贴现因子 $1/a(1)$ 简称**贴现因子**,记为 v。t 期贴现因子是为了使在 t 期期末的累积值为 1 而在开始时投入的本金金额,即 $A(0)=1/a(t)$。从而,

$A(t)=A(0)a(t)=[1/a(t)]a(t)=1$。

我们把为了在 t 期期末得到某个累积值而在开始时投入的本金金额称为该累积值的**现值**。如 $v(t)=1/a(t)$ 是在 t 期期末累积值 1 的现值，在 t 期期末累积值 $A(t)$ 的现值是 $A(t)[1/a(t)]$。在某种意义上，累积与贴现是相反的过程，如 $a(t)$ 为 1 单位本金在 t 期期末的累积值，而 $1/a(t)$ 是 t 期期末 1 单位终值的现值。**把从投资日起第 n 个度量期得到的利息金额记为 I_n**，

$$I_n=A(n)-A(n-1),\quad n\geqslant 1$$

I_n 为一个时间区间上所得利息的量，$A(n)$ 为在一特定时刻的累积量。

实际利率：某一度量期的实际利率是指该度量期内得到的利息金额与该度量期开始时投资的本金金额之比，通常用字母 i 来表示。

对于实际利率保持不变的情形，$i=I_1/A(0)$；对于实际利率变动的情形，第 n 个度量期的实际利率 $i_n=I_n/A(n-1)=[A(n)-A(n-1)]/A(n-1)$。

例 2.1.1 某人到银行存入 1000 元，第一年末他存折上的金额为 1020 元，第二年末他存折上的金额为 1050 元，问：第一年和第二年的实际利率分别是多少？

解 显然 $A(0)=1000$，$A(1)=1020$，$A(2)=1050$，因此，

$$I_1=A(1)-A(0)=20,\ I_2=A(2)-A(1)=30,$$

$$i_1=\frac{20}{1000}=2\%,\ i_2=\frac{30}{1020}=2.941\%$$

故第一年的实际利率 2%，第 2 年的实际利率为 2.941%。

2.1.2 单利和复利

前面讨论的实际利率是针对某一个度量期而言的，若投资期为多个或非整数个度量期，那么如何进行利息的度量呢？最重要的度量方式有单利和复利两种。考虑投资一单位本金。

如果其在 t 时刻的累积值为 $a(t)=1+it$，则该笔投资以每期单利 i 计息，称这样产生的利息为**单利**；

如果其在 t 时刻的累积值为 $a(t)=(1+i)^t$，则称该笔投资以每期复利 i 计息，这样产生的利息为**复利**。

由上述定义可知：

1. 若以每期单利 i 计息，则在 1 元本金的投资期间，每一度量期产生的利息均为 i。但这并不意味着其实际利率为 i。实际上，对 $n\geqslant 1$，第 n 期的实际利率为

$$i_n=\frac{a(n)-a(n-1)}{a(n-1)}=\frac{(1+in)-(1+i(n-1))}{1+i(n-1)}=\frac{i}{1+i(n-1)}$$

显然，i_n 关于 n 单调递减。常数的单利意味着递减的实际利率。

2. 若以每期复利 i 计息。则在投资期间的不同度量期将产生不同的利息。即，

$$I_n = a(n) - a(n-1) = (1+i)^n - (1+i)^{n-1} = i(1+i)^{n-1} = ia(n-1)$$

I_n 关于 n 单调递增。而对于每期实际利率，有

$$i_n = \frac{a(n) - a(n-1)}{a(n-1)} = \frac{I_n}{a(n-1)} = i$$

常数的复利意味着实际利率为常数。单利只在本金上计息，而复利是利上生利的计息方式。

例 2.1.2 某银行以单利计息，年息为 2%，某人存入 5000 元，问 5 年末的累积值是多少？

解 $A(5) = 5000a(5) = 5000 \times (1 + 5 \times 2\%) = 5500$

例 2.1.3 上例中若银行以复利计息，其他条件不变，问 5 年末的累积值是多少？

解 $A(5) = 5000 \times (1 + 2\%)^5 = 5520.4$

即 5 年末的累积值为 5520.4 元。

注意：在单利和复利下，也可用各期的实际利率计算累计函数和总额函数。设第 t 期的实际利率为 i_t，则在单利下，

$A(n) = A(0)(1 + i_1 + i_2 + \cdots + i_n)$

$a(n) = 1 + i_1 + i_2 + \cdots + i_n$

在复利下，

$A(n) = A(0)(1 + i_1)(1 + i_2)\cdots(1 + i_n)$

$a(n) = (1 + i_1)(1 + i_2)\cdots(1 + i_n)$

例 2.1.4 以 10000 元本金进行 5 年投资，前 2 年的利率为 5%，后 3 年的利率为 6%。以单利和复利计算 5 年后的累积资金。

解 在单利下，有

$A(5) = 10000 \times (1 + 2 \times 5\% + 3 \times 6\%) = 12800$(元)

在复利下，有

$A(5) = 10000 \times (1 + 5\%)^2 \times (1 + 6\%)^3 = 13130.95$(元)

2.1.3 实际贴现率

一个度量期的实际贴现率为该度量期内取得的利息金额与期末的投资可回收金额之比，通常用字母 d 来表示实际贴现率。可以看出，实际贴现率 d 与实际利率 i 的定义十分类似。事实上，它们都是一个比例，而且都是利息除以投资金

额。只不过实际利率 i 对应的投资金额是在期初实际付出的资金金额，即本金；而实际贴现率 d 对应的投资金额是期末投资者可收回的资金金额。由定义可知，实际利率反映了单位货币在单位时间内的利息额，而实际贴现率反映了单位货币在单位时间内的贴现额。贴现额是指将应该在将来某时期支付的金额提前到现在来支付时，在支付额中应扣除的一部分金额，即扣除额。它相当于资金投资在期初的预付利息。

注 贴现和利息的区别在于分析的出发点不同，利息是在本金基础上的增值，贴现是在累积值基础上的减少值，相当于利率在每一复利计算期的起点时刻被计入。

类似于实际利率，也可以定义任意度量期的实际贴现率，令 d_n 为从投资日算起第 n 个时期的实际贴现率，根据定义，有

$$d_n=\frac{A(n)-A(n-1)}{A(n)}=\frac{I_n}{A(n)},\quad n\geqslant 1$$

I_n 为利息金额。一般而言，d_n 也可能随不同度量期而变化。然而，在复利情况下，若实际利率为常数，则实际贴现率也是常数。

设每期实际利率为 i，则

$$a(n)=(1+i)^n$$

$$d_n=\frac{a(n)-a(n-1)}{a(n)}=\frac{(1+i)^n-(1+i)^{n-1}}{(1+i)^n}=\frac{i}{1+i}$$

与度量期 n 无关。

例 2.1.5 某人到银行存入 1000 元，第一年末他存折上的金额为 1050 元，第二年末他存折上的金额为 1100 元，问：第一年和第二年的实际贴现率分别是多少？

解 由题意知 $A(0)=1000, A(1)=1050, A(2)=1100$，则实际贴现率

$$d_1=\frac{A(1)-A(0)}{A(1)}=\frac{I_1}{A(1)}=4.672\%$$

$$d_2=\frac{A(2)-A(1)}{A(2)}=\frac{I_2}{A(2)}=4.54\%$$

实际利率和实际贴现率都是用来度量利息的，若某人以实际贴现率 d 借款 1，则实际上的本金为 $1-d$，而利息（贴现）金额为 d，若这笔业务的实际利率为 i，则按实际利率的定义，得 $i=d/(1-d)$，这表明，与实际贴现率 d 等价的实际利率为 $d/(1-d)$。同时，由上等式可以求得 $d=i/(1+i)$，即与实际利率 i 等价的实际贴现率为 $i/(1+i)$。

贴现率 d 与贴现因子 v 之间也存在着重要关系。由于

$$v=\frac{1}{a(1)}=\frac{1}{1+i}$$

从而
$$d=\frac{i}{1+i}=iv$$

对于该式我们可以这样理解:以贴现率 d 投资 1 赚得的(已在期初支付)利息是 d,如果该笔业务以利率度量,且等价的实际利率为 i,也就是说,这笔业务如果投资 1,将在期末赚得利息 i,而 i 在期初的现值为 iv,这个值显然应该等于 d。

总之,等价的利率 i、贴现率 d 和贴现因子(折现因子)v 之间关系如下:

$$d=\frac{i}{1+i}=\frac{1+i}{1+i}-\frac{1}{1+i}=1-v$$
$$v=1-d$$
$$d=iv=i(1-d)=i-id$$
$$i-d=id$$

例 2.1.6 已知某项投资在一年中能得到的利息金额为 336 元,而等价的贴现金额为 300 元,求本金额。

解 设本金为 $A(0)$。假如他以贴现额 300 元投资 $A(0)$,则其实际本金为 $A(0)-300$,则实际利率为

$$i=\frac{300}{A(0)-300}$$

同时,由题设
$$A(0)i=336$$

于是,得
$$\frac{300}{A(0)-300}=\frac{336}{A(0)}$$

可解出
$$A(0)=2800(\text{元})$$

2.1.4 名义利率和名义贴现率

前面讨论了实际利率和实际贴现率,"实际"一词的主要含义在于,利息为每个度量期支付一次,或在期初,或在期末,视具体情况而定。然而,实际中往往有很多在一个度量期中利息支付不止一次或多个度量期才支付一次的情形。这时,我们称相应的一个度量期的利率和贴现率为"名义"的。例如,银行的存款年利率为 3%,但假如规定一年中可以结算 4 次利息,则实际年终累积值肯定会超过年利率下的累积值。这时,这个年利率 3%就是名义上的利率,即名义利率。再如,银行存款年利率 4%,但至少 3.5 年才可结算利息,这时,该年利率也是名义利率。我们用 $i^{(m)}$ 表示每一度量期支付 m 次利息的名义利率,这里的 m 可以不是整数也可以小于 1。

同样的，我们还可以定义名义贴现率 $d^{(m)}$，它是指每 $\frac{1}{m}$ 个度量期支付利息一次，而在每 $\frac{1}{m}$ 个度量期的实际贴现率为 $\frac{d^{(m)}}{m}$。设 i，d 表示与名义利率和名义贴现率等价的实际利率和实际贴现率，则有

$$1+i=\left(1+\frac{i^{(m)}}{m}\right)^{m},\quad 1-d=\left(1-\frac{d^{(m)}}{m}\right)^{m}$$

值得注意的是关于利率的描述，因为实务中有关利率的术语不统一，而且有些术语存在多重含义。我们这里称 $i^{(m)}$ 为每年计息 m 次的年名义利率（各计息期长度相同）；$d^{(m)}$ 为每年计息 m 次的年名义贴现率，如 $i^{(2)}=6\%$ 表示每年计息 2 次的年名义利率为 6%，也即每半年的实际利率为 3%。而 $i^{(\frac{1}{2})}=6\%$ 表示每两年计息一次的年名义利率为 6%。

例 2.1.7 （1）求与实际利率 8% 等价的每年计息 2 次的年名义利率以及每年计息 4 次的年贴现率；（2）已知每年计息 12 次的年名义贴现率为 8%，求等价的实际利率。

解 （1）由题意得 $\left(1+\frac{i^{(2)}}{2}\right)^{2}=1+i=1+8\%$，由此解得

$i^{(2)}=[(1+8\%)^{\frac{1}{2}}-1]\times 2=7.85\%$。又因为

$\left(1-\frac{d^{(4)}}{4}\right)^{-4}=(1-d)^{-1}=v^{-1}=1+i=1.08$，由此解得

$d^{(4)}=4\times[1-1.08^{-\frac{1}{4}}]=7.623\%$

（2）由题意得 $1+i=\left(1-\frac{d^{(12)}}{12}\right)^{-12}=\left(1-\frac{0.08}{12}\right)^{-12}=1.0836$。由此解得

$$i=8.36\%$$

例 2.1.8 求 1 万元按每年计息 4 次的年名义利率 6%投资 3 年的累积值。

解 $A(3)=10000a(3)=10000\,(1+i)^{3}$

$$=10000\times\left(1+\frac{i^{(4)}}{4}\right)^{4\times 3}=10000\times\left(1+\frac{0.06}{4}\right)^{12}$$

$$=10000\times 1.015^{12}=11956.2(\text{元})$$

2.1.5 利息力(利息强度)

前面定义的各种利息度量方式都是用来在规定的时间区间内的利息的。实际利率和实际贴现率度量的是一个度量期内的利息，而名义利率和名义贴现率则用来度量在 $1/m$ 个度量期内的利息。在很多情况下，我们还希望能度量在每一时

间点上的利息，也就是在无穷小时间区间上的利息。这种对利息在各个时间点上的度量称为利息力或利息强度。这相当于度量当 m 趋于正无穷大时的 $1/m$ 度量期内的极限利息。即 $\lim_{m\to+\infty} i^{(m)}$。

考虑投资一笔资金，设在时刻 t 的资金金额由总额函数 $A(t)$ 给出，这笔资金的变化完全由于利息的原因，即本金既不增加也不撤回。

定义　$\delta_t=\dfrac{A'(t)}{A(t)}=\dfrac{a'(t)}{a(t)}$

式中，δ_t 是该投资额在时刻 t 的利息力（利息强度），即它是利息在点（时刻 t）处的一种度量，是 t 时每一单位资金的变化率，或说是资金的瞬时利率。将定义式变形：

$$\delta_t=\frac{d\ln A(t)}{dt}=\frac{d\ln a(t)}{dt}$$

用 r 代替 t，然后将上式两端在 $[0,1]$ 上积分，得

$$\int_0^t \delta_r dr=\int_0^t \frac{d}{dr}\ln A(r)dr=\ln A(r)\Big|_0^t=\ln\frac{A(t)}{A(0)}$$

从而，

$$\exp\left\{\int_0^t \delta_{rdr}\right\}=\frac{A(t)}{A(0)}=\frac{a(t)}{a(0)}=a(t)$$

另外，由定义式，还可得

$$A(t)\delta_t=A'(t)$$

上式两端在 $[0,n]$ 上积分，可得

$$\int_0^n A(t)\delta_t dt=\int_0^n A'(t)dt=A(t)\Big|_0^n=A(n)-A(0)$$

此式解释如下：$A(n)-A(0)$ 为度量期内获得的利息。微分表达式 $A(t)\delta_t dt$ 则看成利息力为 δ_t 的情况下资金 $A(t)$ 在 t 时刻获得的利息，将此表达式在 $[0,n]$ 上积分，即得 n 个度量期内获得的利息总额。

例 2.1.9　如果 $\delta_t=0.01t(0\leqslant t\leqslant 0.01)$，确定投资 1000 元在第 1 年末的累计值和第 2 年内的利息金额。

解　$A(1)=1000a(1)=1000\exp\left\{\int_0^1 0.01tdt\right\}=1000e^{\frac{0.01}{2}}=1005$

$$I_2=A(2)-A(1)=1000\exp\left\{\int_0^2 0.01tdt\right\}-A(1)=1000(e^{2\times 0.01}-e^{\frac{0.01}{2}})=15.2$$

理论上，利息强度可以随时间变量的变化而变化。但是，实际上它经常保持为常数或在各个度量期上保持为常数。如果利息力在某时间区间上为常数，那么该时间区间上的实际利率也为常数。事实上，若在 $[n-1,n]$ 之间 $\delta_t=\delta$ 为常数，则有

$$i_n=\frac{a(n)-a(n-1)}{a(n-1)}=\frac{e^{n\delta}-e^{(n-1)\delta}}{e^{(n-1)\delta}}=e^{\delta}-1=i$$

由后一等式，可得

$$e^{\delta}=1+i,\quad \delta=\ln(1+i)$$

在复利下，也可直接利用利息力的定义求得上式：

$$\delta=\delta_t=\frac{a'(t)}{a(t)}=\frac{(1+i)^{t\,\prime}}{(1+i)^t}=\frac{(1+i)^t\ln(1+i)}{(1+i)^t}=\ln(1+i)$$

于是，我们得到利息力、利率、名义利率、名义贴现率、贴现因子之间的常用关系式如下：

$$\left[1+\frac{i^{(m)}}{m}\right]^m=1+i=e^{\delta}=v^{-1}=(1-d)^{-1}=\left[1-\frac{d^{(m)}}{m}\right]^{-m}$$

§2.2 确定年金

所谓的年金是指按照相等时间间隔支付的一系列款项。住房按揭还款、购物分期付款及保险业中的养老金给付、分期交付保费等，都属于年金的形式。年金的最初形式是以1年为时间间隔支付的一系列款项，随着年金在实际生活中的运用以及理论研究的不断深入和扩展，时间间隔突破了以1年为期的限制，变得可长可短理论上甚至可以是连续付款，没有时间间隔。

2.2.1 期末年金

在每个付款期间末付款的年金称为期末年金。假设一笔年金，付款期限为 n 期，每期期末付款额为1，每期利率为 i，各期付款如图2－1所示。

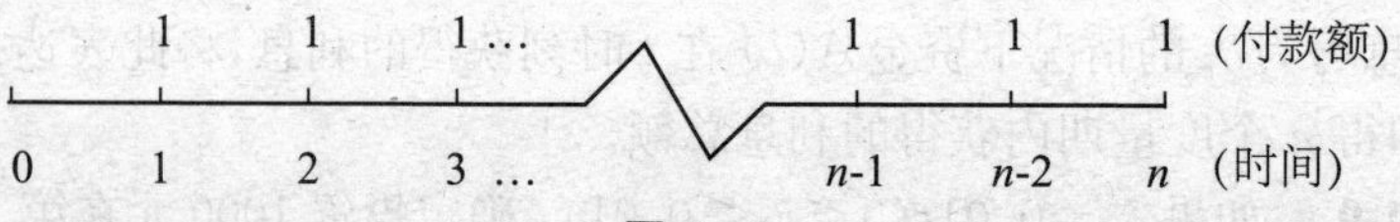

图 2－1

付款期从0开始直到 n。时间1上方的付款额1为第一期付款额，可以看出，这一付款发生在首付款期（0～1）的期末。时间2上方的付款额1发生在第二付款期（1～2）的期末，依次类推，n 个付款期内，都在期末付款1。所有付款在时间0时的现值**之和**用符号 $a_{\overline{n}|}$ 表示，所有付款在时间 n 时的累积值**之和**用符号 $s_{\overline{n}|}$ 表示。

将每期期末的付款都按利率 i 折现到时间0，再求和，算出 $a_{\overline{n}|}$ 的值，即首期付款值1在0时刻的现值为 v，第二期付款值1在0时刻的现值为 v^2，…，第 n 期付

款值 n 在 0 时刻的现值为 v^n，则有

$$a_{\overline{n}|}=v+v^2+\cdots+v^{n-1}+v^n \tag{2.2.1}$$

求和，可得

$$\begin{aligned}a_{\overline{n}|}&=v\cdot\frac{1-v^n}{1-v}\\&=v\cdot\frac{1-v^n}{iv}\\&=\frac{1-v^n}{i}\end{aligned} \tag{2.2.2}$$

将每期期末的付款都按利率 i 累积到时间 n，求和，就可计算出 $s_{\overline{n}|}$ 的值，即第 n 期期末付款值 1 在时刻 n 时的积累值为 1，第 $n-1$ 期期末付款值 1 在时刻 n 时的累积值为 $(1+i)$，…，第一期期末付款值 1 在时刻 n 时的累积值为 $(1+i)^{n-1}$，$s_{\overline{n}|}$ 为各累积值之和，有

$$\begin{aligned}s_{\overline{n}|}&=(1+i)^{n-1}+(1+i)^{n-2}+\cdots+(1+i)+1\\&=1+(1+i)+\cdots+(1+i)^{n-2}+(1+i)^{n-1}\end{aligned} \tag{2.2.3}$$

简化上式，可得简式如下：

$$\begin{aligned}s_{\overline{n}|}&=\frac{1-(1+i)^n}{1-(1+i)}\\&=\frac{(1+i)^n-1}{i}\end{aligned} \tag{2.2.4}$$

式 (2.2.2) 可以写作

$$1=ia_{\overline{n}|}+v^n \tag{2.2.5}$$

式 (2.2.5) 有明显的经济意义：公式左侧表示在时刻 0 进行投资，投资本金为 1，公式右侧表示投资的回收方式。在时刻 0 投资额为 1，则每期期末都可获得利息 i，n 期利息的现值之和为 $ia_{\overline{n}|}$，到 n 期期末，即时刻 n 时，即投资本金 1 收回，折现到时刻 0 时现值为 v^n。在利率为 i 时，投资额与投资回报本利和的现值是相等的。因而，式 (2.2.5) 左右两端相等。如图 2－2 所示。

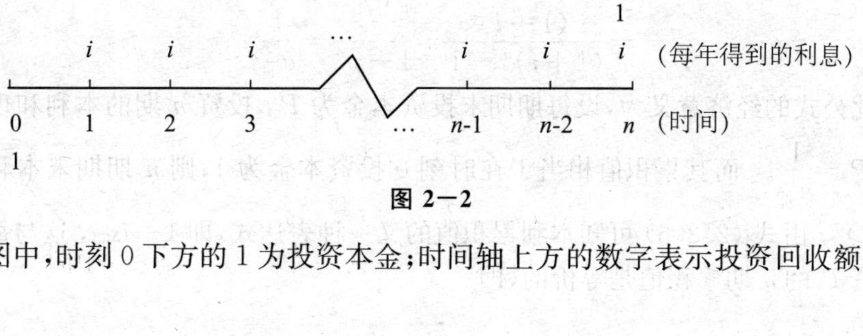

图 2—2

图中，时刻 0 下方的 1 为投资本金；时间轴上方的数字表示投资回收额，各期

期末可得利息 i，在 n 期期末还可收回本金 1。

各期利息及本金在时刻 0 的现值分别为 $iv, iv^2, iv^3, \cdots, iv^{n-2}, iv^{n-1}, iv^n, v^n$，所以

$$1 = iv + iv^2 + iv^3 + \cdots + iv^n + v^n = i \cdot a_{\overline{n}|} + v^n$$

式 (2.2.4) 可以写作

$$(1+i)^n = 1 + is_{\overline{n}|} \tag{2.2.6}$$

式 (2.2.6) 也有明显的经济意义：将 1 单位本金投资 n 期，每期按复利 i 计算，在 n 期期末，投资累积值即本利和为 $(1+i)^n$，这是等式左边项的含义。等式右边项的含义是投资本金为 1，每期期末产生利息 i，而每期所产生利息又以利率 i 再投资，这样到 n 期期末各累积值之和为 $is_{\overline{n}|}$，这部分是所生利息的累积值，再加上投资本金，即为全部本利和。等式左右两边是一种投资结果的两种计算方法，实质上是相等的。$a_{\overline{n}|}$ 与 $s_{\overline{n}|}$ 之间有明显的关系，式 (2.1.1) 两端同乘以 $(1+i)^n$，可得

$$(1+i)^n a_{\overline{n}|} = (1+i)^{n-1} + (1+i)^{n-2} + \cdots + (1+i) + 1$$

等式右边即为式 (2.2.3)，$s_{\overline{n}|}$ 的表达式，因而有

$$s_{\overline{n}|} = a_{\overline{n}|}(1+i)^n \tag{2.2.7}$$

式 (2.2.7) 也可由 (2.2.2) 以及式 (2.2.4) 导出。该式可解释为，各期期末投资本金为 1 的年金累积值有两种算法。一种是各期期末投资本金为 1，直接累积到 n 期期末，求和即为 $s_{\overline{n}|}$，如公式左端所示。一种是先求出各期期末投资本金为 1 在年金现值，即为 $a_{\overline{n}|}$，作为时刻 0 时的一次投资，以复利 i 计算，求出 n 期期末的累积值即 $a_{\overline{n}|}(1+i)^n$，如右端所示。两种计算结果相等。

$a_{\overline{n}|}$ 与 $s_{\overline{n}|}$ 的另一种关系为

$$\frac{1}{a_{\overline{n}|}} = \frac{1}{s_{\overline{n}|}} + i \tag{2.2.8}$$

式 (2.2.8) 的数学推导如下：

$$\frac{1}{s_{\overline{n}|}} + i = \frac{i}{(1+i)^n - 1} + i = \frac{i + i(1+i)^n - i}{(1+i)^n - 1}$$

$$= \frac{i(1+i)^n}{(1+i)^n - 1} = \frac{i}{1 - v^n} = \frac{1}{a_{\overline{n}|}}$$

此公式的经济意义为，设每期期末投资本金为 P，投资 n 期的本利和现值为 1，则 $P = \frac{1}{a_{\overline{n}|}}$。而其累积值相当于在时刻 0 投资本金为 1，则 n 期期末本利和为 $(1+i)^n$，由式 (2.2.6) 可知本利累积值的又一种表达式，即 $1 + is_{\overline{n}|}$，这与每期期末投资 P 的 n 期累积值是等价的，即

$$1+is_{\overline{n}|}=P\cdot s_{\overline{n}|}$$

由此可得

$$P=\frac{1}{s_{\overline{n}|}}+i$$

因此

$$\frac{1}{a_{\overline{n}|}}=P=\frac{1}{s_{\overline{n}|}}+i$$

通常 $a_{\overline{n}|}$，$s_{\overline{n}|}$ 符号中不必标出计算所依据的利率，在一个问题中涉及多个利率时，为避免引起混淆，可写 $a_{\overline{n}|i}$，$s_{\overline{n}|i}$ 的形式，如 $s_{\overline{n}|0.06}$，$a_{\overline{n}|0.08}$，$s_{\overline{n}|0.07}$ 等。

例 2.2.1 计算年利率为 6%的条件下，每年年末投资 1000 元，投资 10 年的现值及累积值。

解 年金现值为：$1000a_{\overline{10}|0.06}=1000\times 7.36009=7360.9$ 元

年金积累值为：$1000s_{\overline{10}|0.06}=1000\times 13.18080=13180.80$ 元

例 2.2.2 某银行客户想通过零存整取方式在 1 年后可得 10000 元，在月复利为 0.5%的情况下，问每月需存入多少钱才能达到其目的？

解 设每月需存入 D 元，有

$$D\cdot s_{\overline{12}|0.005}=10000$$

$$D=\frac{10000}{s_{\overline{12}|0.005}}=\frac{10000}{12.3356}=810.66\text{ 元}$$

答：客户每月需存入 810.66 元，1 年后可取得 10000 元。

例 2.2.3 甲在银行存入 20000 元，计划 4 年支取完，每半年支取一次，每半年计息一次的年名义利率为 7%。试计算每次的支取额度。

解 由于年名义利率为 7%，则半年实际利率为 35%。

设 R 为每次支取额度，有

$$R\cdot a_{\overline{8}|0.035}=20000$$

$$R=\frac{20000}{a_{\overline{8}|0.035}}=\frac{20000}{6.8740}=2909.51\text{ 元}$$

甲每次支取额度为 2909.51 元。

例 2.2.4 已知年实际利率为 8%，乙向银行贷款 10000 元，期限为 5 年，计算下面三种还款方式中利息所占的额度。

(1)贷款的本金及利息积累值在第 5 年末一次还清。

(2)每年末支付贷款利息，第 5 年年末归还本金。

(3)贷款，每年均衡偿还(即采用年金方式)。

解 方式(1)中，还款本利和为

$$10000\times(1.08)^5=14693.28\text{ 元}$$

其中利息额为：

$$14693.28-10000=4693.28\text{ 元}$$

方式(2)中，每年支付利息为

$$10000\times0.08=800\text{ 元}$$

5 年共支付利息

$$800\times5=4000\text{ 元}$$

方式(3)中，每期偿还额为

$$R=\frac{10000}{a_{\overline{5}|0.08}}=\frac{10000}{3.9927}=2504.56\text{ 元}$$

5 年还款

$$2504.56\times5=12522.80\text{ 元}$$

其中，利息额为

$$12522.80\quad 10000=2522.80\text{ 元}$$

2.2.2 期初年金

上一节介绍了期末年金，与之相对应，在每个付款期间开始时付款的年金称为期初年金。假设一个 n 期期初年金，每期期初付款额为 1，每期利率为 i，各期付款如图 2－3 所示。

图 2－3

付款期从 0 时起，每期期初付款，直到第 n 期，各期付款在时间 0 的现值依次为：$1,v,v^2,\cdots v^{n-2},v^{n-1}$，各现值和即为期初年金现值，记为 $\ddot{a}_{\overline{n}|}$，有

$$\ddot{a}_{\overline{n}|}=1+v+v^2+\cdots+v^{n-2}+v^{n-1}\tag{2.2.9}$$

求和，得

$$\ddot{a}_{\overline{n}|}=\frac{1-v^n}{1-v}=\frac{1-v^n}{iv}=\frac{1-v^n}{d}\tag{2.2.10}$$

相应地，各期付款在第 n 期期末的累积值记为 $\ddot{s}_{\overline{n}|}$，且有

$$\begin{aligned}\ddot{s}_{\overline{n}|}&=(1+i)^n+(1+i)^{n-1}+\cdots+(1+i)^2+(1+i)\qquad(2.2.11)\\&=(1+i)+(1+i)^2+\cdots+(1+i)^{n-1}+(1+i)^n\\&=(1+i)\,\frac{(1+i)^n-1}{(1+i)-1}\end{aligned}$$

$$=\frac{(1+i)^n-1}{iv}$$

$$=\frac{(1+i)^n-1}{d} \tag{2.2.12}$$

式 (2.2.2) 与 (2.2.10) 相比,分子不同,差别在于式 (2.2.2) 分母为 i,而式 (2.2.10) 分母为 d。期末付年金公式中 i 是利息在每期期末支付的度量标准,见式 (2.2.5) 的解释。期初年金公式中 d 是利息在每期期初支付的度量。

标准如下式:

$$d\ddot{a}_{\overline{n}|}=1-v^n$$

即

$$1=d\ddot{a}_{\overline{n}|}+v^n \tag{2.2.13}$$

式 (2.2.13) 表明期初投资额为 1,且每期期初获得利息为 d,共 n 期,所有利息在 0 时刻的现值之和为 $d\ddot{a}_{\overline{n}|}$,$v^n$ 为 n 时刻初收回本金 1 在 0 时刻的现值。很明显地,$a_{\overline{n}|}$ 与 $\ddot{a}_{\overline{n}|}$ 及 $s_{\overline{n}|}$ 与 $\ddot{s}_{\overline{n}|}$ 之间存在着一定的联系,由式 (2.2.9) 推导可得

$$\ddot{a}_{\overline{n}|}=1+v+v^2+\cdots+v^{n-2}+v^{n-1}$$

$$=\frac{v+v^2+v^3+\cdots+v^{n-1}+v^n}{v}$$

$$=\frac{a_{\overline{n}|}}{v}$$

$$=a_{\overline{n}|}(1+i) \tag{2.2.14}$$

同理,由式 (2.2.11) 可得

$$\ddot{s}_{\overline{n}|}=s_{\overline{n}|}(1+i) \tag{2.2.15}$$

式 (2.2.9) 及式 (2.2.5),可得

$$\ddot{a}_{\overline{n}|}=\frac{v+v^2+v^3+\cdots+v^{n-1}+v^n}{v}$$

$$=\frac{a_{\overline{n-1}|}+v^n}{v}$$

$$=(1+i)a_{\overline{n-1}|}+v^{n-1}$$

$$=a_{\overline{n-1}|}+ia_{\overline{n-1}|}+v^{n-1}$$

$$=a_{\overline{n-1}|}+1 \tag{2.2.16}$$

同理,由式 (2.2.11) 以及 (2.2.6),可得

$$\ddot{s}_{\overline{n}|}=s_{\overline{n+1}|}-1 \tag{2.2.17}$$

例 2.2.5 在例 2.2.2 中,若存款该为每月月初进行,其他条件不变,计算每月需存入的款项。

解 由题设知,每月存入的款项构成期初年金,设每月月初存款额为 D,有

$$D\,\ddot{s}_{\overline{12}|0.05}=10000$$

$$D=\frac{10000}{\ddot{s}_{\overline{12}|0.05}}=\frac{10000}{12.3972}=806.63(\text{元})$$

客户每月月初需存入 806.63 元,才可以在 1 年后获 10000 元。

例 2.2.5 中,$\ddot{s}_{\overline{12}|0.05}$ 是直接计算的,也可以通过

$$\ddot{s}_{\overline{12}|0.05}=(1.005)s_{\overline{12}|0.05}$$

计算,结果相同。

2.2.3 连续年金

付款频率无限大(即连续付款)的年金称为连续年金,这是付款频率大于计息频率的特例。虽然这种年金在实务中是不存在的,但它在年金的理论分析以及其他方面如精算学中的应用极为广泛。

连续付款 n 个计息期,每个计息期的付款额之和为 1 的年金现值记为 $\bar{a}_{\overline{n}|}$,则

$$\bar{a}_{\overline{n}|}=\int_0^n v^t dt \tag{2.2.18}$$

式中,v^t 为时刻t 到时刻 0 的折现因子;dt 为t 时刻的付款额; $v^t dt$ 为时刻t 的付款额在时刻 0 的折现值. 这些连续付款的现值之和即[0,n]上的积分值为其年金现值,简化式(2.2.18)。有

$$\bar{a}_{\overline{n}|}=\int_0^n v^t dt=\left.\frac{v^t}{\ln v}\right|_0^n$$

$$=\frac{1-v^n}{\delta} \tag{2.2.19}$$

连续年金的累积值记为 $\bar{s}_{\overline{n}|}$,有

$$\bar{s}_{\overline{n}|}=\int_0^n (1+i)^{n-t}dt \tag{2.2.20}$$

通过积分变换 $s=n-t$,得

$$\bar{s}_{\overline{n}|}=\int_0^n (1+i)^s ds \tag{2.2.21}$$

$$=\left.\frac{(1+i)^s}{\ln(1+i)}\right|_0^n$$

$$=\frac{(1+i)^n-1}{\delta} \tag{2.2.22}$$

在式 (2.2.21) 中,以积分上限 n 为变量,对其进行微分,并且在结果中以 t 替换 n,则有

$$\frac{d\bar{s}_{\overline{t}|}}{dt}=(1+i)^t=1+\delta\bar{s}_{\overline{t}|} \tag{2.2.23}$$

式 (2.2.23) 中等式左边表示 $\bar{s}_{\overline{t}|}$ 的变化率,等式右边则解释了这种变化的构成。即以连续的方式在每个计息期存款 1 单位,t 时刻的年金累积值为 $\bar{s}_{\overline{t}|}$,$\bar{s}_{\overline{t}|}$ 的变化率为 $\frac{d\bar{s}_{\overline{t}|}}{dt}$。这一变化率由两部分组成,一部分是每个计息期连续存入的 1 单位存款;另一部分是 t 时刻的累积值 $\bar{s}_{\overline{t}|}$ 所获得的利息 $\delta\bar{s}_{\overline{t}|}$。

例 2.2.6 以 δ 的形式表示 $\bar{a}_{\overline{n}|}$,$\bar{s}_{\overline{n}|}$。

解 根据已知

$$v^n=e^{-n\delta}$$

$$(1+i)n=e^{n\delta}$$

代入式 (2.2.19) 及式 (2.2.22),有

$$\bar{a}_{\overline{n}|}=\frac{1-e^{-n\delta}}{\delta} \tag{2.2.24}$$

$$\bar{s}_{\overline{n}|}=\frac{e^{n\delta}-1}{\delta} \tag{2.2.25}$$

例 2.2.7 有两个连续还款模型 A,B。A 每期还款额为 2,还款期限为 20 年,B 每期还款额为 3,还款期限为 10 年。求使 A,B 模型等效的 δ。

解 根据式 (2.2.24),有

$$2\cdot\frac{1-e^{-20\delta}}{\delta}=3\cdot\frac{1-e^{-10\delta}}{\delta},\quad \delta\neq 0$$

$$1-3e^{-10\delta}+2e^{-20\delta}=0$$

$$(e^{-10\delta}-1)(2e^{-10\delta}-1)=0$$

而由 $e^{-10\delta}-1=0$ 可得 $\delta=0$,显然其不可能是本题的解.

由 $e^{-10\delta}=\frac{1}{2}$ 可得 $\delta=6.93\%$,因此 $\delta=6.93\%$ 时,A,B 模型等效。

2.2.4 等值方程

1.基本概念

在债务偿还中基本的问题是借出资本要连本带息归还借出方,遵循的原则是:借出的资本在时刻 0(本金)时的现值应与偿还的资本在时刻 0 时的现值相等,亦即,借出的资本在债务到期时的终值应与偿还资本在债务到期时的终值相等,这即是**等值方程**。

2.等值方程在债务偿还中的应用一分期偿还

分期偿还是指借款人按一定的周期分期清偿贷款，每次偿还当期应支付的利息和部分本金。这里需要计算每次需要偿还的总金额、每次偿还金额中包含的本金和利息金额、一定时期尚未偿还的借款本金余额等。

(1)等额分期偿还

等额分期偿还债务的方法是在规定的还款期内每次偿还相等金额的还款方式。设贷款本金为 B_0，还款期限为 n 年，每年还款一次并在还款年度末进行，年实际利率为 I，作为每次偿还金额 R 满足等值方程：

$$B_0 = Ra_{\overline{n|}i}$$

在每期偿还的金额 R 中，既包括当期应偿还的利息，也包括部分本金。偿还的利息等于期初未偿还本金余额与当期实际利率的乘积。未偿还本金余额就是计算日尚未偿还的借款本金。用 $B_k(k=1,2,\cdots,n)$ 表示第 k 期末的未偿还本金余额，也就是第 k 次还款后需要再以后偿还的剩余还款额。这样，借款期初未偿还本金余额为 B_0，经过 n 期还款，还清全部借款，即 $B_n=0$。在中间任何点，未偿还本金余额可以采取“过去法”和“将来法”计算。在过去法下，未偿还本金余额等于借款本金扣减过去已偿还本金的差额。设每期期初的本金余额分别为 $B_0, B_1, \cdots, B_n$，则每期的利息分别为 $iB_0, iB_1, \cdots, iB_n$，各期偿还的本金额为 $R-iB_0, R-iB_1, \cdots, R-iB_n$，则各期末未偿还的本金余额为：

第一期末：$B_1 = B_0 - (R - iB_0) = B_0(1+i) - R$

第二期末：$B_2 = B_1 - (R - iB_1) = B_1(1+i) - R = B_0(1+i)^2 - Rs_{\overline{2|}}$

……以此类推，得第 k 期末未偿还本金余额为：

$$B_k = B_0(1+i)^k - Rs_{\overline{k|}}$$

由此可知，第 k 期末未偿还本金余额等于原始本金在 k 期末的累积值 $B_0(1+i)^k$ 与过去所有已支付的款项 R 在 k 期末的累积值 $Rs_{\overline{k|}}$ 的差额。

在将来法下，未偿还本金余额是将来需要偿还的总金额在计算时点的现值，即

$$B_k = Ra_{\overline{n-k|}i}, \quad k=1,\cdots,n$$

可证，两种方法计算的未偿还本金余额是相等的。

证明

$$\begin{aligned} B_k &= B_0(1+i)^k - Rs_{\overline{k|}i} = Ra_{\overline{n|}i}(1+i)^k - Rs_{\overline{k|}i} \\ &= R(a_{\overline{n|}i}(1+i)^k - s_{\overline{k|}i}) \\ &= R\left[\frac{1-v^n}{i}(1+i)^k - \frac{(1+i)^k - 1}{i}\right] \\ &= R\left[\frac{1-v^{n-k}}{i}\right] = Ra_{\overline{n-k|}i}, \quad k=1,\cdots,n \end{aligned}$$

在每期末偿还本金余额的基础上，容易计算每期需支付的利息额：

$$\begin{aligned} I_k &= iB_{k-1}\text{（这里 } B_{k-1} \text{ 可看作 } k \text{ 期初余额）} \\ &= iRa_{\overline{n-k+1}|i} \\ &= R(1-v^{n-k+1}),\quad k=1,\cdots,n \end{aligned}$$

令第 k 期偿还的本金为 P_k，则

$$\begin{aligned} P_k &= R - I_k = R - R(1-v^{n-k+1}) \\ &= Rv^{n-k+1} = \frac{B_0}{a_{\overline{n}|i}}v^{n-k+1},\quad k=1,\cdots,n \end{aligned}$$

可将上述结果归纳成表格“等额分期偿还表”：

等额分期偿还表

时期	付款金额	支付利息	偿还本金	未还贷款额
0	——	——	——	$Ra_{\overline{n}|i}$
1	R	$R(1-v^n)$	Rv^n	$Ra_{\overline{n-1}|i}$
…	…	…	…	…
K	R	$R(1-v^{n-k+1})$	Rv^{n-k+1}	$Ra_{\overline{n-k}|i}$
⋮	⋮	⋮	⋮	⋮
n	R	$R(1-v)$	Rv	0
总计	nR	$nR-Ra_{\overline{n}|i}$	$Ra_{\overline{n}|i}=B_0$	——

从表中可以看出，每期偿还的本金金额是一个等比递增数列，意味着借款人在初期偿还的本金较少，而在后期偿还的本金较多，相应地，由于每期支付的总金额 R 是固定的，借款人支付的利息金额是逐期递减的。同时，每期偿还的本金金额之和等于原始本金。

例 2.2.8 设甲向乙借款 20000 元，期限 5 年，年实际利率为 6%，甲在每年末以等额分期方式偿还贷款。试计算每年末应偿还的金额、各年末的未偿还本金余额以及每年末偿还金额中的利息和本金各是多少？

解：因是等额分期偿还方式，故每年末偿还金额为：

$$R=\frac{B_0}{a_{\overline{n}|i}}=\frac{20000}{a_{\overline{5}|0.06}}=\frac{20000}{\dfrac{1-1.06^{-5}}{0.06}}=4747.93$$

可得具体等额分期偿还表如下：

时期	每年末偿还金额	支付利息	偿还本金	年末未偿还贷款余额
0	——	——	——	20000.00
1	4747.93	1200.00	3547.93	16452.07
2	4747.93	987.12	3760.80	12691.27
3	4747.93	761.48	3986.45	8704.82
4	4747.93	522.29	4225.64	4479.18
5	4747.93	268.75	4479.18	0

例如,第 3 年末的未偿还本金金额为

$$B_3 = Ra_{\overline{5-3}|i} = 4747.93 \times \frac{1-1.06^{-2}}{0.06} = 8704.82$$

第 3 年支付的利息收入为:

$$I_3 = 4747.93 \times (1 - 1.06^{-(5-3+1)}) = 761.48$$

第 3 年偿还的本金额为:

$$P_3 = R - I_3 = 3986.45$$

习　题

2.1　某人投资 1000 元于证券上,该证券年实际利率为 10%,问:一年后,此人将得到的金额为多少? 其中利息多少?

2.2　已知年实际利率为 8%,求 4 年后支付 10000 元的现值。

2.3　如果实际利率在头 3 年为 10%,随后 2 年为 8%,再随后 1 年为 6%,求一笔 1000 元的投资在这 6 年中所得总利息。

2.4　某人投资 4000 元,在 3 年后积累到 5700 元,问每季度计息的年名义利率为多少?

2.5　已知第 1 年的实际利率为 10%,第 2 年的实际贴现率为 8%,第 3 年的每季度计息的年名义利率为 6%,第 4 年的每半年计息的年名义贴现率为 5%,求一常数实际利率,使它等价于这 4 年的投资利率。

2.6　如果 $\delta_t = 0.01t, 1 \leqslant t \leqslant 2$,确定投资 1000 元在第 1 年末的积累值和第 2 年内的利息总额。

2.7　某银行客户想通过零存整取方式在 1 年后获得 10000 元,在月复利为 0.5%的情况下,每月末需存入多少钱,才能达到其要求?

2.8　甲在银行存入 20000 元,计划分 4 年支取完,每半年支取一次,每半年计息一次的年名义利率为 7%,计算其每次的支取额度。

2.9　已知年实际利率为8%，乙向银行贷款10000元，期限为5年，计算下面三种还款方式中利息所占的额度：(1)贷款的本金及利息积累值在第5年末一次还清；(2)每年末支付贷款利息，第5年末归还本金；(3)贷款每年年末均衡偿还(即采用等额年金的方式)。

2.10　某人购房贷款80000元，每月初还款一次，分10年还清，每次还款额相等，贷款年利率为10.98%，计算每次还款额。

2.11　已知$a_{\overline{7}|}=5.153$，$a_{\overline{11}|}=7.036$，$a_{\overline{18}|}=9.180$，计算i。

2.12　某人购买一处住宅，价值16万元，首期付款额为A，余下的部分自下月起每月月初付1000元，共付10年，年计息12次的年名义利率为8.7%. 计算购房首期付款额A。

2.13　某人从50岁时起，每年年初在银行存入5000元，共存10年，自60岁起，每年年初从银行提出一笔存款作为生活费用，拟提取10年。年利率为10%，计算其每年生活费用。

2.14　年金A的给付情况是：1年～10年，每年年末给付1000元；11年～20年，每年年末给付2000元；21年～30年，每年年末给付1000元。年金B在1年～10年，每年给付额为K元；11年～20年给付额为0；21年～30年，每年年末给付K元，若A与B的现值相等，已知$v^{10}=\frac{1}{2}$，计算K。

2.15　某人给其三个孩子留下一笔遗产，这笔遗产以永续续年金的形式支付给他的三个孩子，前两个孩子第1年～第n年每年年末平分所领取的年金，n年后，所有年金只支付给第三个孩子，若三个孩子所领取的年金值相等，计算v^n。

2.16　某人计划在第5年年末从银行取出17000元，这5年中她每半年年末在银行存入一笔款项，前5次存款每次为1000元，后5次存款每次为2000元，计算每年计息2次的年名义利率。

第三章　生存模型与生命表

§ 3.1　生存分布

3.1.1　新生儿的生存函数

通常年龄是人出生后存活时间的度量。人从出生到死亡的整段时间就是寿命。由于寿命的不确定性，它是一个连续随机变量 X，或者说新生儿的死亡年龄为 X，其分布函数为：

$$F(x)=P(X\leqslant x),\quad x\geqslant 0$$

它是新生儿在 x 岁前死亡的概率。显然，有

$$F(0)=0$$

若将 X 的概率密度函数记为 $f(x)$，则

$$f(x)=F'(x),\quad x\geqslant 0$$

设　$s(x)=P(X>x),\quad x\geqslant 0$　(3.1.1)

它是新生儿活到 x 岁的概率。$s(x)$ 称为生存分布。显然，$s(x)=1-F(x)$。新生儿在 $x\sim z$ 岁间死亡的概率可表示为：

$$P(x<X\leqslant z)=F(z)-F(x)=s(x)-s(z)$$

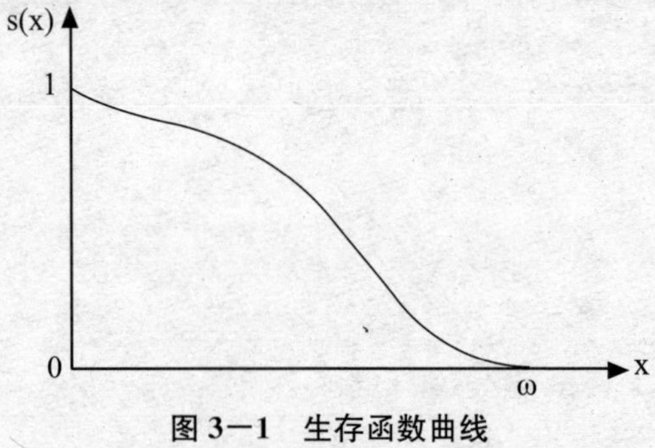

图 3—1　生存函数曲线

由 X 的含义可知 $E(X)$ 表示 X 的期望值，也就是新生儿的平均寿命。

研究表明，一般人口的生存函数 $s(x)$ 的曲线如图 3－1 所示：

3.1.2 x 岁余寿的生存函数

以 (x) 表示年龄是 x 岁的人，(x) 的余寿以 $T(x)$ 表示，$T(x)$ 是一个连续随机变量 $X-x$，其概率分布函数 $F_{T(x)}(t)$ 为

$$F_{T(x)}(t)=P(T(x)\leqslant t),\quad t\geqslant 0$$

它正是 x 岁的人在 t 时间内死亡的概率。$T(x)$ 的生存函数为：

$$s_{T(x)}(t)=P(T(x)>t),\quad t\geqslant 0$$

国际精算协会采用的概率的精算表示有：

${}_tp_x$：(x) 活过年龄 $x+t$ 岁的概率，即 (x) 至少再活 t 年的概率 $P(T(x)>t)$。

${}_tq_x$：(x) 在未来 t 年内死亡的概率 $P(T(x)\leqslant t)$。

${}_{u|t}q_x$：(x) 在年龄段 $(x+u,x+u+t]$ 死亡的概率，即 (x) 活过 $x+u$ 岁，并在接下来的 t 年内死亡的概率 $P(u<T(x)\leqslant u+t)$。

$t=1$ 时的简化表示：$p_x={}_1p_x$，$q_x={}_1q_x$，${}_{u|}q_x={}_{u|1}q_x$

因此，按上述表示法，可有，$s(x)={}_xp_0$，$F(x)={}_xq_0$，$s_{T(x)}(t)={}_tp_x$，$F_{T(x)}(t)={}_tq_x$。

在考虑 x 岁的人的剩余寿命时，往往知道这个人已经活到 x 岁，这时 ${}_tq_x$ 实际上是一个条件概率。

$$\begin{aligned}{}_tq_x&=P(x<X\leqslant x+t\mid X>x)\\&=\frac{F(x+t)-F(x)}{1-F(x)}\\&=\frac{s(x)-s(x+t)}{s(x)}\end{aligned}$$

还可有如下关系式：

(1) ${}_tp_x=\dfrac{s(x+t)}{s(x)}$；

(2)对 $t>0,u>0$，${}_tq_x=1-{}_tp_x$，${}_{u|t}q_x={}_up_x\,{}_tq_{x+u}$，${}_{u|t}q_x={}_up_x-{}_{u+t}p_x$；

(3)对 $0<h<t$，${}_tp_x={}_hp_x\,{}_{t-h}p_{x+h}$。

证明 (1)
$$\begin{aligned}{}_tp_x&=P(T(x)>t)=1-P(T(x)\leqslant t)\\&=1-F_{T(x)}(t)=1-\left(1-\frac{s(x+t)}{s(x)}\right)\\&=\frac{s(x+t)}{s(x)}\end{aligned}$$

(2) $_{u|t}q_x = P(T(x) > u, T(x) \leqslant t+u)$

$= P(T(x) > u)P(T(x) \leqslant t+u \mid T(x) > u)$

$= P(T(x) > u)P(X-(x+u) \leqslant t \mid X-(x+u) > 0)$

$= P(T(x) > u)P(T(x+u) \leqslant t \mid T(x+u) > 0)$

$= P(T(x) > u)P(T(x+u) \leqslant t)$

$= {}_u p_x\, {}_t q_{x+u}$

$_{u|t}q_x = P(T(x) > u, T(x) \leqslant t+u)$

$= P(T(x) > u) - P(T(x) > t+u)$

$= {}_u p_x - {}_{t+u} p_x$

(3) $_t p_x = P(T(x) > t)$

$= P(T(x) > h)P(T(x) > t \mid T(x) > h)$

$= P(T(x) > h)P(T(x+h) > t-h \mid T(x+h) > 0)$

$= P(T(x) > h)P(T(x+h) > t-h)$

$= {}_h p_x\, {}_{t-h} p_{x+h}$

例 3.1.1 已知生存函数 $s(x) = \left(1-\dfrac{x}{100}\right)^{1/2}$，$0 \leqslant x \leqslant 100$。计算 $_{17}p_{19}$，$_{15}q_{36}$，$_{15|13}q_{36}$。

解 $_{17}p_{19} = \dfrac{s(36)}{s(19)} = \dfrac{8}{9}$

$_{15}q_{36} = 1 - {}_{15}p_{36} = 1 - \dfrac{s(51)}{s(36)} = 1/8$

$_{15|13}q_{36} = {}_{15}p_{36}\, {}_{13}q_{51} = (1 - {}_{15}q_{36})\left(1 - \dfrac{s(64)}{s(51)}\right) = 1/8$

在寿险精算中，年龄变量通常取整数，它实际上是上述 $T(x)$ 的整数部分 $K(x)$，即

$$K(x) = k, \quad k \leqslant T(x) < k+1, k = 0,1,2,\cdots$$

它是(x)未来存活的整数年数，称为(x)的整值余寿，其概率分布函数为：

$$P(K(x) = k) = P(k \leqslant T(x) < k+1) = {}_k p_x q_{x+k}$$

设 $S(x)$ 为(x)在死亡年所活过的不足一年的部分，它是$(0,1)$上的均匀分布变量，显然有

$$T(x) = K(x) + S(x)$$

3.1.3 死亡力

死亡力是描述瞬间死亡水平的指标，新生儿的死亡力定义为：

$$\mu(t)=\lim_{h\to 0}\frac{s(t)-s(t+h)}{h\times s(t)}$$

其中，$\frac{s(t)-s(t+h)}{s(t)}$ 是新生儿在区间 $[t,t+h]$ 上的死亡概率，$\frac{s(t)-s(t+h)}{h\times s(t)}$ 是 $[t,t+h]$ 上的死亡概率密度，表示单位时间的死亡概率，而 $\lim_{h\to 0}\frac{s(t+h)-s(t)}{h}$ 正是生存函数 $s(t)$ 的导数，故

$$\mu(t)=\lim_{h\to 0}\frac{s(t)-s(t+h)}{h\times s(t)}=-\frac{s'(t)}{s(t)} \tag{3.1.2}$$

图 3—2 是一个死亡力曲线，从图中可见，新生婴儿的死亡力很高。随年龄的增加，新生婴儿的死亡力逐渐减小，在 10 岁时降至最低；在此之后，死亡力又逐渐上升，随年龄的增加而不断增大。

由(3.1.2)可得，$(\ln(s(t)))'=-\mu(t)$，注意到 $s(0)=1-F(0)=1$，则有 $\int_0^t(\ln s(y))'dy=\ln(s(t))=-\int_0^t\mu(y)dy$。从而有 $\ln(s(t))=-\int_0^t\mu(y)dy$，即得新生儿的生存函数与其死亡力的关系：

$$s(t)=\exp\left\{-\int_0^t\mu(y)dy\right\}$$

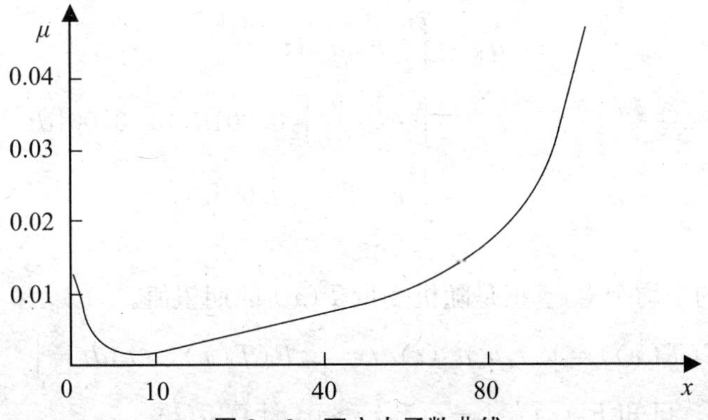

图 3—2　死亡力函数曲线

对于 (x) 而言，其生存函数

$$s_{T(x)}(t)={}_tp_x=\frac{s(x+t)}{s(x)}=\frac{\exp\left\{-\int_0^{x+t}\mu(s)ds\right\}}{\exp\left\{-\int_0^x\mu(s)ds\right\}}$$

$$=\exp\left\{-\int_x^{x+t}\mu(s)ds\right\}=\exp\left\{-\int_0^t\mu(x+s)ds\right\}$$

可推知其死亡力函数,记为 $\mu_x(t)$, $\mu_x(t)=\mu(x+t)$。

引入死亡力函数后,可以推出 $T(x)$ 的密度函数,它是 $F_{T(x)}(t)$ 的导数,记为 $f_{T(x)}(t)$,即

$$
\begin{aligned}
f_{T(x)}(t) &= F_{T(x)}{}'(t)=\frac{d}{dt}{}_tq_x \\
&=\frac{d}{dt}\left[1-\frac{s(x+t)}{s(x)}\right]=-\frac{s'(x+t)}{s(x)}=\frac{s(x+t)}{s(x)}\left[-\frac{s'(x+t)}{s(x+t)}\right] \\
&={}_tp_x\mu_x(t)
\end{aligned}
$$

其中 $t\geqslant 0$。

显然,有

$$\int_0^{\infty}{}_tp_x\mu_x(t)dt=1$$

根据死亡力的定义公式,容易得出:

$$
\begin{aligned}
{}_nq_x &= \int_0^n {}_tp_x\mu_x(t)dt \\
{}_{n|m}q_x &= \int_n^{n+m} {}_tp_x\mu_x(t)dt
\end{aligned}
$$

例 3.1.2 如果 $20\leqslant x\leqslant 25$, $\mu_x(t)=0.01$,试计算 ${}_{2|2}q_{20}$。

解 由于在 $20\leqslant x\leqslant 25$ 时, $\mu_x(t)$ 为常数 0.001,故

$$
\begin{aligned}
{}_{2|2}q_{20} &= \int_2^4 {}_tp_{20}\mu_{20}(t)dt \\
&= \int_2^4 \exp\left\{-\int_0^t 0.001ds\right\}\times 0.001dt \\
&= \int_2^4 e^{-0.001t}\times 0.001dt \\
&= 0.002
\end{aligned}
$$

实际上 x 岁的平均余寿 $\mathring{e}_x$ 正是随机变量 $T(x)$ 的期望值。

$$\mathring{e}_x=E(T(x))=\int_0^{\infty}t\,{}_tp_x\mu_x(t)dt=\int_0^{\infty}P(T(x)>t)dt=\int_0^{\infty}{}_tp_xdt.$$

例 3.1.3 已知 $F_0(t)=1-e^{-\lambda t}$, $\lambda>0$,计算 $\mu(t)$。

解 由已知 $f_0(t)=\lambda e^{-\lambda t}$,有

$$\mu_x(t)=-\frac{s'(t)}{s(t)}=-\frac{(1-F_0(t))'}{1-F_0(t)}=\frac{f_0(t)}{1-F_0(t)}=\frac{\lambda e^{-\lambda t}}{e^{-\lambda t}}=\lambda$$

3.1.4 整值平均余寿与中值余寿

x 岁的整值平均余寿是指 x 岁未来平均存活的整数年数,不包括不满 1 年的零数余寿,它是整值余寿随机变量 $K(x)$ 的期望值,以 e_x 表示:

$$e_x = E(K(x)) = \sum_{k=0}^{\infty} k\, {}_kp_x q_{x+k} = \sum_{k=0}^{\infty} k\, {}_{k|}q_x$$

由于

$$p_x = \sum_{t=1}^{\infty} {}_{t|}q_x$$

$$ {}_2p_x = \sum_{t=2}^{\infty} {}_{t|}q_x$$

……

$$\begin{aligned}\sum_{k=0}^{\infty} k\, {}_{k|}q_x &= {}_{1|}q_x + {}_{2|}q_x + {}_{3|}q_x + \cdots\cdots \\ &\quad + {}_{2|}q_x + {}_{3|}q_x + \cdots\cdots \\ &\quad + {}_{3|}q_x + \cdots\cdots \\ &= \sum_{k=0}^{\infty} {}_{k+1}p_x\end{aligned}$$

中值余寿是(x)的余寿 $T(x)$的中值，(x)在这一年龄之前死亡和之后死亡的概率均等于 50 %，以 $m(x)$表示 x 岁的中值余寿，则

$$P(T(x) \leqslant m(x)) = P(T(x) > m(x)) = 1/2$$

即

$$\frac{s(x+m(x))}{s(x)} = 0.5$$

x 岁的平均余寿、整值平均余寿和中值余寿分析是生存分析的重要内容。

例 3.1.4　已知 $s(x) = \dfrac{\sqrt{100-x}}{10}$，$0 \leqslant x \leqslant 100$，试求 ${}_{15}q_{36}$，$\mu(36)$，$\mathring{e}_{36}$。

解　$\mu(x) = \dfrac{s'(x)}{s(x)} = -\dfrac{(\sqrt{100-x})'}{\sqrt{100-x}} = \dfrac{1}{2(100-x)}$

故　$\mu(36) = \dfrac{1}{128}$

$$\mathring{e}_{36} = \int_0^{\infty} {}_tp_{36}\, dt = \frac{1}{8}\int_0^{\infty} \sqrt{64-t}\, dt = \frac{128}{3}$$

§ 3.2　生命表

3.2.1　生命表基本函数

生命表是反映在封闭人口的条件下，一批人从出生到陆续死亡的全部过程的

一种统计表，封闭人口是指所观察的一批人口只有死亡变动，没有因出生的新增人口的迁入或迁出人口。

例 3.2.1 生命表节选

表 3－1

年龄 x	l_x	d_x	$1000q_x$
0	1 000 000	1580	1.58
1	998 420	680	0.68
2	997 740	485	0.49
3	997 255	435	0.44

表 3－1 中出现了一些生命表基本函数。

(1) l_x。存活到确切整数年龄 x 岁的人口数，$x=0,1,\cdots,\omega-1$。

年龄可以用确切年龄和完全年龄来表示，确切年龄是从出生到测算点时存活的时间，完全年龄是从出生到测算点时已存活的整数年数。比如，某人从出生到现在已度过 20 年零 8 个月，他现在的确切年龄为 20.67 岁，而完全年龄为 20 岁。生命表编制时一般用的都是完全年龄。l_0 是同时出生的一批人数，由于我们关心的是这批人在生命期的死亡规律，即各年龄的死亡规律。因此最初的人口绝对数并非重要，研究中可以取任意值。为方便，通常取 10 的整数幂。ω 是生命极限年龄，是生命表的年龄上限，即存活到 ω 岁的人口为 0，因此人口存活的最高年龄为 $\omega-1$。

(2) ${}_nd_x$。在 $x\sim x+n$ 岁死亡的人数，当 $n=1$ 时，简记为 d_x。

表 3－1 中，0 岁的人数 $l_0=1\ 000\ 000$ 经过一年后成为 $l_1=998\ 420$，意味着在这一年死亡的人数是 $d_0=l_0-l_1=1580$，即 $d_0-l_0=l_1$。同理，在 1 岁～2 岁的死亡人数为 d_1，有 $l_1-d_1=l_2$。一般地，有 $l_x-d_{x+n}=l_{x+n}$。由于在生命表最高年龄 ω 上存活的人数为 0，即 $l_\omega=0$，因此，0 岁存活人数等于各个年龄上死亡人数之和。

$$l_0=\sum_{x=0}^{w-1}d_x$$

注意，生命表中的 l_x，d_x 都不完全代表真实的人口数据。

(3) $${}_nq_x=\frac{{}_nd_x}{l_x}=\frac{d_x+d_{x+1}+\cdots+d_{x+n-1}}{l_x}$$

$$=q_x+{}_{1|}q_x+{}_{2|}q_x+\cdots+{}_{n-1|}q_x=\sum_{t=0}^{n-1}{}_{n|}q_x$$

例 3.2.2　利用表 3－1,计算：

(1)一个新生婴儿存活到 3 岁的概率.

(2)一个新生婴儿在 1 岁和 3 岁之间死亡的概率.

解　(1) $_{3}p_{0}=\frac{l_{3}}{l_{0}}=\frac{997255}{1000000}=0.997255$

(2)在 1 岁和 3 岁之间的死亡人数为 $l_{1}-l_{3}$，故死亡概率为

$$\frac{l_{1}-l_{3}}{l_{0}}=\frac{1165}{1000000}=0.001165$$

在已知 q_{x} 后,依生命表基数 l_{0} 可以计算出各年龄的存活人数和死亡人数,生命表正是以分年龄死亡率为基础编制出来的.

$$l_{0}q_{0}=d_{0}l_{0}-d_{0}=l_{1}$$

$$l_{1}q_{1}=d_{1}l_{1}-d_{1}=l_{2}$$

……

与 $_{n}q_{x}$ 相对的 $_{n}p_{x}$，

$$_{n}q_{x}=\frac{l_{x+n}}{l_{x}}$$

显然有 $_{n}q_{x}+_{n}p_{x}=1$。

例 3.2.3　25 岁到 75 岁之间死亡的人群中,其中 30%在 50 岁之前死亡,25 岁的人在 50 岁之前死亡的概率为 0.2,计算 $_{20}p_{50}$。

解　已知

$$0.3(l_{25}-l_{75})=l_{25}-l_{50} \qquad \text{(a)}$$

$$\frac{l_{25}-l_{50}}{l_{25}}=0.2 \qquad \text{(b)}$$

由(b)式可得：

$$0.8l_{25}=l_{50}$$

代入(a)式,可得，

$$0.125l_{50}=0.3l_{75}$$

因此　$$_{25}p_{50}=\frac{l_{75}}{l_{50}}=\frac{0.125}{0.3}=0.4167$$

(4) $_{n}L_{x}$。x 岁的人在 $x\sim x+n$ 岁生存的人年数。

人年数是表示人群存活时间的复合单位,1 个人存活 1 年是 1 人年,2 个人每个人存活半年也是 1 人年。在死亡均匀分布的假设下,$x\sim x+n$ 岁的死亡人数 $_{n}d_{x}$ 平均来说存活了 $n/2$ 年,而活到 l_{x+n} 岁的人生活了 n 年,故

$$_nL_x \approx {}_nl_x + \frac{n}{2}\,{}_nd_x = \frac{n}{2}(l_x + l_{x+n})$$

当 $n=1$ 时,有

$$L_x \approx \frac{1}{2}(l_x + l_{x+1})$$

(5) T_x。x 岁的人群未来累积生存人年数。

$$T_x = L_x + L_{x+1} + \cdots + L_{w-1} = \sum_{t=0}^{w-x-1} L_{x+t}$$

在均匀分布的假设下,有

$$T_x = \sum_{i=0}^{w-x-1} \frac{1}{2}(l_{x+i} + l_{x+i+1})$$

(6) $\mathring{e}_x$。x 岁人群的平均余寿,表明未来平均存活的时间。

$$\mathring{e}_x = \frac{T_x}{l_x} = \int_0^\infty {}_tp_x dt = \int_0^\infty \frac{l_{x+t}}{l_x} dt$$

当 x 为 0 时,$\mathring{e}_0$ 表示出生时平均余寿,表示同一批出生人从出生到死亡平均每人存活的年数。假设死亡在每个年龄上均匀分布。即 $L_x = \frac{1}{2}(l_x + l_{x+1})$,则有

$$\begin{aligned}
\mathring{e}_0 &= \frac{T_0}{l_0} = \frac{1}{l_0}(L_0 + L_1 + \cdots + L_{w-1}) \\
&= \frac{1}{l_0} \times \frac{1}{2}[(l_0 + l_1) + (l_1 + l_2) + \cdots + (l_{w-1} + l_w)] \\
&= \frac{1}{l_0} \times \left(\frac{1}{2}\sum_{t=0}^{w-1} d_t + \sum_{t=1}^{w-1} d_t + \sum_{t=2}^{w-1} d_t + \cdots + d_{w-1}\right) \\
&= \frac{1}{l_0} \times \left[\frac{1}{2}d_0 + \left(1+\frac{1}{2}\right)d_1 + \left(2+\frac{1}{2}\right)d_2 + \cdots + \left(w-1+\frac{1}{2}\right)d_{w-1}\right] \\
&= \frac{1}{l_0}\sum_{t=0}^{w-1}\left(t+\frac{1}{2}\right)d_t
\end{aligned}$$

在各年龄死亡均匀分布假设下,$t+\frac{1}{2}$ 是每个年龄死亡者的平均年龄,l_0 是各个年龄死亡人数的总和,因此平均寿命也就是一个以各年龄死亡人数为权重的平均死亡年龄。

除了这些生命函数外,寿险精算中常用的死亡概率,如

$$_{n|}q_x = \frac{d_{x+n}}{l_x} = \frac{l_{x+n}}{l_x}\frac{d_{x+n}}{l_{x+n}} = {}_np_x q_{x+n} \quad {}_{n|m}q_x = \frac{{}_md_{x+n}}{l_x} = \frac{l_{x+n} - l_{x+n+m}}{l_x}$$

$$= {}_np_x - {}_{n+m}p_x = {}_np_x\,{}_mq_{x+n}$$

其中

$$\begin{cases} {}_{n|m}q_x = {}_{n|1}q_x = {}_{n|}q_x, & m=1 \\ {}_{n|0}q_x = 0, & m=0 \\ {}_{n|\infty}q_x = {}_n p_x, & m=\infty \end{cases}$$

例 3.2.4 已知 $l_x = 1000 \times \left(1-\dfrac{x}{120}\right)$，计算 ${}_{20}p_{30}$ 和 ${}_{20|5}q_{25}$。

解 (1) $${}_{20}p_{30} = \frac{l_{50}}{l_{30}} = \frac{1-\dfrac{50}{120}}{1-\dfrac{30}{120}} = 77.78\%$$

(2) $${}_{20|5}q_{25} = \frac{l_{45}-l_{50}}{l_{25}} = \frac{\left(1-\dfrac{45}{120}\right)-\left(1-\dfrac{50}{120}\right)}{\left(1-\dfrac{25}{120}\right)} = 5.26\%$$

生命表 x 岁死亡的人数 d_x 正是生存人数 l_{x+t} 与死亡力 $\mu_x(t)$ 之积在 0～1 上的积分，故

$$d_x = \int_0^1 l_{x+t}\mu_x(t)dt$$

生命表 x 岁积累生存人数 L_x 正是生存人数函数 l_{x+t} 在 0～1 上的积分，故

$$L_x = \int_0^1 l_{x+t}dt$$

生命表 x 岁累积生存人数 T_x 正是生存人数函数 l_{x+t} 在 0 ～ ∞ 上的积分，故

$$T_x = \int_0^\infty l_{x+t}dt$$

所以

$$\mathring{e}_x = \int_0^\infty \frac{l_{x+t}}{l_x}dt.$$

3.2.2 生命表编制的一般方法

生命表可以依实际同时出生的一批人资料编制，这种生命表称为实际同批人生命表。编制这种生命表需要纵向跟踪一批人从出生到死亡的全部过程，但实际中很难取得完整的原始资料，而且这种生命表只能是历史的追述，不能说明现在某个时期的死亡水平。因此，除特殊研究目的外，实际中一般不采用实际同批人方法编制生命表。通常采用假设同批人方法编制，即把某一时期各个年龄的死亡水平当做同时出生的一批人在一生中经历各个年龄时的死亡水平看待。这样编制的生命表称为时期生命表或假设同批人生命表。时期生命表可以描述某一时

期处于不同年龄人群的死亡水平，反映了假定一批人按这一时期各年龄死亡水平度过一生时的生命过程。

前面曾提到，生命表是以死亡概率为基础编制的，但从某一时期资料很难直接计算出各年龄的死亡概率，而在已知某年龄分年龄的平均人数和各年龄的死亡人数后，可以计算出时期分年龄中心死亡率。假设某年龄 x 岁的死亡人数为 D_x，x 岁的平均人数为 $\bar{P}_x$，$\bar{P}_x$ 是年初 x 岁人数与年末 x 岁人数的平均数，有时也用年中人数代替，则 x 岁的中心死亡率 m_x' 为：

$$m_x' = \frac{D_x}{\bar{P}_x}$$

其中，m_x' 正是人口统计中的分年龄死亡率

生命表分年龄中心死亡率定义为生命表分年龄死亡人数在分年龄生存人年数中的比例。若以 m_x 表示生命表 x 岁中心死亡率，则

$$m_x = \frac{d_x}{L_x}$$

在死亡均匀分布假设下，有

$$m_x = \frac{d_x}{\frac{1}{2}(l_x + l_{x+1})} = \frac{2d_x}{2l_x - d_x} = \frac{2q_x}{2 - q_x}$$

变换后，得到：

$$q_x = \frac{2m_x}{2 + m_x}$$

通常 m_x' 与 m_x 非常接近，实际中常用 m_x' 近似 m_x。利用上面的关系式，我们可以根据人口统计中的分年龄死亡率编制生命表。有时，我们也根据原始资料按统计方法直接估计分年龄死亡概率 q_x，再编制生命表。由于直接根据原始资料估计的死亡率可能并不平滑，实际中需要运用生命表修匀技术对死亡概率曲线做修匀，并附加一定的安全系数作为经验生命表。

3.2.3 选择生命表

在人口分析中，可以按性别、地区、种族等对人口分类，分别编制反映各类人口死亡规律的生命表。在保险精算中反映被保险人死亡规律的经验生命表与人口生命表是不同的，寿险中的被保险人并不是全部人口中的一个随机群体，它是经过选择符合保险条件的人群，由于保险只提供给符合健康标准的人，因此在年龄相等时，有理由认为刚买保险的人比已经买若干年保险的人死亡率更低，保单资料的经验分析也证实了上述结论。因此，在对被保险人依一定的健康标准加以

选择后，一组被保险人的死亡率不仅随年龄而变动，而且随已投保年限长短变动。以 $q_{[x]+n}$ 表示 x 岁加入保险，经过 n 年在 $x+n$ 岁的死亡概率，有

$$q_{[x]} < q_{[x-1]+1} < q_{[x-2]+2} < \cdots$$

经验数据表明，$q_{[x-n]+n} - q_{[x-n+1]+n-1}$ 的值随着 n 的增大迅速缩小。一般当 $n > 10$ 时，这一差异可以忽略不计。将同一年龄上相邻已投保年数死亡率差异明显的时期称为选择期，把依据 $q_{[x]+n}$ 编制的生命表称为选择生命表，它表明随年龄和已投保期而变动的死亡规律。当选择效果消失时，死亡率只与年龄有关，如果选择期为 r 年，投保期超过 r 年的同一年龄上的死亡概率相等。此时，死亡概率可以用 q_x 表示，有

$$q_{[x-r]+r} = q_{[x-r+1]+r-1} = q_{[x-r+2]+r-2} = \cdots q_x$$

依据选择效果已经消失后的死亡率资料编制的生命表称为终极表，显然，在同一年龄上终极表的死亡概率更高。由于终极表是选择表中选择效果消失后形成的表，通常把它们放在一起，形成选择—终极表。与此相对应，由不分投保年数的死亡率资料编制的生命表称为综合表，综合表的死亡概率与终极表低。表 3－2 是假设选择期为 10 年的一张选择终极表的一部分。从表中可见，60 岁的人在投保当年的死亡概率为 10.46‰；如果某人在 55 岁投保，经过 5 年后在达到 60 岁时的死亡概率为 15.17‰；如果在 50 岁投保，经过 10 年后，在达到 60 岁时的死亡概率为 19.50‰。可见，在同一个年龄上，死亡概率随着已投保年数的增加而增加。

表 3－2 某选择——终极表中的死亡概率

单位：%

$[x]$	保单年度											$x+10$
	0	1	2	3	4	5	6	7	8	9	10+	
50	4.87	5.51	6.15	6.93	7.83	9.30	10.69	12.06	13.40	14.77	19.50	60
51	5.24	5.95	6.69	7.57	8.61	10.29	11.76	13.24	14.75	16.32	21.47	61
52	5.64	6.45	7.29	8.29	9.48	11.37	12.90	14.53	16.23	18.04	23.65	62
53	6.08	6.99	7.96	9.09	10.43	12.53	14.14	15.93	17.85	19.95	26.05	63
54	6.57	7.60	8.70	9.95	11.44	13.79	15.49	17.47	19.65	22.06	28.69	64
55	7.11	8.27	9.50	10.86	12.54	15.17	16.69	19.16	21.62	24.39	31.57	65
56	7.70	8.91	10.20	11.62	13.44	16.20	18.25	20.69	23.33	26.55	34.68	66
57	8.33	9.58	10.95	12.44	14.41	17.33	18.64	22.34	25.16	28.85	38.00	67
58	8.99	10.29	11.75	13.32	15.46	18.55	21.15	24.12	27.10	31.28	41.60	68
59	9.70	11.06	12.62	14.28	16.61	19.87	22.77	26.00	29.12	33.88	45.54	69
60	10.46	11.89	13.57	15.32	17.85	21.28	24.48	27.97	31.28	36.71	49.90	70

图 3－3 是根据表 3－2 中投保年龄分别是 50 岁、55 岁、60 岁在达到 60～70 岁时的死亡概率绘制的。从图中可见，对于 50 岁投保人，经过 10 年，死亡率的选择效果消失，在达到 60 岁以后，死亡概率都是终极死亡概率。对于 60 岁投保的

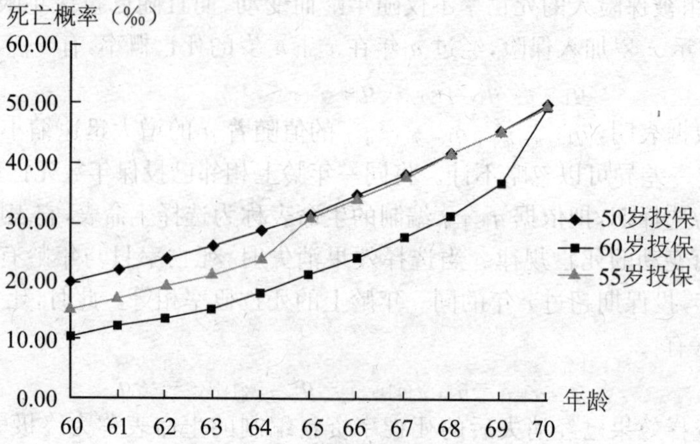

图 3—3　选择和终极死亡概率

人，在 60～70 岁的死亡概率都是选择死亡概率。对于 55 岁投保的人，在 60～65 岁的死亡概率是选择死亡概率，在 66 岁以后的死亡概率采取了终极表中的概率。55 岁投保的死亡概率曲线在 65 岁时出现了一个不连续的跳跃，表明实际的选择期比 5 年更长。

选择生命表也包括 $l_{[x]+n}$、$d_{[x]+n}$、$q_{[x]+n}$、$\mathring{e}_x$ 等函数，它们之间的关系与生命表类似。比如：

$$d_{[x]+n}=l_{[x]+n}-l_{[x]+n+1}$$

$$q_{[x]+n}=\frac{d_{[x]+n}}{l_{[x]+n}}$$

$$p_{[x]+n}=\frac{l_{[x]+n+1}}{l_{[x]+n}}$$

$${}_mq_{[x]+n}=\frac{{}_md_{[x]+n}}{l_{[x]+n}}$$

$${}_{m|}q_{[x]+n}=\frac{l_{[x]+n+m}-l_{[x]+n+m+1}}{l_{[x]+n}}$$

例 3.2.5　假设有下列选择—终极表：

x	$l_{[x]}$	$l_{[x+1]}$	$l_{[x+2]}$	$x+2$
30	1 000	998	995	32
31	996	994	988	33
32	994	990	982	34
33	987	983	970	35

求：${}_2p_{[31]}$，${}_2q_{[31]+2}$，$q_{[30]+1}$。

解 $${}_2p_{[31]}=\frac{l_{[31]+2}}{l_{[31]}}=\frac{988}{996}=0.99197$$

$${}_2q_{[31]+2}=\frac{l_{[31]+2}-l_{[31]+4}}{l_{[31]+2}}=\frac{995-988}{998}=0.018219$$

$$q_{[30]+1}=\frac{l_{[30]+2}-l_{[30]+3}}{l_{[30]+1}}=\frac{995-988}{998}=0.007014$$

§ 3.3 非整数年龄生存函数的估计

生命表是以整数年龄分组编制的，在保险精算实践中，常常需要计算非整数年龄时的生存概率。比如，40 岁的人生存半年的概率 ${}_{0.5}p_{40}$，70 岁的人在 3 个月死亡的概率 ${}_{0.25}q_{70}$ 等，这时需要在一定假设下利用生命表进行估计。常用假设是死亡均匀分布假设，死亡力恒定假设和巴尔杜奇(Balducci)假设。

3.3.1 死亡均匀分布假设

假设死亡在相邻两个整数年龄之间均匀发生，此时生存函数可以用两个整数年龄处的生存函数的线性插值来近似，因此，死亡均匀分布假设也称线性插值假设。

$$s(x+t)\approx(1-t)\times s(x)+t\times s(x+1)$$

$$=s(x)+t\times[s(x+1)-s(x)]$$

其中，x 为整数，$0\leqslant t\leqslant 1$。

$${}_tq_x=\frac{s(x)-s(x+t)}{s(x)}\approx\frac{t[s(x)-s(x+1)]}{s(x)}=tq_x$$

$${}_tq_{x+y}=\frac{s(x+y)-s(x+y+t)}{s(x+y)}=\frac{tq_x}{1-yq_x}$$

$$\mu_x(t)=-\frac{s'(x+t)}{s(x+t)}\approx\frac{s(x)-s(x+1)}{s(x)-t[s(x)-s(x+1)]}=\frac{q_x}{1-tq_x}$$

其中，$0\leqslant t\leqslant 1$，$0\leqslant y\leqslant 1$，$0\leqslant t+y\leqslant 1$。

3.3.2 死亡力恒定假设

当假设死亡力在 $[x,x+1]$ 上恒定时，$\mu_x(t)=\mu$（x 为整数，$0\leqslant t\leqslant 1$)，由死亡力的定义，

$$\mu_x(t) = -\frac{d}{dt}\ln {}_tp_x$$

$$ {}_tp_x = \exp\left\{-\int_0^t \mu dt\right\} = e^{-\mu t}$$

此时，有 $p_x = \exp\left\{-\int_0^1 \mu dt\right\} = e^{-\mu}$，${}_tp_x = (p_x)^t$。

3.3.3 巴尔杜奇(Balducci)假设

以意大利精算师巴尔杜奇的名字命名，这一假设是当 x 为整数，$t \in [0,1]$ 时，生存函数的倒数是 t 的线性函数，即

$$\frac{1}{s(x+t)} = \frac{(1-t)}{s(x)} + \frac{t}{s(x+1)}$$

此时，有

$$ {}_tq_x = \frac{tq_x}{1-(1-t)q_x}$$

$$ {}_tq_{x+y} = \frac{tq_x}{1-(1-y-t)q_x}, \quad 0 \leqslant t \leqslant 1, 0 \leqslant y \leqslant 1, 0 \leqslant t+y \leqslant 1$$

$$ {}_{1-t}q_{x+t} = (1-t)q_x$$

在三种假设下非整数年龄的概率函数如表 3—3 所示。

表 3—3　几种假设下非整数年龄存活概率

函数	死亡均匀分布	死亡力恒定	巴尔杜奇假设
${}_tq_x$	tq_x	$1-e^{-\mu t}$	$\frac{tq_x}{1-(1-t)q_x}$
${}_tp_x$	$1-tq_x$	$e^{-\mu t}$	$\frac{p_x}{1-(1-t)q_x}$
${}_tq_{x+y}$	$\frac{tq_x}{1-yq_x}$	$1-e^{-\mu t}$	$\frac{tq_x}{1-(1-t-y)q_x}$
μ_{x+t}	$\frac{q_x}{1-tq_x}$	μ	$\frac{q_x}{1-(1-t)q_x}$
${}_tp_x\mu_{x+t}$	q_x	$-\mu e^{-\mu t}$	$\frac{p_xq_x}{[1-(1-t)q_x]^2}$

说明：其中 x 为整数，$0 \leqslant t \leqslant 1, 0 \leqslant y \leqslant 1, 0 \leqslant t+y \leqslant 1$。

例 3.3.1　已知 $q_x = 0.12$，试在死亡均匀分布假设下求 ${}_{1/3}q_{x+1/2}$，在死亡力恒定假设下求 ${}_{1/2}q_x$，在巴尔杜奇假设下求 ${}_{1/3}q_x$。

解　在死亡均匀分布假设下，根据公式可得：

$$_{1/3}q_{x+1/2}=\frac{\frac{1}{3}q_x}{1-\frac{1}{2}q_x}=\frac{0.04}{0.94}=0.042553$$

在死亡力恒定假设下：

$$_{1/2}q_x=1-e^{-\frac{1}{2}\mu}=1-(1-q_x)^{1/2}=1-0.88^{1/2}=0.06197$$

在巴尔杜奇假设下：

$$_{1/3}q_x=\frac{\frac{1}{3}q_x}{1-\frac{2}{3}q_x}=\frac{0.04}{0.92}=0.043478$$

例 3.3.2　已知 $l_x=10000\left(1-\frac{x}{100}\right)$，分别在死亡均匀分布假设、死亡力恒定假设和巴尔杜奇假设下计算：(1) $_{0.25}q_{30}$；(2) $_{5.25}q_{50}$；(3) $\mu_{30.5}$。

解　(1)$q_{30}=\frac{l_{30}-l_{31}}{l_{30}}=\frac{1}{70}$

$$p_{30}=e^{-\mu}=1-q_{30}=\frac{69}{70}$$

在死亡均匀分布假设下：

$$_{0.5}q_{30}=0.5q_{30}=\frac{1}{140}=0.007143$$

在死亡力恒定假设下：

$$_{0.5}q_{30}=1-e^{-0.5\mu}=1-\sqrt{\frac{69}{70}}=0.007169$$

在巴尔杜奇假设下：

$$_{0.5}q_{30}=\frac{_{0.5}q_{30}}{p_{30}+0.5q_{30}}=\frac{1}{139}=0.007194$$

(2)
$$_{5.25}q_{50}={}_5q_{50}+{}_5p_{50}\times{}_{0.25}q_{55}$$

$$_5q_{50}=0.1$$

$$_5p_{50}=0.9$$

$$q_{55}=\frac{1}{45}$$

在死亡均匀分布假设下：

$$_{5.25}q_{50}=0.1+0.9\times 0.25\times\frac{1}{45}=0.105$$

在死亡力恒定假设下：

$$_{5.25}q_{50}=0.1+0.9\times\left[1-\left(\frac{44}{45}\right)^{0.25}\right]=0.1050422$$

在巴尔杜奇假设下：

$$_{5.25}q_{50}=0.1+0.9\times\frac{0.25}{45+0.25}=0.1050847$$

(3)在死亡均匀分布假设下：

$$\mu_{30.5}=\frac{q_{30}}{1-0.5q_{30}}=\frac{1}{69.5}=0.014388$$

在死亡力恒定假设下：

$$\mu_{30.5}=\mu=-\ln(p_{30})=-\ln\left(\frac{69}{70}\right)=0.014389$$

在巴尔杜奇假设下：

$$\mu_{30.5}=\frac{q_{30}}{p_{30}+0.5q_{30}}=\frac{1}{69.5}=0.014388$$

§3.4　历史上的死亡力函数

在只有部分历史生存数据的条件下，依靠这些数据得到相应的准确的生存函数或分布函数并非易事。然而，死亡力函数相对比较容易给出，这样通过死亡力函数就可以确定生存函数。历史上，研究人员曾提出过不少关于死亡力函数(死亡时间的解析规律)。这些函数可以帮助人们在数据缺乏的情况下研究死亡率变动规律和编制生命表。下面介绍一些解析分布的例子，他们都是以其提出者的名字命名的。

最早的也是最简单的死亡力函数是由法国数学家亚伯拉罕.德莫渥(Abraham De Moivre)在1724年提出的，其生存函数为一条直线，设 w 是人们可能生存的极限年龄，有

$$s(x)=1-\frac{x}{w},\quad 0\leqslant x<w$$

由此可得：

$$\mu(x)=-\frac{Ds(x)}{s(x)}=\frac{1}{w-x}$$

这一死亡力函数尽管很简单和粗糙，但在当时对年金的计算起到很大的

作用。

1825 年，本杰明·龚珀茨(Benjamin Gompertz)在一篇著名的精算论文中提出死亡力应按指数律增长，即

$$\mu(x)=BC^x,\quad B>0,C\geqslant 1,x>0$$

对上式两边在 $0\sim x$ 上积分，有

$$\int_0^x \mu(y)dy=\int_0^x BC^y dy=\frac{BC^x}{\ln C}-\frac{B}{\ln C}$$

设 $\frac{B}{\ln C}=m$

则 $\int_0^x \mu(y)dy=m(C^x-1)$

故

$$s(x)=\exp\left\{-\int_0^x \mu(y)dy\right\}=e^{-m(C^x-1)}$$

该分布比德莫渥分布更好地反映了寿命过程，并去掉了最大年龄假设。

1860 年，马克哈姆(W. M. Makeham)对龚珀茨分布做了推广，假设

$$\mu(x)=A+BC^x,\quad B>0,C\geqslant 1,A\geqslant -B,x\geqslant 0$$

显然，当 $A=0$ 时，马克哈姆分布就是龚珀茨分布。类似地有，

$$s(x)=e^{-Ax-m(C^x-1)}$$

1939 年，威布尔(Weibull)提出，死亡力以 t 的幂的形式增长，而非指数增长，即

$$\mu_x=kx^n,\quad k>0,n>0,x\geqslant 0$$

$$s(x)=\exp\{-\mu x^{n+1}\}$$

其中，$\mu=\frac{k}{n+1}$。

上面四个死亡解析分布如表 3—4 所示。

表 3—4 四个死亡力函数及其生存函数

发明人	$\mu(x)$	$s(x)$	限定条件
德莫渥(1724)	$\mu(x)=\frac{1}{w-x}$	$s(x)=1-\frac{x}{w}$	$0\leqslant x<w$
龚珀茨(1825)	$\mu(x)=BC^x$	$s(x)=e^{-m(Cx-1)}$	$B>0,C\geqslant 1,x>0$
马克哈姆(1860)	$\mu(x)=A+BC^x$	$s(x)=e^{-Ax-m(Cx-1)}$	$A\geqslant -B,B>0,C\geqslant 1,x\geqslant 0$
威布尔(1939)	$\mu(x)=kx^n$	$s(x)=e^{-\mu xn+1}$	$k>0,n>0,x\geqslant 0$

习　题

3.1　已知 $l_x=1\,000\left(1-\frac{x}{120}\right)$，计算下面各值：

(1) $l_{20}, l_{120}, d_{33}, {}_{20}p_{30}, {}_{30}q_{20}$；

(2)25 岁的人至少活 20 年，最多活 25 年的概率；

(3)三个 25 岁的人均存活到 80 岁的概率。

3.2　若 $l_x=100\,000\left(\frac{c-x}{c+x}\right), l_{35}=44\,000$，求：

(1)求 c 的值；

(2)生命表最大年龄；

(3)从出生活到 50 岁的概率；

(4)15 岁的人在 40～50 岁之间死亡的概率。

3.3　已知 ${}_{1|}q_{x+1}=0.095, {}_{2|}q_{x+1}=0.171, q_{x+3}=0.2$，计算 $q_{x+1}+q_{x+2}$。

3.4　已知 $s(x)=\left(1-\frac{x}{100}\right)^2, 0\leqslant x\leqslant 100$，试求 $F(75), f(75)$ 和 $\mu(75)$。

3.5　已知 $l_0=10\,000, \mu(x)=\frac{1}{50-0.5x}$，试求 $l_x, f_K(40), \mathring{e}_0$ 的表达式。

3.6　设 $\mu_x(t)=t^2, t>0$，求 $f_{T(x)}(t)$。

3.7　已知 $l_{65}=100, l_{66}=80$，试分别在死亡均匀分布、死亡力恒定和巴尔杜奇假设下计算 $l_{65.5}$。

3.8　给定 $q_{60}=0.020, q_{61}=0.022$，在每一年龄年死亡均匀分布假设成立，计算 $\int_0^{1.5} {}_tp_{60}\,dt$。

3.9　假设有下面三个生命表，表 A 是选择和终极表，表 B 是由表 A 终极栏组成的终极表，表 C 是由构造表 A 的资料编制的综合表。在这三个表下，试找出下列函数的关系：

(1)表 A 中的 ${}_np_{[x]}$ 表 B 中的 ${}_np_x$；

(2)表 A 中的 $q_{[x]}$ 与表 B、表 C 中的 q_x；

(3)三个表中的 μ_x。

第四章 多减因模型

§4.1 多减因模型基本函数

在第三章我们给出人口在死亡单一因素作用下的减少过程，建立了生命表。而更为复杂的情况是研究一批人受多种因素影响而陆续减少的规律，它是编制养老金计划，设计健康保险产品的重要基础。这种规律通常是由多元衰减模型，简称多减因模型给出的。而多减因模型通常以实用的多减因表呈现。与生命表一样，多减因模型也建立在封闭人口（或称确定生存群）基础之上，研究一批人受各减因作用影响的减少过程，不考虑新加入和重新加入的人群。比如，在养老金计划多减因表中，不包括新加入的职工和离职后重新加入的职工；在死亡和伤残多减因表中，不包括新加入和由伤残恢复正常的人数。顺便指出，多减因模型的建立方法不唯一，有些教科书中用随机变量的观点建立多减因模型。多减因表的基本函数包括：

(1) $l_x^{(\tau)}$。年龄为 x 的群体受编号为 $1,2,\cdots,m$ 的 m 个减因共同作用的人数。或者说，x 岁暴露于 m 个减因下的人数；

(2) ${}_nd_x^{(k)}$。在年龄段 $[x,x+n]$ 由减因 k 减少的人数，$k=1,2,\cdots,m$，当 $n=1$ 时，记为 $d_x^{(k)}$；

(3) ${}_nd_x^{(\tau)}$。在年龄段 $[x,x+n]$ 由所有减因减少的总人数，当 $n=1$ 时，记为 $d_x^{(\tau)}$，可见

$$ {}_nd_x^{(\tau)}=\sum_{k=1}^{m}{}_nd_x^{(k)} \tag{4.1.1}$$

$$ l_x^{(\tau)}-{}_nd_x^{(\tau)}=l_{x+n}^{(\tau)} \tag{4.1.2}$$

$$ l_x^{(\tau)}=\sum_{y=x}^{\infty}d_y^{(\tau)} \tag{4.1.3}$$

(4) ${}_nq_x^{(k)}$。在年龄段 $[x,x+n]$ 由减因 k 产生的减少概率，也就是减因 k 使

(x) 离开 $l_x^{(\tau)}$ 的概率，当 $n=1$ 时，记为 $q_x^{(k)}$；

$$ {}_nq_x^{(k)}=\frac{{}_nd_x^{(k)}}{l_x^{(\tau)}} \tag{4.1.4a}$$

$$ {}_nd_x^{(k)}=l_x^{(\tau)}\ {}_nq_x^{(k)} \tag{4.1.4b}$$

（5）${}_nq_x^{(\tau)}$。x 岁的人在年龄段 $[x,x+n]$ 由所有减因导致的减少概率；

$$ {}_nq_x^{(\tau)}=\frac{{}_nd_x^{(\tau)}}{l_x^{(\tau)}} \tag{4.1.5}$$

$$ {}_nq_x^{(\tau)}=\sum_{k=1}^{m}{}_nq_x^{(k)} \tag{4.1.6}$$

（6）${}_np_x^{(\tau)}$。x 岁的人在年龄段 $[x,x+n]$ 保留在原群体中的概率。

$$ {}_np_x^{(\tau)}=1-{}_nq_x^{(\tau)}=\frac{l_{x+n}^{(\tau)}}{l_x^{(\tau)}} \tag{4.1.7}$$

表4－1是某两减因表的一部分，从表中数据可以看出，各年龄人数 $l_x^{(\tau)}$ 在两个减因作用下，随年龄 x 的增大而逐步减少。其中，第一个减因概率 $q_x^{(1)}$ 远远大于第二个减因概率 $q_x^{(2)}$，从而由第一个减因减少的人数 $d_x^{(1)}$ 远远大于由第二个减因减少的人数 $d_x^{(2)}$。

表4－1　某两减因表的一部分

x	$q_x^{(\tau)}$ (‰)	$q_x^{(1)}$ (‰)	$q_x^{(2)}$ (‰)	$l_x^{(\tau)}$	$d_x^{(1)}$	$d_x^{(2)}$
20	202.285	200.95	1.335	76983	15470	103
21	207.027	205.69	1.337	61410	12631	82
22	332.538	331.20	1.338	48697	16128	65
23	416.110	414.77	1.340	32504	13482	44
24	448.932	447.59	1.342	18978	8494	25
25	522.425	520.95	1.475	10456	5449	15

利用表4－1中的数据可以证实上面的关系式，如

$$l_{20}^{(\tau)}q_{20}^{(1)}=76983\times200.95‰=15470=d_{20}^{(1)}$$

$$l_{20}^{(\tau)}q_{20}^{(2)}=76983\times1.335‰=103=d_{20}^{(2)}$$

$$q_{21}^{(1)}+q_{21}^{(2)}=205.69‰+1.337‰=207.027‰=q_{21}^{(\tau)}$$

$$l_{20}^{(\tau)}-d_{20}^{(1)}-d_{20}^{(2)}=76983-15470-103=61410=l_{21}^{(\tau)}$$

利用上表资料还可以计算出所需的其他概率，如

$$ {}_3p_{20}^{(\tau)}=\frac{l_{23}^{(\tau)}}{l_{20}^{(\tau)}}=\frac{32504}{76983}=42.22‰$$

$$_2q_{22}^{(2)}=\frac{d_{22}^{(2)}+d_{23}^{(2)}}{l_{22}^{(\tau)}}=\frac{65+44}{48697}=2.24‰$$

$$_2q_{23}^{(1)}=\frac{d_{25}^{(1)}}{l_{23}^{(\tau)}}=\frac{5449}{32504}=167.64‰$$

§4.2 减因力和中心减率

4.2.1 减因力

与生存模型的死亡力类似，在多减因下也有减因力，它表示 x 岁个体在 $x+t$ 时刻由总减因或分减因导致的瞬时减少概率。(x) 在 $x+t$ 时的总减因力可定义为：

$$\mu_x^{(\tau)}(t)=\lim_{h\to 0}\frac{{}_hq_{x+t}^{(\tau)}}{h}$$

$$=-\frac{d(\ln{}_tp_x^{(\tau)})}{dt} \tag{4.2.1}$$

因此
$$_tp_x^{(\tau)}=\exp\left\{-\int_0^t\mu_x^{(\tau)}(s)ds\right\} \tag{4.2.2}$$

为了定义分原因的减因力，我们定义

$$l_x^{(k)}=\sum_{y=x}^{\infty}d_y^{(k)},\quad k=1,2,\cdots,m \tag{4.2.3}$$

这相当于把暴露于 m 个减因下的总人数 $l_x^{(\tau)}$ 分成 $l_x^{(1)},l_x^{(2)},\cdots,l_x^{(m)}$ 等 m 组，每组人数只受相应减因的作用而减少。

$$l_x^{(\tau)}=\sum_{k=1}^{m}l_x^{(k)} \tag{4.2.4}$$

x 岁时刻由第 k 个减因的减因力可定义为：

$$\mu^{(k)}(x)=\lim_{h\to 0}\frac{l_x^{(k)}-l_{x+h}^{(k)}}{hl_x^{(\tau)}} \tag{4.2.5a}$$

$$=-\frac{1}{l_x^{(\tau)}}\frac{dl_x^{(k)}}{dx} \tag{4.2.5b}$$

由此可见，有
$$\mu^{(\tau)}(x)=\sum_{k=1}^{m}\mu^{(k)}(x) \tag{4.2.6}$$

若减因 k 的减因力 $\mu^{(k)}(x)$ 存在，则由(4.2.5b)，有

$$-dl_y^{(k)}=l_y^{(\tau)}\mu^{(k)}(y)dy$$

上式两边对 y 在 $[x,x+1]$ 上积分，有

$$\int_x^{x+1} -dl_y^{(k)} = \int_x^{x+1} l_y^{(\tau)} \mu^{(k)}(y)dy$$

故

$$d_x^{(k)} = \int_x^{x+1} l_y^{(\tau)} \mu^{(k)}(y)dy \tag{4.2.7}$$

上式两边同除以 $l_x^{(\tau)}$，有

$$\begin{aligned} q_x^{(k)} &= \int_x^{x+1} {}_{y-x}p_x^{(\tau)} \mu^{(k)}(y)dy \\ &= \int_0^1 {}_t p_x^{(\tau)} \mu^{(k)}(x+t)dt \end{aligned} \tag{4.2.8}$$

由(4.1.6)，(4.2.6)，(4.2.8)可得：

$$q_x^{(\tau)} = \int_0^1 {}_t p_x^{(\tau)} \mu_x^{(\tau)}(t)dt \tag{4.2.9}$$

按照本书多减因表基本函数的定义，考查的总人数预先确定。由于减因概率是某区间内由减因引起的减少概率，在这一区间内，所有减因都在起作用，由某减因引起的减少人数越多，其他减因引起的减少人数越少，因此，各减因概率之间相互影响。更为深入的问题是各分减因间相互依存的情况，但其已超出本书内容范围。

中心减率

与中心死亡率的概念类似，在多减因分析中也有总减因中心减率(简称总中心减率)和分减因中心减率，若以 $m_x^{(\tau)}$ 表示总中心减率，可定义为：

$$m_x^{(\tau)} = \frac{d_x^{(\tau)}}{L_x^{(\tau)}} \tag{4.2.10}$$

$L_x^{(\tau)}$ 是在$[x, x+1]$受全部减因作用的平均人数。(4.2.10)式以积分式可表示为：

$$m_x^{(\tau)} = \frac{\int_0^1 l_{x+t}^{(\tau)} \mu_x^{(\tau)}(t)dt}{\int_0^1 l_x^{(\tau)} dt} = \frac{\int_0^1 {}_t p_x^{(\tau)} \mu_x^{(\tau)}(t)dt}{\int_0^1 {}_t p_x^{(\tau)} dt}, \quad 0 \leqslant t < 1 \tag{4.2.11}$$

减因 k 的中心减率定义为：

$$m_x^{(k)} = \frac{d_x^{(k)}}{L_x^{(\tau)}} \tag{4.2.12}$$

其积分表达式为：

$$m_x^{(k)} = \frac{\int_0^1 {}_t p_x^{(\tau)} \mu_x^{(k)}(t)dt}{\int_0^1 {}_t p_x^{(\tau)} dt}, \quad 0 \leqslant t < 1 \tag{4.2.13}$$

显然，有

$$m_x^{(\tau)}=\sum_{k=1}^{m}m_x^{(k)} \tag{4.2.14}$$

多减因表的编制可以通过中心减率与减因概率的关系估计减因概率来进行。

多减因表上的中心减率通常是在假设每个年龄的总减少人数在年内均匀分布下计算的，此时有

$$l_{x+t}^{(\tau)}=l_x^{(\tau)}-td_x^{(\tau)},\qquad 0<t<1 \tag{4.2.15}$$

$$\begin{aligned}L_x^{(\tau)}&=\int_0^1 l_{x+t}^{(\tau)}dt\\&=\int_0^1(l_x^{(\tau)}-td_x^{(\tau)})dt\\&=l_x^{(\tau)}-\frac{1}{2}d_x^{(\tau)}\end{aligned} \tag{4.2.16}$$

因此，有

$$\begin{aligned}m_x^{(k)}&=\frac{d_x^{(k)}}{L_x^{(\tau)}}\\&=\frac{d_x^{(k)}}{l_x^{(\tau)}-\frac{1}{2}d_x^{(\tau)}}\\&=\frac{q_x^{(k)}}{1-\frac{1}{2}q_x^{(\tau)}}\end{aligned} \tag{4.2.17}$$

反过来，由

$$l_x^{(\tau)}\approx L_x^{(\tau)}+\frac{1}{2}d_x^{(\tau)}$$

可得：

$$q_x^{(k)}=\frac{m_x^{(k)}}{1+\frac{1}{2}m_x^{(\tau)}} \tag{4.2.18}$$

类似地，有

$$q_x^{(\tau)}=\frac{m_x^{(\tau)}}{1+\frac{1}{2}m_x^{(\tau)}} \tag{4.2.19}$$

在已知总中心减率和分减因中心减率时，可依据它们与减因概率的关系式(4.2.18)、(4.2.19)估计减因概率，进而编制多减因表。

§4.3 联合单减因表

4.3.1 联合单减因函数

构成多减因表的各分减因都可以依各自的减因力构成单减因表，我们将多减因表的各个减因构成的单减因表称为联合单减因表，它是单独考虑各个减因时生成的减因表。设联合单减因表的"生存函数"为 ${}_tp_x^{\prime(k)}$，${}_tp_x^{\prime(k)} = \exp\left\{-\int_0^t \mu_x^{(k)}(s)ds\right\}$，

$$
\begin{aligned}
{}_tq_x^{\prime(k)} &= 1-\exp\left\{-\int_0^t \mu_x^{(k)}(s)ds\right\} \\
&= \int_0^t {}_sp_x^{\prime(k)} \mu_x^{(k)}(s)ds
\end{aligned}
\tag{4.3.1}
$$

${}_tq_x^{\prime(k)}$ 在这里称为 k 减因绝对减率，以区别于以概率表述的 k 减因概率 ${}_tq_x^{(k)}$，k 减因绝对减率与其他减因力无关，也成为独立减率。

注意：(1) 这里减因 k 的减因力 $\mu_x^{(k)}(s)$ 在数学上是可积函数或连续函数，而本书中 k 减因力的定义只考虑了整数年龄。因此，需将定义扩充到连续年龄，可参看其他寿险精算教科书。

(2)这里使用带引号的"生存函数"是因为 ${}_tp_x^{\prime(k)}$ 并非完全满足概率的条件。

4.3.2 联合单减因函数与多减因函数的基本关系

因为

$$
\begin{aligned}
{}_tp_x^{(\tau)} &= \exp\left\{-\int_0^t \mu_x^{(\tau)}(s)ds\right\} \\
&= \exp\left\{-\int_0^t [\mu_x^{(1)}(s)+\mu_x^{(2)}(s)+\cdots+\mu_x^{(m)}(s)]ds\right\}
\end{aligned}
\tag{4.3.2}
$$

所以

$$
{}_tp_x^{(\tau)} = \prod_{k=1}^{m} {}_tp_x^{\prime(k)} \tag{4.3.3}
$$

显然，有

$$
\begin{aligned}
{}_tp_x^{(\tau)} &\leqslant {}_tp_x^{\prime(k)} \\
{}_tq_x^{(\tau)} &\geqslant {}_tq_x^{\prime(k)}
\end{aligned}
$$

4.3.3 各减因力恒定假设下的估计

假设各分减因力恒定，即

$$\mu_x^{(k)}(t)=\mu^{(k)}(x), \qquad 0\leqslant t<1$$

此时，有

$$\begin{aligned} q_x^{(k)} &= \int_0^1 {}_tp_x^{(\tau)}\mu_x^{(k)}(t)dt \\ &= \int_0^1 {}_tp_x^{(\tau)}\mu^{(k)}(x)dt \\ &= \frac{\mu^{(k)}(x)}{\mu^{(\tau)}(x)}\int_0^1 {}_tp_x^{(\tau)}\mu^{(\tau)}(x)dt \\ &= \frac{\mu^{(k)}(x)}{\mu^{(\tau)}(x)}\times q_x^{(\tau)} \end{aligned} \tag{4.3.4}$$

同时，在总减因力恒定假设下，有

$$p_x^{(\tau)}=\exp\left\{-\int_0^1\mu_x^{(\tau)}(t)ds\right\}=e^{-\mu^{(\tau)}(x)}$$

$$\mu^{(\tau)}(x)=-\ln p_x^{(\tau)}$$

同理，有

$$\mu^{(k)}(x)=-\ln p_x^{\prime(k)}$$

此时，有

$$q_x^{(k)}=\frac{\ln p_x^{\prime(k)}}{\ln p_x^{(\tau)}}q_x^{(\tau)}$$

因此

$$q_x^{\prime(k)}=1-(1-q_x^{(\tau)})^{q_x^{(k)}/q_x^{(\tau)}} \tag{4.3.5}$$

上式可用于多减因概率估计绝对减因率。

4.3.4 各减因均匀分布假设下的估计

假设多减因模型的各个减因在每个年龄上均匀分布，即

$${}_tq_x^{(k)}=tq_x^{(k)}, \qquad k=1,2,\cdots,m, \quad 0\leqslant t<1$$

加总所有减因概率，有

$${}_tq_x^{(\tau)}=tq_x^{(\tau)}, \qquad 0\leqslant t<1$$

在减因均匀分布假设下，有

$${}_tp_x^{(\tau)}\mu_x^{(k)}(t)=q_x^{(k)}$$

$$\mu_x^{(k)}(t)=\frac{q_x^{(k)}}{{}_tp_x^{(\tau)}}=\frac{q_x^{(k)}}{1-tq_x^{(\tau)}}$$

因此

$$q_x^{'(k)} = 1 - \exp\left\{-\int_0^1 \mu_x^{(k)}(t)dt\right\}$$
$$= 1 - \exp\left\{-\int_0^1 \frac{q_x^{(k)}}{1 - tq_x^{(\tau)}}dt\right\}$$
$$= 1 - \exp\left\{\frac{q_x^{(k)}}{q_x^{(\tau)}}\ln(1 - q_x^{(\tau)})\right\}$$
$$= 1 - (1 - q_x^{(\tau)})^{q_x^{(k)}/q_x^{(\tau)}} \tag{4.3.6}$$

可见,在减因力恒定和减因均匀分布假设下的 $q_x^{'(k)}$ 相等。

4.3.5 联合单减因表的各减因均匀分布假设下的估计

在联合单减因表的各减因均匀分布假设下,有

$$_tq_x^{'(k)} = tq_x^{'(k)}, \quad k = 1, 2, \cdots, m, 0 \leqslant t < 1$$
$$_tp_x^{'(k)}\mu_x^{(k)}(t) = q_x^{'(k)}$$

因此,有

$$q_x^{(k)} = \int_0^1 {}_tp_x^{(\tau)}\mu_x^{(k)}(t)dt$$
$$= \int_0^1 {}_tp_x^{'(1)}\,{}_tp_x^{'(2)}\cdots{}_tp_x^{'(m)}\mu_x^{(k)}(t)dt \tag{4.3.7}$$

当 $m = 2$ 时,有

$$q_x^{(1)} = \int_0^1 {}_tp_x^{'(1)}\mu_x^{(1)}(t)\,{}_tp_x^{'(2)}dt$$
$$= q_x^{'(1)}\int_0^1 (1 - tq_x^{'(2)})dt$$
$$= q_x^{'(1)}\left(1 - \frac{q_x^{'(2)}}{2}\right) \tag{4.3.8a}$$
$$q_x^{(2)} = q_x^{'(2)}\left(1 - \frac{q_x^{'(1)}}{2}\right) \tag{4.3.8b}$$

当 $m = 3$ 时,有

$$q_x^{(1)} = \int_0^1 {}_tp_x^{'(1)}\mu_x^{(1)}(t)\,{}_tp_x^{'(2)}\,{}_tp_x^{'(3)}dt$$
$$= q_x^{'(1)}\int_0^1 (1 - tq_x^{'(2)})(1 - tq_x^{'(3)})dt$$
$$= q_x^{'(1)}\left[1 - \frac{1}{2}(q_x^{'(2)} + q_x^{'(3)}) + \frac{1}{3}q_x^{'(2)}q_x^{'(3)}\right] \tag{4.3.9a}$$

同理,有

$$q_x^{(2)} = q_x^{'(2)} \left[1 - \frac{1}{2}(q_x^{'(1)} + q_x^{'(3)}) + \frac{1}{3} q_x^{'(1)} q_x^{'(3)} \right] \quad (4.3.9b)$$

$$q_x^{(3)} = q_x^{'(3)} \left[1 - \frac{1}{2}(q_x^{'(1)} + q_x^{'(2)}) + \frac{1}{3} q_x^{'(1)} q_x^{'(2)} \right] \quad (4.3.9c)$$

对 $m > 3$ 的情形,可以用类似的方法得到。

如果具备直接计算多减因表每个减因概率的数据资料,就可以直接编制多减因表。在直接编制所需资料缺乏时,可以通过联合单减因表,用上面给出的关系式,求出多减因表减因概率。

例 4.3.1 假设某联合单减因表的各个减因绝对减率如下表所示,并且第 3 个减因是退休减因,发生在 65～75 岁,70 岁为强制退休年龄。

x	$q_x^{'(1)}$	$q_x^{'(2)}$	$q_x^{'(3)}$
65	0.020	0.02	0.04
66	0.025	0.02	0.06
67	0.030	0.02	0.08
68	0.035	0.02	0.10
69	0.040	0.02	0.12

试在减因力恒定假设和联合单减因表各个减因均匀分布假设下,估计多减因表的减因概率。

解 由

$$_tp_x^{(\tau)} = \prod_{k=1}^{m} {}_tp_x^{'(k)}$$

在本例中,有

$$q_x^{(\tau)} = 1 - \prod_{k=1}^{3} (1 - q_x^{'(k)})$$

这样就可以估计出 $q_x^{(\tau)}$。

在减因力恒定假设下,根据 $p_x^{'(k)} = (p_x^{(\tau)})^{q_x^{(k)}/q_x^{(\tau)}}$,可以估计出 $q_x^{(k)}$,如下表所示。

x	$q_x^{(\tau)}$	$q_x^{(1)}$	$q_x^{(2)}$	$q_x^{(3)}$
65	0.07802	0.01940	0.01940	0.03921
66	0.10183	0.02401	0.01916	0.05867
67	0.12545	0.02851	0.01891	0.07803
68	0.14887	0.03290	0.01866	0.09731
69	0.17210	0.03720	0.01841	0.11649
70	1.00000	0.00000	0.00000	1.00000

在联合单减因表各个减因均匀分布假设下的估计结果如下表所示。

x	$q_x^{(\tau)}$	$q_x^{(1)}$	$q_x^{(2)}$	$q_x^{(3)}$
65	0.07802	0.01941	0.01941	0.03921
66	0.10183	0.02401	0.01916	0.05866
67	0.12545	0.02852	0.01892	0.07802
68	0.14887	0.03292	0.01867	0.09727
69	0.17210	0.03723	0.01843	0.11643
70	1.00000	0.00000	0.00000	1.00000

可见,两种假设下的估计结果非常接近。

在本书的附录中给出了经典的死亡、伤残、退职、退休四种分原因下的多减因表。

习　题

4.1　由表 4—1 的资料,计算:

(1)22 岁的人在 24 岁时由减因(1)减少的概率;

(2)20 岁的人暴露于两件因下两年,并在随后的三年内由减因(2)减少的概率;

(3)计算 24 岁第(1)、(2)减因的中心减率。

4.2　假设 $\mu_x^{(1)}=(a-x)^{-1}, 0\leqslant x<a, \mu_x^{(2)}=1$,设 $l_0^{(\tau)}=a$,试给出 $l_x^{(\tau)}, d_x^{(1)}, d_x^{(2)}$ 的代数表达式。

4.3　比较 $q_x^{\prime(k)}, q_x^{(k)}$ 和 $m_x^{\prime(k)}$ 的大小,并说明理由。

4.4　假设联合两减因表的 $q_{40}^{\prime(1)}=0.02, q_{40}^{\prime(2)}=0.04$,试计算 $q_{40}^{(\tau)}$。

4.5　已知某双减因表的以下条件:

(1) $q_x^{\prime(2)}=2q_x^{\prime(1)}$;

(2) $q_x^{\prime(1)}+q_x^{\prime(2)}=q_x^{(\tau)}+0.18$。

试计算 $q_x^{\prime(2)}$。

4.6　假设已知 $m_{40}^{(\tau)}=0.2, q_{40}^{\prime(1)}=0.1$,在下列假设下计算 $q_{40}^{\prime(2)}$:

(1)多减因模型的减因均匀分布;

(2)联合单减因模型的减因均匀分布。

4.7　假设某双减因表如下:

x	$l_x^{(\tau)}$	$d_x^{(1)}$	$d_x^{(2)}$
65	100	—	—
66	—	3	13
67	—	1	3

已知 $q_{40}^{'(1)}=0.1$，$q_{40}^{'(2)}=0.6$，该表满足各减因力恒定假设，试求 $q_{67}^{'(1)}$。

4.8 假设 $q_x^{'(1)}=0.15$，$q_x^{'(2)}=0.03$，如果减因(1)的联合单减因表满足均匀分布假设，而减因(2)集中发生在每个年龄的中间，试计算：

(1) ${}_tp_x^{(\tau)}$， $0\leqslant t\leqslant 1$；

(2) $q_x^{(1)}$，$q_x^{(2)}$。

4.9 已知某三减因表的各减因在各年龄上满足均匀分布假设，$q_x^{(1)}=0.48$，$q_x^{(2)}=0.32$，$q_x^{(3)}=0.16$，试计算 $q_x^{'(1)}$。

4.10 已知某三减因表各减因的联合单减因表在各年龄上满足均匀分布假设，且 $q_x^{'(1)}=0.1$，$q_x^{'(2)}=0.04$，$q_x^{'(3)}=0.0625$，试计算 $1000q_x^{(1)}$。

第五章　人寿保险的精算现值

§5.1　传统人寿保险简介

传统个人寿险保单的被保险人是单个人，以被保险人在保险期内死亡或生存为保险给付条件，预先规定保险金额的水平及其给付方式，并根据经验生命表和预定利率等预先确定保费水平和保单退保金。这种产品在美国和加拿大被称为预定产品(pre-scheduled products)，在澳大利亚被称为捆绑产品(bundled products)。这些产品的保费、给付、退保现金价值等是固定的，或者说是预先根据精算确定的，很难从保费中清楚地区分用于保险成本补偿、费用补偿、投资收益等不同的部分。在实践中，传统个人寿险产品又分为定期寿险、终身寿险、两全保险等。

5.1.1　定期寿险

定期寿险是以被保险人在保单约定的保险期内死亡为保险金给付条件的保险，通常保险金额在保单上载明。如果被保险人在保险期内没有死亡，则没有给付。通常保险期为 10 年、20 年、30 年等固定时期，或者从投保起到某一特定年龄，如 65 岁或 70 岁等。定期寿险通常只有很低的或者没有退保金，从而成本较低、价格便宜。

通常说来，定期寿险的保费可以采取均衡保费和递增保费两种方式，并对应地称为均衡保费定期寿险和递增保费定期寿险。

5.1.1.1　均衡保费定期寿险

均衡保费定期寿险简称为定期寿险，通常由投保人选择保险金额和保险期限。如果被保险人在保险期内死亡，保险人以保险合同为依据给付规定的保险金额，保险费在约定的缴费期内均衡缴付，通常缴费期与保险期相同。在美国的保险市场上，均衡保费定期寿险正在逐步被递增保费定期寿险取代。

5.1.1.2 递增保费定期寿险

递增保费定期寿险的保险费在缴费期内递增，在实践中常见的递增保费定期寿险是每年更新定期寿险。在这种缴费方式下，保险人每年根据死亡风险重新确定保费水平，并通知投保人续保，直到被保险人死亡，或者投保人不愿意续保，或者投保人已达到保单所规定的最高续保年龄为止。对于每月缴付一次保费的情形，通常在一年内每月缴付的保费相同，一年后依据保险人的死亡率重新确定保费。与每年重新投保的一年定期寿险不同的是，这种保险仅在开始出售保单时核保，以后投保人根据自己的意愿选择是否续保，续保时的费率标准必须保持与开始时制订的一致。如果预期将来的死亡率提高，为了避免损失，保险人通常也保留提高保费的权利。

由于死亡率随着年龄的增高而提高，使依分年龄死亡率计算的每年更新保费呈阶梯上升趋势，这使老年被保险人的缴费负担加重，续保率下降。但由于人们在年轻时有更多的子女抚养责任和分期支付住房贷款的负担，他们更需要死亡保险为他们死亡后提供保险金，继续承担未尽的责任。当人们进入退休年龄后，对以养老为目的的生存保险的需求增加，对死亡保险的需求降低。因此，这种保险在实践中仍有一定的市场。实践中，每年更新的定期寿险的保额可能恒定，也可能与某消费价格指数挂钩，还可能采取保费恒定但每年根据保费水平和死亡率水平重新调整保额等不同的形式。

5.1.1.3 保额递减定期寿险

保额递减定期寿险的死亡赔付金额随着已投保时期的延长而降低，保险费通常采取均衡方式。实践中最常见的保额递减寿险是以抵押贷款余额为死亡赔付额，以还款期为保险期的定期保险。比如，被保险人为购买住房或其他商品向银行贷款，并采取在一定时期内每年或每月等额还款的方式还款，其未付贷款余额随着逐期的还款而减少，如果以未付贷款余额为保险金额，在被保险人死亡时，保险公司赔付的金额正好用于偿还贷款余额，这种递减定期寿险也称为抵押保护。

5.1.2 两全保险

两全保险是定期寿险和纯生存保险的合险。纯生存保险是以被保险人在保险满期存活为给付条件的生存保险，如果被保险人在保险期满前死亡，则没有给付，保险费通常采取均衡保费方式。在实践中，纯生存保险一般不单独出售，通常附带小额的寿险。比如，附加以一定利率累计退还已缴保费的寿险，或者与定期寿险组合成两全保险出售。两全保险是指在规定的保险期内，如果被保险人死亡，保险人给付死亡保险金；如果被保险人在保险满期存活，保险人给付生存保险金的保险产品。两全保险具有较高的退保金。由于第一年的费用较高,退保金可能没有或者很低,以后退保金迅速增加,到满期时退保金与生存保险金额相等。在保险期内,如果退保人退保,可以得到退保金。在实践中,两全保险又分为分红和非分红两种形式。非分红两全保险的投保人不分享公司的利润,保险金额通常固定不变。分红两全保险的投保人以红利方式分享公司的一部分利润。

5.1.2.1 非分红两全保险

非分红保险根据精算假设和规定的保险金额确定保费和退保金,投保人不分享公司红利。为了保证保险费足以满足在死亡率、退保率、费率、利率等变动下的保险给付和费用支出并获得利润,定价采用的精算假设必然是保守的。如果实际经验比精算假设对保险人更有利,保险公司将获得更多的利润,这些利润不能通过红利的方式返还给投保人。

5.1.2.2 分红两全保险

分红保险的被保险人每年以红利方式分享公司利润的一部分,实际上相当于增加了保险金额,或者在规定的保险金额下减少了保险费。红利从本质上看正是因采用保守精算假设多收取保费的返还,或者说是实际的死亡率、利率、退保率、费用、税金等比假设的水平更有利,并将由此产生的利润通过红利对投保人的再分配。从历史看,分红产品多由相互制保险公司发售,其目的是以成本价提供保险产品。由于分红产品通过调整红利处理不同的风险,而非分红产品则只能通过在保费中的固定附加处理这些风险,因此在保险市场上,分红产品比非分红产品更具吸引力。

在过去,分红产品的保险费在净保费的基础上附加费用计算,净保费依据保守精算假设计算,红利正是实际死亡率、利率、费用率与计算保费时对这些费率的精算假设的差距所产生利润的一部分。随着精算技术的发展和高速度、高性能计算机的普遍使用,保险费更多地依据包括红利在内的定价模型计算,并采用更现实的精算假设。保险公司预先确定红利的水平,并把它作为产品定价的一个因素,保险费是足以满足给付金、退保金、费用、红利等支出并获得合理利润的数额。这样,保费水平和红利水平相互影响,并构成一个循环。高红利意味着高保费,低保费则可能是低红利,保费和红利的相对水平由市场竞争、公司发展战略和营销方式等决定。

分红保险通常对红利提供几种不同的选择权。比如,可以定期以现金方式提取红利;可以把红利留存在保险公司,并获得利息收入,在被保险人死亡或退保时一次性提取;可以用定期红利冲抵定期保费;可以用红利购买缴清寿险,即把红利视为一次性缴费购买相应的寿险,通常这种缴清寿险具有自己的退保金和红利,也可以退保;红利也可以用于购买一年定期保险,但这种定期保险通常没有退保金,也不再产生红利。一般情况下,保险公司对某种分红产品提供上面的一种或两种选择权,也可能把几种选择权合并,比如红利可以留存在保险公司以一定利率累计,然后用于减少未来保费。

5.1.3 终身寿险

终身寿险为被保险人提供从投保开始到终身的死亡保险,保险金额通常为恒定的数额,保险费可以采取趸缴、在一定时期内缴付、终身均衡缴付等不同的形式。表面上看,终身寿险相当于保险期延长至生命极限年龄的定期寿险,但与定期寿险相比,终身寿险具有显著的现金价值,一个定期到 100 岁的定期寿险比终身寿险的保费和现金价值都低很多。终身寿险也有分红和非分红两种产品,分红终身寿险的特点与分红两全保险类似。

§5.2 死亡年年末给付的人身保险精算现值

精算现值是保险给付额在投保时的期望现值。对某一具体的保单,在保险期内是否给付、何时给付是不确定的,保险人根据对被保险人出险规律的研究,并在预定利率假设下,可以估计出保险给付额在投保时的精算现值。在保险实践中,保险赔付发生在保险事故发生、投保人向保险公司报告、保险公司对事故进行调查核实之后。理论上,当保险事故发生时,投保人就有权利向保险人要求索赔。因此,精算上通常假设死亡保险(寿险)给付发生在被保险人死亡时刻。当死亡时刻的精算现值不能直接由生命表和预定利率等精算假设估计出来时,需要借助在死亡年年末给付寿险现值的计算结果。本节讨论在死亡年年末给付的情形。

5.2.1 定期寿险

这里用一个例子引出定期寿险精算现值的意义和计算公式。假如有 100 个 40 岁的人投保了 1000 元 5 年期定期寿险,死亡给付在死亡年年末。如果预定年利率为 3%,各年预计的死亡人数分别为 1、2、3、4、5 人。这时,每年的给付支出及其折现值如表 5-1 所示。

将各年的给付值加总,可以得到发行 100 张保单的未来给付支出总现值:

$$1000\times 1.03^{-1}+2000\times 1.03^{-2}+3000\times 1.03^{-3}+4000\times 1.03^{-4}+5000\times 1.03^{-5}\approx 13468.48(\text{元})$$

表 5—1　引例中死亡赔付现值计算表

年份 (1)	年内死亡人数 (2)	给付支出 (3)=1000×(2)	折现因子 (4)	给付支出现值 (5)=(3)×(4)
1	1	1000	1.03^{-1}	970.87
2	2	2000	1.03^{-2}	1885.19
3	3	3000	1.03^{-3}	2745.43
4	4	4000	1.03^{-4}	3553.95
5	5	5000	1.03^{-5}	4313.04

那么,平均每张保单的未来给付的现值为 134.68 元,此现值就是这一保单的精算现值。

一般地,以 (x) 表示 x 岁开始投保的人。对 (x) 的 1 单位元死亡年年末给付的 n 年定期寿险,其精算现值以 $A^{1}_{x:\overline{n}|}$ 表示。若 (x) 在 $x+k\sim x+k+1$ 岁间死亡,年末 $x+k+1$ 岁上的 1 单元给付在利率 i 下折现到投保时的现值为 v^{k+1},被保险人 (x) 在 $x+k\sim x+k+1$ 岁间死亡的概率为 ${}_{k|}q_x$,从而死亡给付期望现值为 $v^{k+1}\,{}_{k|}q_x$。由于投保人 (x) 可能在 $k=0,1,2,\cdots,n-1$ 上死亡,因此,加总各年的死亡给付期望现值,就得到该定期寿险在投保时的精算现值。即 n 年定期寿险精算现值 $A^{1}_{x:\overline{n}|}$ 等于 (x) 在 n 年内各年死亡赔付期望现值之和:

$$A^{1}_{x:\overline{n}|}=vq_x+v^2\,{}_{1|}q_x+\cdots+v^n\,{}_{n-1|}q_x=\sum_{k=0}^{n-1}v^{k+1}\,{}_{k|}q_x \tag{5.2.1}$$

再从随机变量的观点分析如下。设 (x) 的余寿随机变量为 $T(x)$,整值余寿随机变量为 $K(x)$。以 Z 表示对 (x) 的 n 年定期寿险 1 单位元死亡年末给付的现值随机变量,则 $Z=v^{K(x)+1}I_{\{T(x)<n\}}$,其中

$$I_{\{T(x)<n\}}=\begin{cases}1, & T(x)<n\\0, & T(x)\geqslant n\end{cases}$$

给付现值随机变量 Z 的期望值 $E(Z)$ 正是这一保单的精算现值。随机变量 Z 的分布列为

$$Z=\begin{cases}v^{K(x)+1}, & K(x)=0,1,2,\cdots,n-1\\0, & K(x)=n,n+1,\cdots\end{cases}$$

$$P(K(x)=k)={}_kp_xq_{x+k}={}_{k|}q_x,\quad k=0,1,2,\cdots$$

故,$A^{1}_{x:\overline{n}|}=E(Z)=\sum\limits_{k=0}^{n-1}v^{k+1}\,{}_{k|}q_x$. 这正是(5.2.1)式给出的保单精算现值。更一般地,如果给付额也依赖于整数值余寿 $K(x)$,以 $b_{K(x)+1}$ 表示给付额函数,则此时 $Z=b_{K(x)+1}v^{K(x)+1}$,类似于单位元给付时情形可得其期望 $E(Z)$。

注意:保单精算现值表示保单承诺的给付在投保时的价值,它需要由投保人缴付的保费补偿,这部分保费正是净保费。在投保时一次性缴清方式的净保费称为趸缴净保费。可见,保单发行时的精算现值也正是保单的趸缴净保费。

在(5.2.1)式中,两边同乘以生命表 (x) 岁的存活人数函数 l_x,有

$$l_x A^{1}_{x:\overline{n|}} = \sum_{k=0}^{n-1} v^{k+1} d_{x+k}$$

这一等式可以直观地解释为,假设有 l_x 个 x 岁的人投保 n 年定期寿险,他们缴付的趸缴净保费总额正好满足按生命表从 x 岁起到 $x+n-1$ 岁上每年死亡人数 1 单位元的给付支出。

例 5.2.1　某人在 40 岁时投保了 3 年期 10000 元定期寿险,保险金在死亡年年末赔付。以中国人寿保险业经验生命表(1990－1993 年,男女混合表)和利率 5%,计算趸缴净保费。

解　趸缴净保费为:

$$\begin{aligned} 10000A^{1}_{40:\overline{3|}} &= 10000(vq_{40} + v^2 p_{40} q_{41} + v^3\ {}_2p_{40} q_{42}) \\ &= 10000\left[\frac{0.001650}{1.05} + \frac{(1-0.001650)\times 0.001812}{1.05^2}\right. \\ &\quad \left. + \frac{(1-0.001650)\times(1-0.001812)\times 0.001993}{1.05^3}\right] \\ &= 49.28(\text{元}) \end{aligned}$$

例 5.2.2　张某在 50 岁时投保了一份保额为 100000 元的 30 年定期寿险。假设 $l_x = 1000\left(1-\frac{x}{105}\right)$,预定利率为 0.08,求该保单的趸缴净保费。

解　该生命表的最大年龄是 105 岁,所以 t 的取值范围是 0 到 55。所求的给付现值是:

$$100000A^{1}_{50:\overline{30|}} = 100000\sum_{t=0}^{29} 1.08^{-(t+1)}\ {}_tp_{50}\, q_{50+t}$$

其中

$${}_tp_{50} = \frac{l_{50+t}}{l_{50}} = \frac{105-50-t}{105-50} = \frac{55-t}{55}$$

$$q_{50+t} = 1-p_{50+t} = 1-\frac{105-(50+t)-1}{105-(50+t)} = \frac{55-t-(54-t)}{55-t} = \frac{1}{55-t}$$

故,该保单的趸缴净保费是:

$$100000A^{1}_{50:\overline{30}|}=100000\sum_{t=0}^{29}1.08^{-(t+1)}\times\frac{55-t}{55}\times\frac{1}{55-t}$$

$$=\frac{100000}{55}\times\frac{1}{1.08}\times\frac{1-\left(\frac{1}{1.08}\right)^{30}}{1-\frac{1}{1.08}}$$

$$=20468.70(元)$$

5.2.2 终身寿险

对 (x) 的 1 单位元死亡年年末给付的终身寿险，其给付额的精算现值以 A_x 表示。由于投保人 (x) 可能在 $k=0,1,2,\cdots$ 上死亡，因此终身寿险精算现值 A_x 正是 (x) 在各年死亡给付期望现值之和。

$$A_x=\sum_{k=0}^{\infty}v^{k+1}{}_{k|}q_x \tag{5.2.2}$$

上式的求和上限实际为 $\omega-x-1$。其中，ω 是生命表极限年龄，$\omega-1$ 是按生命表能够存活的最大年龄。

用给付现值随机变量 Z 的期望值表示时，由定期寿险精算现值知，

$$A_x=E(Z)=\sum_{k=0}^{\infty}v^{k+1}{}_kp_xq_{x+k}=\sum_{k=0}^{\infty}v^{k+1}{}_{k|}q_x$$

例 5.2.3 假设例 5.2.2 中张某 50 岁时购买的是保额为 100000 元的终身寿险。已知 $l_x=1000\left(1-\frac{x}{105}\right)$，预定利率为 0.08，求该保单的趸缴净保费。

解 $$100000A_{50}=100000\sum_{t=0}^{55}1.08^{-(t+1)}{}_tp_{50}q_{50+t}$$

$$=100000\sum_{t=0}^{55}1.08^{-(t+1)}\times\frac{55-t}{55}\times\frac{1}{55-t}$$

$$=\frac{100000}{55}\times\frac{1}{1.08}\times\frac{1-\left(\frac{1}{1.08}\right)^{56}}{1-\frac{1}{1.08}}$$

$$=22421.91(元)$$

例 5.2.4 某人在 40 岁时买了保险额为 20000 元的终身寿险，假设其生存函数可以表示为 $s(x)=1-\frac{x}{105}$，死亡给付在死亡年年末，$i=10\%$，求这一保单的精算现值。

解　由

$$s(x)=1-\frac{x}{105}$$

有

$$_{t}p_{40}=\frac{s(40+t)}{s(40)}=\frac{1-\dfrac{(40+t)}{105}}{1-\dfrac{40}{105}}=\frac{65-t}{65}$$

$$q_{40+t}=1-p_{40+t}=1-\frac{s(41+t)}{s(40+t)}=1-\frac{1-\dfrac{41+t}{105}}{1-\dfrac{40+t}{105}}=\frac{1}{65-t}$$

保单精算现值为：

$$20000A_{40}=20000\sum_{t=0}^{\infty}v^{t+1}\ _{t}p_{x}q_{x+t}$$

由生存函数可以看出：

$$_{t}p_{40}=0,\quad t\geqslant 65$$

因此

$$\begin{aligned}20000A_{40}&=20000\sum_{t=0}^{64}\left(\frac{1}{1.1}\right)^{t+1}\times\frac{65-t}{65}\times\frac{1}{65-t}\\&=\frac{20000}{65}\sum_{t=0}^{64}\left(\frac{1}{1.1}\right)^{t+1}=\frac{20000}{65\times1.1}\times\frac{1-\left(\dfrac{1}{1.1}\right)^{65}}{1-\dfrac{1}{1.1}}\\&=3070.65(\text{元})\end{aligned}$$

5.2.3　两全保险

两全保险是定期寿险与纯生存保险的合险，又称生死合险。对 (x) 的 1 单位元 n 年两全保险，是对 (x) 的 n 年期死亡保险和 n 年纯生存保险的合险。后者是以 n 年满期被保险人仍然存活为给付条件的生存保险，其单位元给付在投保时刻的现值随机变量为：

$$Z=v^{n}I_{\{T(x)\geqslant n\}}=\begin{cases}v^{n}, & K(x)=n,n+1,\cdots\\0, & K(x)=0,1,2,\cdots,n-1\end{cases}$$

其精算现值以 $A_{x:\overset{\ 1}{\overline{n|}}}$ 表示：

$$A_{x:\overset{1}{\overline{n|}}}=E(Z)=\sum_{k=n}^{\infty}v^{n}\ {}_{k|}q_x=v^{n}\ {}_{n}p_x \tag{5.2.3}$$

把 n 年定期寿险与 n 年纯生保险组合在一起,得两全保险现值随机变量为:

$$Z=v^{\min\{K(x)+1,n\}}=\begin{cases}v^{K(x)+1}, & K(x)=0,1,2,\cdots,n-1\\ v^{n}, & K(x)=n,n+1,\cdots\end{cases}$$

其精算现值以 $A_{x:\overline{n|}}$ 表示:

$$A_{x:\overline{n|}}=A^{1}_{x:\overline{n|}}+A_{x:\overset{1}{\overline{n|}}}=\sum_{k=0}^{n-1}v^{k+1}\ {}_{k|}q_x+v^{n}\ {}_{n}p_x \tag{5.2.4}$$

例 5.2.5 在例 5.2.4 中,假设 50 岁的张某购买的是一份 30 年的两全保险,死亡年年末给付,保额为 100000 元,求该保单的趸缴净保费。

解

$$\begin{aligned}100000A_{50:\overline{30|}}&=100000A^{1}_{50:\overline{30|}}+100000A_{50:\overset{1}{\overline{30|}}}\\&=20468.70+100000\ (1.08)^{-30}\ {}_{30}p_{50}\\&=20468.70+100000\ (1.08)^{-30}\times\frac{25}{55}\\&=24985.85(\text{元})\end{aligned}$$

由例 5.2.2、例 5.2.3 和例 5.2.5 可以看出:

$$A^{1}_{x:\overline{n|}}<A_x<A_{x:\overline{n|}}$$

5.2.4 延期 *m* 年终身寿险

对 (x) 岁的 1 单位元 m 年延期终身寿险,是从 $x+m$ 岁起到被保险人终身止的 1 单位元寿险,其单位元给付的现值随机变量为:

$$Z=v^{K(x)+1}I_{\{T(x)\geqslant m\}}=\begin{cases}0 & K(x)=0,1,2,\cdots,m-1\\ v^{K(x)+1} & K(x)=m,m+1,\cdots\end{cases}$$

其精算现值以 ${}_{m|}A_x$ 表示:

$${}_{m|}A_x=\sum_{k=m}^{\infty}v^{k+1}\ {}_{k|}q_x \tag{5.2.5}$$

显然,终身寿险可以看成由一个 n 年定期寿险与一个延期 n 年的终身寿险的组合。

$$A_x=A^{1}_{x:\overline{n|}}+{}_{n|}A_x \tag{5.2.6}$$

5.2.5 延期 *m* 年的 *n* 年定期寿险

对 (x) 的 1 单位元延期 m 年 n 年定期寿险,是从 $x+m$ 岁起到 $x+m+n$ 年的定期寿险,其现值随机变量为:

$$Z=v^{K(x)+1}I_{\{m\leqslant T(x)<m+n\}}=\begin{cases}0, & K(x)=0,1,2,\cdots,m-1\\ v^{K(x)+1}, & K(x)=m,m+1,\cdots,m+n-1\end{cases}$$

其精算现值以 ${}_{m|n}A_x$ 表示：

$$ {}_{m|n}A_x = \sum_{k=m}^{m+n-1} v^{k+1}\ {}_{k|}q_x \tag{5.2.7}$$

$$ = A^{1}_{x:\overline{m+n}|} - A^{1}_{x:\overline{m}|} \tag{5.2.8}$$

5.2.6 变额寿险

5.2.6.1　标准变额寿险

如果保险契约规定的赔付额随着生物时间的变动而不同，这时的寿险称为变额寿险。如果赔付额 $b_{K(x)+1}=K(x)+1$，$K(x)$ 是从投保开始到死亡时存活的整数年数，这时的变额寿险称为标准递增的变额寿险。

对于标准递增的终身寿险，其精算现值以 $(IA)_x$ 表示，其现值随机变量为：

$$ Z=(K(x)+1)\,v^{K(x)+1},\quad K(x)=0,1,2,\cdots $$

$$ (IA)_x = E(Z) = \sum_{k=0}^{\infty}(k+1)\,v^{k+1}\ {}_{k|}q_x \tag{5.2.9}$$

$$ = \sum_{k=0}^{\infty} {}_{k|}A_x \tag{5.2.10}$$

对于标准递增的 n 年定期寿险，若其精算现值以 $(IA)^{1}_{x:\overline{n}|}$ 表示，则

$$ (IA)^{1}_{x:\overline{n}|} = \sum_{k=0}^{n-1}(k+1)\,v^{k+1}\ {}_{k|}q_x \tag{5.2.11}$$

$$ = \sum_{k=0}^{n-1} {}_{k|n-k}A_x \tag{5.2.12}$$

从标准递增定期寿险的意义出发，可以得出另外两个不同的公式：

$$ (IA)^{1}_{x:\overline{n}|} = \sum_{k=0}^{n-1} {}_{k|}A_x - n\,{}_{n|}A_x \tag{5.2.13}$$

$$ (IA)^{1}_{x:\overline{n}|} = n\,{}_{n|}A^{1}_{x:\overline{n}|} - \sum_{k=1}^{n-1} {}_{k|}A^{1}_{x:\overline{n-k}|} \tag{5.2.14}$$

对 n 年标准递增的两全保险，其精算现值以 $(IA)_{x:\overline{n}|}$ 表示，它是 n 年递增定期寿险精算现值与 n 年 n 单位元纯生存保险现值之和。

$$ (IA)_{x:\overline{n}|} = (IA)^{1}_{x:\overline{n}|} + nA_{x:\overline{n}|}^{\ \ 1} \tag{5.2.15}$$

当 $b_{K(x)+1}=n-K(x)$ 时，变额寿险称为标准递减的定期寿险，若以 $(DA)^{1}_{x:\overline{n}|}$ 表示其精算现值，则

$$ (DA)^{1}_{x:\overline{n}|} = \sum_{k=0}^{n-1}(n-k)\,v^{k+1}\ {}_{k|}q_x \tag{5.2.16}$$

$$ = \sum_{k=0}^{n-1} A^{1}_{x:\overline{n-k}|} \tag{5.2.17}$$

5.2.6.2 一般变额寿险

一般变额寿险的现值随机变量为：

$$Z=b_{K(x)+1}v^{K(x)+1},\quad K(x)=0,1,2,\cdots$$

对终身寿险，其精算现值为：

$$E(Z)=\sum_{k=0}^{\infty}b_{k+1}v^{k+1}\ {}_{k|}q_x \tag{5.2.18}$$

它可以表示为一系列固定保额的延期人寿保险的组合：

$$E(Z)=b_1A_x+(b_2-b_1)\ {}_{1|}A_x+(b_3-b_2)\ {}_{2|}A_x+\cdots \tag{5.2.19}$$

对 n 年定期寿险，有

$$E(Z)=\sum_{k=0}^{n-1}b_{k+1}v^{k+1}\ {}_{k|}q_x \tag{5.2.20}$$

$$E(Z)=b_nA^1_{x:\overline{n}|}+(b_{n-1}-b_n)A^1_{x:\overline{n-1}|}+(b_{n-2}-b_{n-1})A^1_{x:\overline{n-2}|}+\cdots \tag{5.2.21}$$

例 5.2.6 对（x）的一份 3 年期变额寿险，各年的死亡给付额和死亡概率如下表所示：

k	b_{k+1}	q_{k+1}
0	300000	0.02
1	350000	0.04
2	400000	0.06

假设预定利率为 6%，计算这一保单的精算现值。

解 依题意，这一保单的精算现值为：

$$300000vq_x+350000v^2p_xq_{x+1}+400000v^3\ {}_2p_xq_{x+2}$$

$$=10000\left(\frac{30\times0.02}{1.06}+\frac{35\times0.98\times0.04}{1.06^2}+\frac{40\times0.98\times0.96\times0.06}{1.06^3}\right)$$

$$=36829(元)$$

§5.3 死亡时给付的人寿保险精算现值

5.3.1 定期寿险

寿险一般是在被保险人死亡时给付，这使给付时间与被保险人的余寿 T 相联系。设死亡时的给付额函数为 b_s，s 为 x 岁时投保的投保人（x）的死亡时刻，$s=T(x)+x$，则给付额在投保时刻的现值函数为 b_sv^{s-x}，显然，s 和 $T(x)$ 都是连续随机变量。对1单位元死亡时给付的 n 年定期寿险，其给付现值随机变量为：

$$Z = v^{T(x)} I_{\{T(x)<n\}} = \begin{cases} v^{T(x)}, & 0 < T(x) < n \\ 0, & T(x) \geqslant n \end{cases}$$

$T(x)$ 的概率密度为 ${}_tp_x\mu_x(t)$，且精算现值为 $\bar{A}^1_{x:\overline{n}|}$ 表示，则有

$$\bar{A}^1_{x:\overline{n}|} = E(Z) = \int_0^1 v^t \ {}_tp_x\mu_x(t)dt \tag{5.3.1}$$

5.3.2 终身寿险

对1单位元终身寿险，给付现值随机变量为：

$$Z = v^{T(x)}, \quad T(x) > 0$$

若精算现值以 $\bar{A}_x$ 表示，则

$$\bar{A}_x = E(Z) = \int_0^\infty v^t \ {}_tp_x\mu_x(t)dt \tag{5.3.2}$$

例 5.3.1 某人在30岁投保，假设生存函数在0到100间均匀分布，Z 为死亡给付现值随机变量，已知利息力为0.05，求 $\bar{A}^1_{30:\overline{10}|}$ 和 $\bar{A}_{30}$。

解 (1)由于生存函数在0到100间均匀分布，当 $x=30$ 时，余寿随机变量在 $[0,70]$ 间均匀分布，概率密度 $f(t)=\dfrac{1}{70}$，故

$$\bar{A}^1_{30:\overline{10}|} = E(Z) = \int_0^{10} e^{-0.05t} \frac{1}{70}dt = \frac{-e^{-0.05t}}{0.05\times 70}\bigg|_0^{10} = \frac{1-e^{-0.5}}{0.05\times 70} = 0.1124$$

$$\bar{A}_{30} = E(Z) = \int_0^{70} e^{-0.05t} \frac{1}{70}dt = \frac{-e^{-0.05t}}{0.05\times 70}\bigg|_0^{70} = \frac{1-e^{-0.05\times 70}}{0.05\times 70} = 0.2771$$

死亡时给付的寿险精算现值，若以积分的形式表示，则在已知被保险人生存函数时才能直接估计出来。但实际中，通常只有生命表提供的整数年龄上的死亡概率，因此需要对上面的积分式进行变换。

$$\bar{A}_x = \int_0^\infty v^t \ {}_tp_x\mu_x(t)dt = \sum_{k=0}^{\infty}\int_k^{k+1} v^t \ {}_tp_x\mu_x(t)dt$$

$$= \sum_{k=0}^{\infty}\int_0^1 v^{k+s} \ {}_{k+s}p_x\mu_{x+k}(s)ds = \sum_{k=0}^{\infty} v^{k+1} \ {}_kp_x \int_0^1 v^{s-1} \ {}_sp_{x+k}\mu_{x+k}(s)ds$$

在死亡均匀分布假设下，有

$${}_sp_{x+k}\mu_{x+k}(s) \approx q_{x+k}, \quad 0 \leqslant s \leqslant 1$$

因此

$$\bar{A}_x \approx \sum_{k=0}^{\infty} v^{k+1} \ {}_kp_x \int_0^1 v^{s-1}ds$$

又

$$\int_0^1 v^{s-1}ds = -\int_0^1 (1+i)^{1-s}d(1-s) = -\frac{(1+i)^{1-s}}{\ln(1+i)}\bigg|_0^1 = \frac{i}{\delta}$$

故

$$\bar{A}_x \approx \frac{i}{\delta}A_x \tag{5.3.3}$$

可见，在死亡均匀分布假设下，死亡时给付的寿险精算现值等于死亡年年末给付的寿险精算现值的 $\frac{i}{\delta}$ 倍。由于 $i > \delta$，所以 $\frac{i}{\delta}$ 总是大于 1，这是由于死亡时给付可能发生在一年的任何点，平均来说，它比在死亡年年末给付更早，所以精算现值更大。

另一种近似计算方法是假设死亡集中发生在每个年龄的中间，这时死亡时给付平均来说比死亡年年末给付早半年。也就是说，1 单位元的死亡时给付平均来说等于死亡年年末给付的 $(1+i)^{1/2}$。因此，有

$$\bar{A}^1_{x:\overline{n}|} \approx (1+i)^{1/2}A^1_{x:\overline{n}|}$$

$$\bar{A}_x \approx (1+i)^{1/2}A_x$$

当一年内利息以单利计算时，有

$$\bar{A}^1_{x:\overline{1}|} \approx (1+i)A^1_{x:\overline{1}|}$$

$$\bar{A}_x \approx 1+\frac{i}{2}A_x$$

i/δ，$(1+i)^{\frac{1}{2}}$，$(1+i/2)$ 在通常的利率水平下相差很小。比如当 $i=3\%$ 时，$i/\delta=1.0149261$，$(1+i)^{1/2}=1.0148892$，$1+i/2=1.015$。

5.3.3 两全保险

以 $\bar{A}_{x:\overline{n}|}$ 表示 1 单位元死亡时给付两全保险的精算现值，有

$$\bar{A}_{x:\overline{n}|} = \bar{A}^1_{x:\overline{n}|} + A_{x:\overline{n}|}^{\ \ 1} \tag{5.3.4}$$

在死亡均匀分布假设下，有

$$\bar{A}_{x:\overline{n}|} \approx \frac{i}{\delta}A^1_{x:\overline{n}|} + A_{x:\overline{n}|}^{\ \ 1}$$

$$= A_{x:\overline{n}|} + \left(\frac{i}{\delta}-1\right)A^1_{x:\overline{n}|}$$

例 5.3.2 某人在 30 岁时投保了 50000 元 30 年两全保险，设预定利率为 6%，以中国人寿保险业经验生命表(1990－1993 年，男女混合表)，求这一保单的

趸缴净保费。

解:在死亡均匀分布假设下,趸缴净保费为:

$$50000\bar{A}_{30:\overline{30}|} \approx 50000\frac{i}{\delta}A^{1}_{30:\overline{30}|}+50000A_{30:\overset{\ \ 1}{\overline{30}|}}$$

$$=50000\times\frac{0.06}{\ln 1.06}\sum_{k=0}^{29}1.06^{-(k+1)}\ {}_{k}p_{30}q_{30+k}+500001.06^{-30}\ {}_{30}p_{30}$$

$$=9467.26(元)$$

例 5.3.3 某 60 岁人投保了特殊的 3 年期生死合险,在第一年死亡保险金为 60000 元,后两年死亡保险金为 100000 元,生存保险金为 100000 元。死亡保险金在死亡时给付。已知个体来自死亡力遵从 de Moivre 法则的群体,参数 $\omega=100$,预定利率 $i=3\%$。计算保险公司给付额的精算现值。

解:个体生存分布为均匀分布,从而 $T(60)\sim U(0,40)$. 因 $i=4\%$,故 $v=1.04^{-1}$

保险人给付的随机现值 Z 为

$$Z=60000v^{t}I_{\{K(60)=0\}}+100000v^{t}I_{\{K(60)=1,2\}}+100000v^{3}I_{\{K(60)\geqslant 3\}}$$

$$=60000\times 1.04^{-t}I_{\{K(60)=0\}}+100000\times 1.04^{-t}I_{\{K(60)\geqslant 1\}}$$

$$E(Z)=60000\int_{0}^{1}1.04^{-t}\frac{1}{40}dt+100000\int_{1}^{3}1.04^{-t}\frac{1}{40}dt+100000\times 1.04^{-3}\ {}_{3}p_{60}$$

$$=60000\times\frac{0.001}{\ln 1.04}+100000\times\frac{0.0019}{\ln 1.04}+100000\times 0.889\times\frac{37}{40}$$

$$=1529.8+4844.38+82232.5$$

$$=88606.68$$

5.3.4 变额寿险

对于死亡时给付的寿险,如果当 (x) 在投保当年死亡时给付 1 单位元,第二年死亡时给付 2 单位元,第 $k+1$ 年死亡时给付 $k+1$ 单位元,则称这种寿险为标准递增死亡变额寿险。此时,给付额 $b_t=[t+1]$,t 为死亡时间,方括号表示最大整数函数,死亡时给付的终身递增寿险精算现值为:

$$(I\bar{A})_{x}=\int_{0}^{\infty}[t+1]v^{t}\ {}_{t}p_{x}\mu_{x}(t)dt \tag{5.3.5}$$

n 年定期的死亡时给付标准递增寿险,其精算现值为:

$$(I\bar{A})^{1}_{x:\overline{n}|}=\int_{0}^{n}[t+1]v^{t}\ {}_{t}p_{x}\mu_{x}(t)dt \tag{5.3.6}$$

n 年标准递减的死亡时给付寿险,精算现值为:

$$(D\bar{A})^{1}_{x:\overline{n}|}=\int_0^n (n-[t])v^t\ {}_tp_x\mu_x(t)dt \tag{5.3.7}$$

在死亡均匀分布假设下，标准变额寿险也有类似的公式，可以证明：

$$(I\bar{A})_x \approx \frac{i}{\delta}(IA)_x$$

$$(I\bar{A})^{1}_{x:\overline{n}|} \approx \frac{i}{\delta}(IA)^{1}_{x:\overline{n}|}$$

$$(D\bar{A})^{1}_{x:\overline{n}|} \approx \frac{i}{\delta}(DA)^{1}_{x:\overline{n}|}$$

如果给付额连续递增，这时的给付现值随机变量为：

$$Z=T(x)v^{T(x)},\quad T(x)>0$$

其精算现值表示为 $(I\bar{A})_x$：

$$(I\bar{A})_x=\int_0^\infty tv^t\ {}_tp_x\mu_x(t)dt \tag{5.3.8}$$

$$=\int_0^\infty {}_{s|}\bar{A}_x ds \tag{5.3.9}$$

§5.4 递推公式

寿险精算现值的递推公式给出了相邻年龄上寿险精算现值的关系，为寿险精算现值的计算提供了一种工具，也有利于深入理解寿险精算现值的意义。

对死亡年年末给付的1单位元的终身寿险，有

$$A_x=vq_x+vp_xA_{x+1} \tag{5.4.1}$$

证明

$$A_x=\sum_{k=0}^{\infty}v^{k+1}\ {}_{k|}q_x=vq_x+\sum_{k=1}^{\infty}v^{k+1}\ {}_kp_xq_{x+k}$$

$$=vq_x+vp_x\sum_{k=0}^{\infty}v^{k+1}\ {}_kp_{x+1}q_{x+k+1}=vq_x+vp_xA_{x+1}$$

由于生命表最大年龄上的寿险精算现值 $A_\omega=0$，故

$$A_{\omega-1}=vq_{\omega-1}+vp_{\omega-1}A_\omega=vq_{\omega-1}$$

$$A_{\omega-2}=vq_{\omega-2}+vp_{\omega-2}A_{\omega-1}$$

……

利用上面的递推公式，可以从最大年龄出发，递推得到各年龄上的寿险精算现值。

这一公式的直观解释为：年龄为 x 的趸缴净保费 A_x 可以分解为在一年内死亡的给付额的精算现值和一年后存活趸缴净保费之和。

将 $p_x=1-q_x$ 代入(5.34)式，可以得到：

$$A_x=vA_{x+1}+(1-A_{x+1})vq_x$$

上式表明，x 岁的趸缴净保费可以分解为 $x+1$ 岁上的趸缴净保费在 x 岁上的现值与保额 1 与 $x+1$ 岁上趸缴净保费之差在死亡率下的现值之和。其直观意义为：A_x 可以分解为在 $x+1$ 岁上为在 x 岁上投保的人准备 A_{x+1} 的现值和为在 $[x,x+1]$ 上死亡的被保险人准备另外的 $1-A_{x+1}$ 的现值之和。

上式两边同乘以 $(1+i)$，有

$$(1+i)A_x=q_x+(1-q_x)A_{x+1}$$

整理后，有

$$iA_x=(A_{x+1}-A_x)+q_x(1-A_{x+1}) \tag{5.4.2}$$

上式表明，趸缴净保费 A_x 在一年赚取的利息可以分解为两部分，一部分是从年龄 x 到年龄 $x+1$ 趸缴净保费的增加，另一部分是保额为 $(1-A_{x+1})$ 的一年定期保险的成本。

例 5.4.1　假设某人 41 岁时投保了 1 单位元的终身寿险，死亡年年末给付。已知 $i=0.05$，$p_{40}=0.9972$，$A_{41}-A_{40}=0.00822$，求 A_{41}。

解　$v=\dfrac{1}{1+i}=0.95238$

$v^2=0.90703$

$q_{40}=1-p_{40}=0.0028$

由公式

$$A_x=vq_x+vp_xA_{x+1}$$

有

$A_{41}-A_{40}=A_{41}-(vq_{40}+vp_{40}A_{41})=A_{41}(1-vp_{40})-vq_{40}=0.00822$

$A_{41}(1-0.94971)-0.00267=0.00822$

$A_{41}=0.21654$

习　题

5.1　假设 $l_x=1000\left(1-\dfrac{x}{115}\right)$，$i=0.10$，求 50 岁的人投保 100000 元死亡年年末给付的终身寿险精算现值。

5.2　某保单规定，若保险人在投保后 20 年内死亡，则在第 20 年末给付 1 单位保险金，若被保险人在投保 20 年以后死亡，则在死亡年年末给付 1 单位保险金。写出对 (x) 的保单精算现值的表达式。

5.3 某人在30岁投保了10万元延期25年的20年定期寿险，死亡给付在死亡年年末，根据中国人寿保险业经验生命表(1990－1993)，计算这一保单的精算现值。

5.4 已知 $A_{76}=0.8, vp_{76}=0.9, i=0.03$，试计算 A_{77}。

5.5 设生存函数为 $l_x=100-x, 0\leqslant x\leqslant 100$，利息力 $\delta=0.05$，试计算 $\bar{A}^{1}_{40:\overline{25}|}$。

5.6 已知 (x) 的余寿在 $[0,2]$ 均匀分布，$\delta=0.05$，求 $(D\bar{A})^{1}_{x:\overline{2}|}$。

5.7 1000元的终身寿险，死亡时给付。已知：

$$\delta_t=\begin{cases}0.04, & 0<t\leqslant 10\\ 0.05, & 10<t\end{cases}$$

$$\mu_x(t)=\begin{cases}0.06, & 0<t\leqslant 10\\ 0.07, & 10<t\end{cases}$$

计算趸缴净保费。

5.8 假设某人从30岁开始投保终身寿险，若投保第一年死亡给付10000元，以后每多活一年后死亡，赔付额增加3000元，达到16000元时，又以每多活一年给付额减少4000元递减，减少至4000元时保持不变，写出这一保单精算现值的表达式。

第六章　生存年金的精算现值

§6.1　生存年金简介

生存年金是以年金方式对被保险人生存期内的一系列给付，保险费通常采取在投保时一次性缴付的趸缴方式或者在一定期内的均衡缴付方式。实践中常见的生存年金是投保人在退休时从企业或职业养老金计划中获得一笔养老基金，用于购买保险公司的终身生存年金以避免长寿的风险，并获得在有生之年的定期生活保障，这种年金被称为即期年金(immediate annuities)，通常在趸缴保费后的一个月支付第一次给付。有时，年金在投保人年轻时通过定期缴费或一次性缴费购买，在退休时得到生存年金，这种年金被称为延期年金(deferred annuities)。实践中，某些寿险，伤残保险，老年长期护理的给付也采取在受益人生存期内给付的年金方式。除了即期年金和延期年金外，生存年金还有下面几种特殊形式。

6.1.1　定期确定的生存年金

定期确定的生存年金是在一定时期内给付确定年金，即在这个时期内无论被保险人是否死亡都按期给付，而在规定的时期结束后，会以被保险人存活为条件给付，直到被保险人死亡为止才结束给付。这种年金是定期确定年金与生存年金的组合，由于在一定时期内确定给付，保证了投保人在进入年金领取期后最低的领取总额，其价格显然比单纯的生存年金高。定期确定年金的领取时期和数额有时规定为至少退还保单的购买价格或者在被保险人死亡时至少得到等于最初购买价格的赔付。有些年金产品在被保险人死亡后，也采取把剩余期间的年金现值一次性给付受益人的方式。

6.1.2　指数化年金

为了避免通货膨胀对固定数额年金领取者生活的影响，有的年金采取指数化方法定期调整给付数额。通常有两种调整方法;一种是每年以固定比例调整,比如每年的给付额在上年的水平上提高 50%;一种是每年按消费价格指数调整给付额。

6.1.3 联合生存年金

联合生存年金是一张保单上同时承保两个或两个以上有相互联系的年金领取人的生存年金。实践中常见的联合生存年金是两人联合生存年金,这两个人通常是夫妻关系。联合生存年金为两个人同时存活期提供生存年金,如果其中一个人死亡,年金给付额通常降低到原来的 2/3 或 3/4,直到两个人都死亡为止。

为了满足消费者的要求,保险市场上的年金产品常常是上面几种基本年金形式的组合。比如,延期 30 年的 10 年定期确定的联合生存年金,并且年金给付以膨胀指数调整。

§6.2 纯生存保险的精算现值

生存保险是以被保险人生存为给付条件的保险,纯生存保险是在约定的保险期满时,如果被保险人存活将得到规定的保险金额的保险。下面以一个例子来说明。

例 6.2.1 某人今年 20 岁,如果他能活到 60 岁,他将能从保险公司得到 1000 元的一次性给付。设年利率为 6%,试写出这笔给付在他 20 岁时的精算现值。

解 从 20 岁活到 60 岁的生存概率是 ${}_{40}p_{20}$,则从 20 岁到 60 岁死亡的概率为 $(1-{}_{40}p_{20})$,如果活到 60 岁,他可以获得 1000 元的给付,否则则没有给付。因此,他获得给付的期望值为:

$$1000\,{}_{40}p_{20}+0\times(1-{}_{40}p_{20})=1000\,{}_{40}p_{20}$$

这笔给付在他 20 岁的现值可通过利率折现得到:

$$1000\,{}_{40}p_{20}\times1.06^{-40}$$

如果给出计算 ${}_{40}p_{20}$ 的方法,就可以得到这笔给付现值的数值结果。在这时,我们选用附表中国人寿保险业经验生命表(1990-1993 年,男女混合表)的资料,以取得生存概率。表中,$l_{20}=983992$,$l_{60}=877671$,可以得到:

$${}_{40}p_{20}=\frac{877671}{983992}=0.89195$$

因此,这笔给付的精算现值是:

$$1000\times0.89195\times1.06^{-40}=86.72(\text{元})$$

一般地,若某人 x 岁时开始投保,记为 (x),经过 n 年后,如果仍然存活,将得

到 W 单位元的保险金，(x) 存活 n 年的概率为 ${}_np_x$，得到给付额的精算现值为

$$W{}_np_xv^n+0\times{}_nq_xv^n$$

现用 ${}_nE_x$ 表示 1 单位元 n 年纯生存保险的精算现值。在第五章中，为了与寿险精算现值的符号一致，${}_nE_x$ 用 $A_{x:\overset{\ 1}{\overline{n}|}}$ 表示。

$${}_nE_x=1\times v^n\ {}_np_x+0\times{}_nq_xv^n=v^n\ {}_np_x \tag{6.2.1}$$

变换公式(6.2.1)可以得到：

$$l_x{}_nE_x\ (1+i)^n=l_{x+n}$$

上式表明，现在 x 岁的人有 l_x 个，如果每个存 ${}_nE_x$ 元，得到 n 年末在利率 i 的作用下，形成的资金正好满足当时存活的人每人 1 元的给付需要。或者说，为保证 n 年末每个存活人得到 1 元给付，在 x 岁投保时，每人必须缴付的保费 ${}_nE_x$ 也称为 1 元 n 年纯生存保险的趸缴净保费。

在例 6. 2. 1 中，如果 20 岁的人数为 $l_{20}=983992$，每人缴付 86. 72 元，在利率的作用下，在 40 年后形成的资金额为 877 671 000 元，正好满足在 60 岁存活的人每人 1000 元的给付。在 20～59 岁死亡的人数为 106 321 人，在满期时没有给付，其当时的缴费由生存者分享，这种由存活者分享死亡者利益的情况称为生存者利益或简称为生者利。

与在复利下的现值系数 v^t 和累积系数 $(1+i)^t$ 的作用类似，${}_nE_x$ 是在利率和生者利下 n 年的折现系数，$\dfrac{1}{{}_nE_x}$ 是在利率和生者利下年的累积系数。

$$\frac{1}{{}_nE_x}=\frac{1}{v^n\ {}_np_x}=(1+i)^n\ \frac{l_x}{l_{x+n}}$$

它是利率累积因子 $(1+i)^n$ 与生存累积因了子 $\dfrac{1}{{}_np_x}(=\dfrac{l_x}{l_{x+n}})$ 之积。

例 6. 2. 2 设 $n>t$，证明并解释下面两个式子：

(1) ${}_nE_x={}_tE_x\,{}_{n-t}E_{x+t}$

(2) $\dfrac{{}_tE_x}{{}_nE_x}=\dfrac{1}{{}_{n-t}E_{x+t}}$

证明 (1) ${}_nE_x=v^n\ {}_np_x=v^t\ {}_tp_xv^{n-t}\ {}_{n-t}p_{x+t}={}_tE_x\,{}_{n-t}E_{x+t}$

上式表明，对 (x) 在利率和生者利下年的折现系数 ${}_nE_x$，等于对 $(x+t)$ 在 $n-t$ 年的折现系数与对 (x) 的 t 年折现系数之积。或者说，对 (x) 的 n 年折现系数可以分为先折现到 $x+t$ 岁再折现到 x 岁两步完成。

(2)将 ${}_nE_x={}_tE_x\,{}_{n-t}E_{x+t}$ 两边同乘以$\dfrac{1}{{}_tE_x\,{}_{n-t}E_{x+t}}$，得：

$$\frac{{}_tE_x}{{}_nE_x}=\frac{1}{{}_{n-t}E_{x+t}}$$

上式表明，在利率和生者利下，先从 $x+t$ 岁折现到 x 岁，再累积到 $x+n$ 岁，等于从 $x+t$ 直接到 $x+n$ 岁。

§6.3　年付一次生存年金的精算现值

生存年金是以生存为给付条件的一系列资金支付。如果被保险人在规定的时期内生存，则发生年金的收付；否则，停止收付。对于生存年金保险，保险期内年金的发放以被保险人生存为条件。终身和定期寿险的缴费通常也已生存年金的方式进行，在被保险人生存期内缴付保险，被保险人死亡，则停止缴费。

生存年金有终身生存年金，定期生存年金，延期生存年金几种基本类型，由首次支付的起点不同分为期初年金和期末年金。

6.3.1　终身生存年金

例 6.3.1　张华今年 30 岁，从今年起，只要他存活，可得每年年初 1000 元的生存给付，假设年利率为 9%。计算这一年金的精算现值。

解　依题意，有下面的示意图

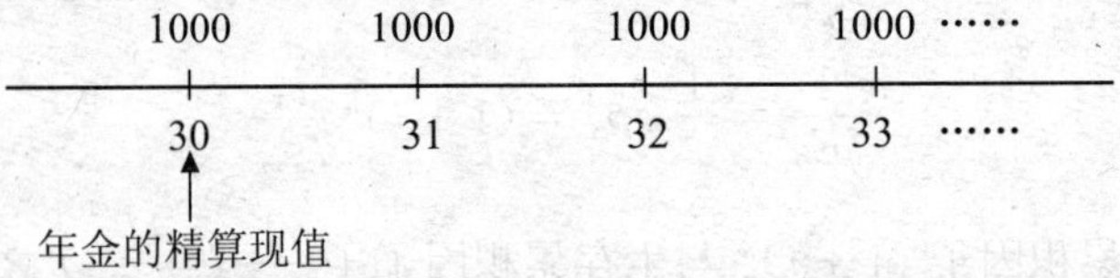

可见，这是一个每年给付 1000 元的终身生存年金，每一次给付折现后在 30 岁时价值总和即为这笔年金在 30 岁时的精算现值。因此，给付的现值是：

$$1000+1000p_{30}\times 1.09^{-1}+1000{}_2p_{30}\times 1.09^{-2}+\cdots$$

$$=1000\sum_{k=0}^{\infty}1.09^{-k}\ {}_kp_{30}$$

代入相应生存概率和利率，就可以计算出这一年金的精算现值。

(1)对 (x) 的每年 1 单位元期初终身生存年金，其精算现值以 $\ddot{a}_x$ 表示，它是一系列保险期逐步延长的纯生存保险之和，如图 6－1 所示。

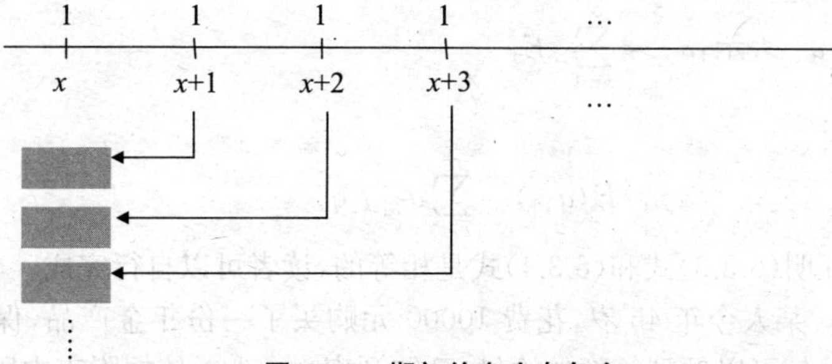

图 6－1　期初终身生存年金

因此，有

$$\ddot{a}_x = 1 + {}_1E_x + {}_2E_x + \cdots = \sum_{k=0}^{\infty} {}_kE_x = \sum_{k=0}^{\infty} v^k {}_kp_x \tag{6.3.1}$$

其中 ${}_0E_x = 1$，求和上限实际是 $w - x - 1$，为方便通常写为 ∞。

从另一角度看，每年一次的生存年金是在被保险人整值余寿期间定期确定的年金，生存年金的精算现值正是依赖于被保险人整值余寿的期望值。设 (x) 的整值余寿为 K，它是离散随机变量，期初终身生存年金正是 $K+1$ 年内定期确定年金 $\ddot{a}_{\overline{K+1|}}$ 的期望值。也就是说，一个 x 岁的人如果活过 K 年，且在第 $x+K$ 岁死亡，则他可获得现值为 $\ddot{a}_{\overline{K+1|}}$ 的年金，另外，获得这一年金的概率为 ${}_{k|}q_x$，因此这笔年金的的期望现值是：

$$\ddot{a}_x = E(\ddot{a}_{\overline{K+1|}}) = \sum_{k=0}^{\infty} \ddot{a}_{\overline{K+1|}}\ {}_{k|}q_x \tag{6.3.2}$$

可以证明，(6.3.2)式和(6.3.1)式是相等的。

$$\begin{aligned}
\sum_{k=0}^{\infty} \ddot{a}_{\overline{K+1|}}\ {}_{k|}q_x &= \sum_{k=0}^{\infty} \ddot{a}_{\overline{K+1|}}({}_kp_x - {}_{k+1}p_x) \\
&= \sum_{k=0}^{\infty} \ddot{a}_{\overline{K+1|}}\,{}_kp_x - \sum_{k=0}^{\infty} \ddot{a}_{\overline{K+1|}}\,{}_{k+1}p_x \\
&= 1 + (\ddot{a}_{\overline{2|}} - \ddot{a}_{\overline{1|}})p_x + (\ddot{a}_{\overline{3|}} - \ddot{a}_{\overline{2|}})\,{}_2p_x + \cdots \\
&\quad + (\ddot{a}_{\overline{w-x|}} - \ddot{a}_{\overline{w-x-1|}})\,{}_{w-x-1}p_x \\
&= 1 + vp_x + v^2\,{}_2p_x + \cdots + v^{w-x}\ {}_{w-x-1}p_x \\
&= \sum_{k=0}^{w-x-1} v^k\,{}_kp_x
\end{aligned}$$

(2)对 (x) 每年 1 单位元期末终身年金，如图 6－2 所示。

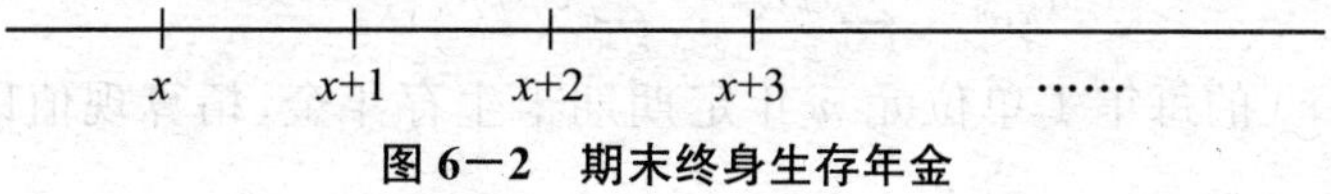

图 6－2　期末终身生存年金

其精算现值以 a_x 表示：$a_x=\sum_{k=1}^{\infty}{}_kE_x$ (6.3.3)

另一种定义为：

$$a_x=E(a_{\overline{K}|})=\sum_{k=0}^{\infty}a_{\overline{k}|}\;{}_{k|}q_x \qquad (6.3.4)$$

同样地，可以证明(6.3.3)式和(6.3.4)式是相等的，读者可以自行完成。

例 6.3.2 某人今年 45 岁，花费 10000 元购买了一份年金产品，保单承诺从下一年开始，每年可以领到等额的给付，已知利率 $i=5\%$，依据附表中国人寿保险业经验生命表(1990－1993 年，男女混合表)的资料，试计算每次可以领取的金额。

解 这是一个期末终身年金的例子，题目中已经给出了这份年金购买时的现值，要求计算年金每次的给付额。设每次的给付额为 B，则这笔年金的给付如下图所示：

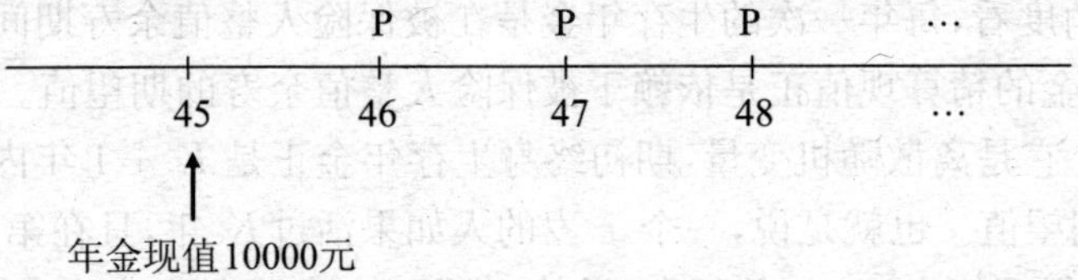

有

$$Ba_{45}=10000$$

而

$$a_{45}=\frac{1610605.7}{106465.3}=15.128$$

故

$$B=\frac{10000}{15.128}=661.03(\text{元})$$

可见此人每年能获得 661.03 元的年金给付。

6.3.2 定期生存年金

定期生存年金是在确定期限内以被保险人生存为给付条件的年金。

(1)对 (x) 的每年 1 单位元 n 年定期期初生存年金，精算现值以 $\ddot{a}_{x:\overline{n}|}$ 表示且有

$$\ddot{a}_{x:\overline{n}|}=\sum_{k=0}^{n-1}{}_kE_x=\sum_{k=0}^{n-1}v^k\;{}_kp_x \qquad (6.3.5)$$

(2)对 (x) 的每年 1 单位元 n 年定期期末生存年金，精算现值以 $a_{x:\overline{n}|}$ 表示

且有

$$a_{x:\overline{n}|}=\sum_{k=1}^{n}{}_{k}E_{x}=\sum_{k=1}^{n}v^{k}{}_{k}p_{x} \tag{6.3.6}$$

以现值的期望值定义时，设给付现值为Y，则对期首付生存年金

$$Y=\begin{cases}\ddot{a}_{\overline{K+1}|}, & 0\leqslant K<n\\ \ddot{a}_{\overline{n}|}, & K\geqslant n\end{cases}$$

$$\ddot{a}_{x:\overline{n}|}=E(Y)=\sum_{k=0}^{n-1}\ddot{a}_{\overline{K+1}|}\,{}_{k|}q_{x}+\sum_{k=n}^{\infty}\ddot{a}_{\overline{n}|}\,{}_{k|}q_{x}$$

$$=\sum_{k=0}^{n-1}\ddot{a}_{\overline{K+1}|}\,{}_{k|}q_{x}+\ddot{a}_{\overline{n}|}\,{}_{n}p_{x} \tag{6.3.7}$$

类似地，对期末生存年金，给付现值Y定义为：

$$Y=\begin{cases}a_{\overline{K}|}, & 0\leqslant K<n\\ a_{\overline{n}|}, & K\geqslant n\end{cases}$$

$$a_{x:\overline{n}|}=E(Y)=\sum_{k=0}^{n-1}a_{\overline{k}|}\,{}_{k|}q_{x}+a_{\overline{n}|}\,{}_{n}p_{x} \tag{6.3.8}$$

例 6.3.3 某人在 40 岁时购买一份年金产品，承诺在未来 20 年内，如果他存活，则可以在每年年初领取 1000 元的给付，一旦死亡，则给付立即停止。20 年期满，保单自动中止，无论 20 年后是否存活，不再继续给付。以附表中国人寿保险业经验生命表（1990－1993 年，男女混合表）的资料，假设预定利率$i=6\%$，试计算这笔年金的精算现值。

解 这是一个 20 年定期的期初年金产品，其支付流程如下图所示：

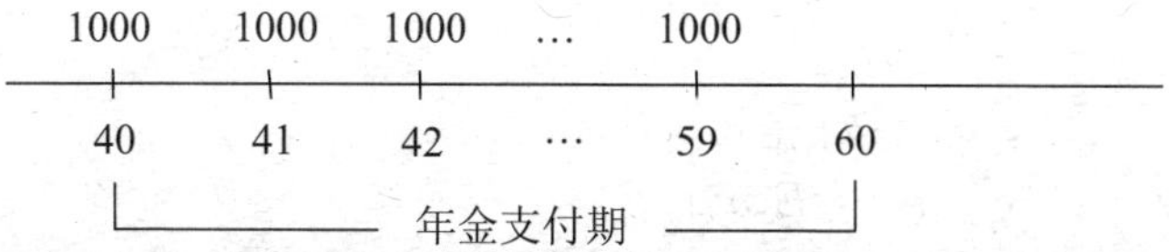

其精算现值为

$$1000\ddot{a}_{40:\overline{20}|}=1000\times\sum_{k=0}^{19}1.06^{-k}\,{}_{k}p_{40}=11882.82\ (元)$$

6.3.3 延期终身生存年金

n 年延期终身生存年金：从计算时点起延迟 n 年开始收付的终身生存年金

对 (x) 的 n 年延期每年 1 单位元延期期初终身生存年金的精算现值以 ${}_{n|}\ddot{a}_{x}$ 表示。根据定义，有：

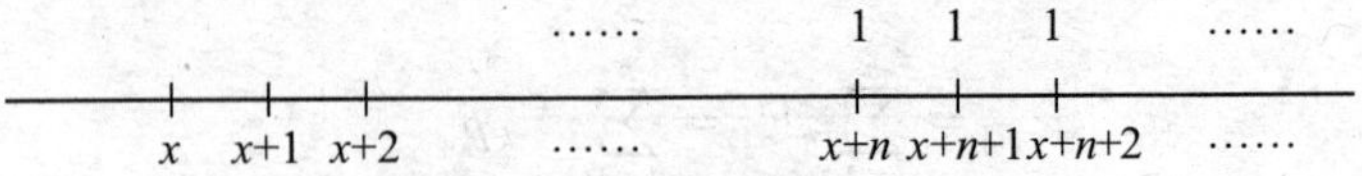

图 6—3 n 年延期期初终身生存年金

$$_{n|}\ddot{a}_x = \sum_{k=n}^{\infty} {}_kE_x = \sum_{k=n}^{\infty} v^k \, {}_kp_x \tag{6.3.9}$$

或者用现值随机变量 Y 的期望来给出精算现值：

$$Y = \begin{cases} 0, & 0 \leqslant k < n \\ \ddot{a}_{\overline{k+1}|} - \ddot{a}_{\overline{n}|}, & k \geqslant n \end{cases}$$

$$_{n|}\ddot{a}_x = E(Y) = \sum_{k=n}^{\infty} (\ddot{a}_{\overline{k+1}|} - \ddot{a}_{\overline{n}|}) \, {}_{k|}q_x \tag{6.3.10}$$

显然有

$$\ddot{a}_x = \ddot{a}_{x:\overline{n}|} + {}_{n|}\ddot{a}_x \tag{6.3.11}$$

$$_{n|}\ddot{a}_x = {}_nE_x \ddot{a}_{x+n} \tag{6.3.12}$$

类似地 n 年延期期末终身生存年金的精算现值为：

$$_{n|}a_x = \sum_{k=n+1}^{\infty} {}_kE_x = \sum_{k=n+1}^{\infty} v^k \, {}_kp_x \tag{6.3.13}$$

按给付现值随机变量 Y 的期望给出精算现值为：

$$_{n|}a_x = E(Y) = \sum_{k=n}^{\infty} (a_{\overline{k+1}|} - a_{\overline{n}|}) \, {}_{k|}q_x \tag{6.3.14}$$

$$Y = \begin{cases} 0, & 0 \leqslant k < n \\ a_{\overline{k}|} - a_{\overline{n}|}, & k \geqslant n \end{cases}$$

同样地，有

$$a_x = a_{x:\overline{n}|} + {}_{n|}a_x \tag{6.3.15}$$

$$_{n|}a_x = {}_nE_x a_{x+n} \tag{6.3.16}$$

例 6.3.4 某人在 30 岁时购买了一份年金，约定的给付为：从 51 岁起，如果被保险人生存，每年可以得到 5000 元的给付，直到被保险人死亡为止。设年利率为 6%，生存函数为 $l_x = l_0(1 - x/100)$，试计算这笔年金在购买时的精算现值。

解 这是一个延期 20 年的期末终身年金产品，从生命表函数可以看出，此人最多可以活到 100 岁，该笔年金的支付情况如下图所示：

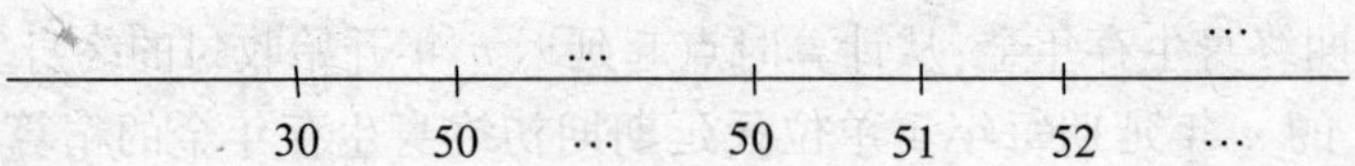

由存活函数可得生存概率：

$$ {}_kp_{30}=\frac{l_{30+k}}{l_{30}}=\frac{70-k}{70} $$

又因为

$$ {}_{20|}a_{30}=\sum_{k=21}^{\infty}{}_kE_{30}=\sum_{k=21}^{\infty}v^k\ {}_kp_{30} $$

因而这笔年金的精算现值为：

$$ \begin{aligned} 5000\,{}_{20|}a_{30}&=5000\sum_{k=21}^{\infty}v^k\ {}_kp_{30}=5000\sum_{k=21}^{70}1.06^{-k}\ \frac{70-k}{70}\\ &=5000\sum_{k=21}^{70}1.06^{-k}-\frac{5000}{70}\sum_{k=21}^{70}1.06^{-k}\times k\\ &=12358.09(\text{元}) \end{aligned} $$

例 6.3.5 对于(30)的从 60 岁起每年年初 6000 元的生存年金，预定利率为 6%，以 中国保险业经验生命表(1990－1993 年，男女混合表)，求保单的趸缴净保费。

解：由公式(6.3.10)，保单的趸缴净保费为：

$$ \begin{aligned} 6000\,{}_{30|}\ddot{a}_{30}&=6000\ddot{a}_{60}\,{}_{30}E_{30}=6000\times11.49026\times26606.02/170037.78\\ &=10787.38(\text{元}) \end{aligned} $$

6.3.4 延期定期生存年金

延期定期生存年金是延期年金和定期年金的一种组合形式，对 (x) 的 n 年延期 m 年定期每年 1 单位元期首初生存年金，是从 $x+n$ 起到 $x+n+m-1$ 的生存年金。其精算现值以 ${}_{n|m}\ddot{a}_x$ 或 ${}_{n|}\ddot{a}_{x:\overline{m}|}$ 表示，根据定义，有

$$ {}_{n|m}\ddot{a}_x=\sum_{k=n}^{n+m-1}{}_kE_x=\sum_{k=n}^{n+m-1}v^k\ {}_kp_x $$

其支付情况如图 6－4 所示：

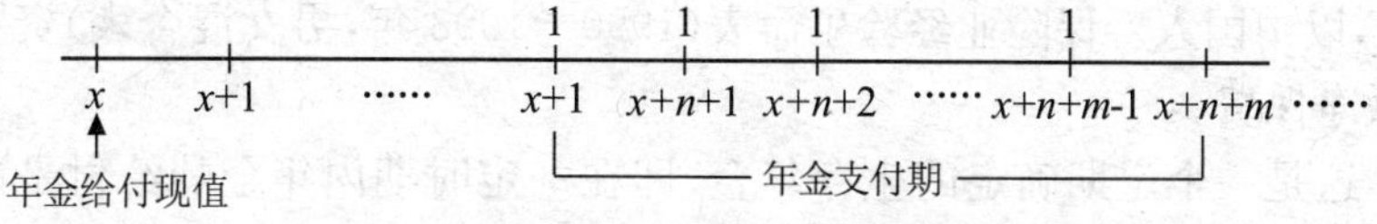

图 6－4 *n* 年延期期初 *m* 年定期生存年金

其给付现值定义为：

$$ Y=\begin{cases}0, & 0\leqslant K<n\\ \ddot{a}_{\overline{K+1}|}-\ddot{a}_{\overline{n}|}, & n\leqslant K\leqslant m+n-1\\ \ddot{a}_{\overline{m+n}|}-\ddot{a}_{\overline{n}|}, & K\geqslant m+n\end{cases} $$

$$ {}_{n|m}\ddot{a}_x = E(Y) = \sum_{k=n}^{m+n-1} (\ddot{a}_{\overline{k+1}|} - \ddot{a}_{\overline{m}|})\ {}_{k|}q_x + (\ddot{a}_{\overline{m+n}|} - \ddot{a}_{\overline{n}|})\ {}_{n+m}p_x \qquad (6.3.17) $$

对 (x) 的 n 年延期 m 年定期每年 1 单位元期末生存年金，是从 $x+n+1$ 起到 $x+n+m$ 的生存年金。其精算现值以 ${}_{n|m}a_x$ 或 ${}_{n|}a_{x:\overline{m}|}$ 表示，根据定义：

$$ {}_{n|m}a_x = \sum_{k=n+1}^{n+m} {}_kE_x = \sum_{k=n+1}^{n+m} v^k\ {}_kp_x $$

根据期初年金和期末年金精算现值的定义公式，容易得出它们存在如下的关系式：

$$ \ddot{a}_x = a_x + 1 \qquad (6.3.18) $$

$$ \ddot{a}_{x:\overline{n}|} = 1 + a_{x:\overline{n}|} - {}_nE_x \qquad (6.3.19) $$

$$ \ddot{a}_{x:\overline{n}|} = 1 + a_{x:\overline{n-1}|} \qquad (6.3.20) $$

$$ {}_{n|}\ddot{a}_x = {}_{n|}a_x + {}_nE_x \qquad (6.3.21) $$

$$ {}_{n|}\ddot{a}_x = {}_{n-1|}a_x \qquad (6.3.22) $$

$$ {}_{n|m}\ddot{a}_x = {}_{n-1|m}a_x \qquad (6.3.23) $$

例 6.3.6 某人在 35 岁时购买了一份年金产品，这份年金将从他 60 岁退休起的 25 年内，每年年初给付 5000 元生存年金，给定利率为 6%，根据中国人寿保险业经验生命表(1990－1993 年，男女混合表)，计算这一年金的精算现值。

解 这是一个延期 25 年的定期期初年金产品，其精算现值为

$$ 5000\ {}_{25|}\ddot{a}_{35:\overline{25}|} = 5000 \sum_{k=25}^{50-1} v^k\ {}_kp_{35} $$

$$ = 5000 \times 2.3366 = 11683 $$

例 6.3.7 某 30 岁的人投保养老年金保险，保险契约规定，如果被保险人存活到 60 岁，则确定给付 10 年年金，若被保险人在 60～69 岁死亡，由其指定的受益人继续领取，直到领满 10 年为止。如果被保险人在 70 岁仍然存活，则从 70 岁起以存活为条件得到年金。如果年金每年年初支付一次，一次支付 6000 元，预定利率为 6%，以中国人寿保险业经验生命表(1990－1993 年，男女混合表)资料，计算保单趸缴净保费。

解 这是一个定期确定的生存年金，即在一定时期内年金的给付是确定的，不论被保险人是否生存，在这一时期以后的年金给付以被保险人生存为条件，具体的支付如下图所示：

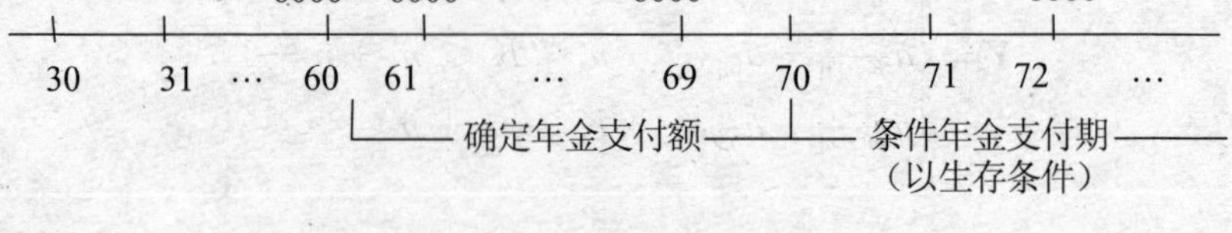

趸缴净保费为

$$6000(\ddot{a}_{\overline{10}|}+{}_{10|}\ddot{a}_{60})\,{}_{30}E_{30}=10790.86\text{(元)}。$$

§6.4 连续生存年金

连续生存年金是以生存为条件连续支付的年金，实际中的年金都是隔一定时期支付的离散年金，年金支付的间隔可长可短，当支付间隔足够短时，可以用连续年金近似。连续生存年金的精算现值依赖于被保险人的余寿和保单规定的保险期。在保险期内，如果被保险人存活，则连续给付年金。

给付率的概念：假设到 t 时刻年金给付的总额 $a(t)$，则在 t 时刻年金给付率定义为 $a(t)$ 的导数 $\frac{d(a(t))}{dt}$。如，假设每一时刻的年金给付率为 1，则到一年末年金给付总额为 $\int_0^1 1dt=1$(元)。

6.4.1 终身连续生存年金

对 (x) 的给付率为 1 的连续终身生存年金，其现值随机变量 $Y=\bar{a}_{\overline{T}|}$，$T$ 为 (x) 的余寿随机变量，年金精算现值以 $\bar{a}_x$ 表示，显然有

$$\begin{aligned}\bar{a}_x&=E(Y)=E(\bar{a}_{\overline{T}|})\\&=E(\int_0^{T(x)}v^t\times1\times dt)+E(\int_{T(x)}^{\infty}v^t\times0\times dt)\\&=E(\int_0^{\infty}v^tI_{\{t<T(x)\}}dt)\\&=\int_0^{\infty}v^tE(I_{\{t<T(x)\}})dt\\&=\int_0^{\infty}v^tP(T(x)>t)dt\\&=\int_0^{\infty}v^t\,{}_tp_xdt\end{aligned}\tag{6.4.1}$$

6.4.2 定期连续生存年金

以 $\bar{a}_{x:\overline{n}|}$ 表示给付率位 1 的 n 年定期支付连续生存年金的精算现值，其给付现值随机变量为：

$$Y=\begin{cases}\bar{a}_{\overline{T}|}, & 0\leqslant T<n\\ \bar{a}_{\overline{n}|}, & T\geqslant n\end{cases}$$

$$
\begin{aligned}
\bar{a}_{x:\overline{n}|} &= \int_0^n \bar{a}_{\overline{t}|}\,{}_tp_x\mu_{x+t}dt + \bar{a}_{\overline{n}|}\,{}_np_x \\
&= \int_0^n \bar{a}_{\overline{t}|}\frac{d(1-{}_tp_x)}{dt}dt + {}_np_x\bar{a}_{\overline{n}|} \\
&= -\bar{a}_{\overline{t}|}\,{}_tp_x\Big|_0^n + \bar{a}_{\overline{n}|}\,{}_np_x + \int_0^n {}_tp_x\left(\frac{d\bar{a}_{\overline{t}|}}{dt}\right)dt \\
&= \int_0^n {}_tp_x\left(\frac{d\left(\int_0^t v^s ds\right)}{dt}\right)dt \\
&= \int_0^n v^t\,{}_tp_x dt
\end{aligned}
\tag{6.4.2}
$$

6.4.3 延期连续生存年金

以 ${}_{n|}\bar{a}_x$ 表示对(x)的 n 年延期给付率为 1 的连续生存年金的精算现值，则其现值随机变量

$$
Y=\begin{cases}0, & 0\leqslant T<n \\ \bar{a}_{\overline{T}|}-\bar{a}_{\overline{n}|}, & T\geqslant n\end{cases}
$$

$$
{}_{n|}\bar{a}_x = \int_0^\infty (\bar{a}_{\overline{t}|}-\bar{a}_{\overline{n}|})\,{}_tp_x\mu_x(t)dt \tag{6.4.3}
$$

$$
\begin{aligned}
&= \int_0^\infty {}_tp_x\mu_x(t)\frac{1-v^{t-n}}{\delta}v^n dt \\
&= \int_0^\infty {}_{n+s}p_x\mu_x(n+s)\frac{1-v^s}{\delta}v^n ds \\
&= \int_0^\infty {}_np_x\,{}_sp_{x+n}\mu_{x+n}(s)\frac{1-v^s}{\delta}v^n ds \\
&= v^n\,{}_np_x\int_0^\infty {}_sp_{x+n}\mu_{x+n}(s)\frac{1-v^s}{\delta}ds \\
&= v^n\,{}_np_x\bar{a}_{x+n} \\
&= {}_nE_x\bar{a}_{x+n}
\end{aligned}
$$

显然，有

$$
\bar{a}_x = {}_{n|}\bar{a}_x + \bar{a}_{x:\overline{n}|}
$$

6.4.4 延期定期连续生存年金

对(x)的 n 年延期 m 年定期给付率为 1 的连续生存年金，是从 $x+n$ 年起到 $x+n+m-1$ 的按给付率 1 的连续生存年金，其给付额的精算现值用 ${}_{n|m}\bar{a}_x$ 表示。

它的现值随机变量 Y 为

$$Y=\begin{cases}0, & 0\leqslant T<n\\ \bar{a}_{\overline{T}|}-\bar{a}_{\overline{n}|}, & n\leqslant T\leqslant m+n-1\\ \bar{a}_{\overline{m+n}|}-\bar{a}_{\overline{n}|}, & T\geqslant m+n\end{cases}$$

可以证明：

$$_{n|m}\bar{a}_x=E(Y)={}_nE_x\bar{a}_{x+n:\overline{m}|} \tag{6.4.3}$$

$$_{n|m}\bar{a}_x=\bar{a}_{x:\overline{n+m}|}-\bar{a}_{x:\overline{n}|} \tag{6.4.4}$$

连续年金在实际支付中一般不会出现,但对于精算理论及其数理公式推导具有重要的作用。我们可用以下两个简单例子说明连续年金的作用。

例 6.4.1　如果一个 x 岁的人获得了一份给付率为 1 的连续终身生存年金，试用随机变量 Y 表示给付变量的现值。

(1)用(x)的余寿随机变量 T 的函数表示 Y。

(2)利用 Y 是 T 的函数这一条件计算年金的精算现值 $\bar{a}_x$。

(3)死亡时给付 1 单位元终身寿险的现值随机变量是 z，给出 Y 与 z 之间的关系。

(4)利用(3)中的关系,用 $\bar{A}_x$ 表示 $\bar{a}_x$。

解　(1) $Y=\bar{a}_{\overline{T}|}=\dfrac{1-v^T}{\delta}$

(2) $\bar{a}_x=E(Y)=E\left(\dfrac{1-v^T}{\delta}\right)$

由于随机变量 T 的密度函数 $f(t)={}_tp_x\mu_x(t)$，其期望值等于：

$$\begin{aligned}\bar{a}_x&=E\left(\frac{1-v^T}{\delta}\right)=\int_0^{\infty}\frac{1-v^t}{\delta}f(t)dt=\int_0^{\infty}\frac{1-v^t}{\delta}\,{}_tp_x\mu_x(t)dt\\&=\int_0^{\infty}\frac{1-v^t}{\delta}d(-{}_tp_x)=-\frac{1-v^t}{\delta}\,{}_tp_x\Big|_0^{\infty}-\frac{1}{\delta}\int_0^{\infty}{}_tp_xd(v^t)\\&=-\frac{1}{\delta}\int_0^{\infty}{}_tp_xd(e^{-t\delta})=\int_0^{\infty}v^t\,{}_tp_xdt\end{aligned}$$

(3)因为

$$Y=\frac{1-v^T}{\delta}$$

$$Z=v^T$$

所以

$$Y=\frac{1-Z}{\delta}$$

(4) $\bar{a}_x = E(Y) = \dfrac{1 - E(Z)}{\delta} = \dfrac{1 - \bar{A}_x}{\delta}$

例 6.4.2 已知某人的生命具有常数死亡力 $\mu = 0.04$，设利息力 $\delta = 0.06$，试计算：

(1) $\bar{a}_x$。

(2) $\bar{a}_{\overline{T}|}$ 超过 $\bar{a}_x$ 的概率。

解：(1)已知死亡力，则

$$ {}_t p_x = \exp\left\{-\int_0^t \mu_{x+s} ds\right\} = \exp\left\{-\int_0^t \mu ds\right\} = e^{-\mu t} $$

$$ \bar{a}_x = \int_0^{\infty} v^t \, {}_t p_x dt = \int_0^{\infty} e^{-\delta t} e^{-\mu t} dt = \frac{1}{\mu + \delta} = 10 $$

$$ (2)\ P(\bar{a}_{\overline{T}|} > \bar{a}_x) = P\left(\frac{1 - e^{-0.06T}}{0.06} > 10\right) = P\left(T > -\frac{\ln 0.4}{0.06}\right) $$

$$ = \int_{-\frac{\ln 0.4}{0.06}}^{\infty} f_T(t) dt = \int_{-\frac{\ln 0.4}{0.06}}^{\infty} e^{-\mu t} \mu dt = \int_{-\frac{\ln 0.4}{0.06}}^{\infty} e^{-0.04t} 0.04 dt $$

$$ = 0.54 $$

§6.5 生存年金与寿险的关系

寿险与年金是两种不同的险种，但它们的精算现值都依赖于被保险人的死亡年龄，从而使寿险与年金的精算现值间存在着某种相关的关系。对这种关系的认识，有助于进一步的精算计算。

对期初终身生存年金和死亡年末给付的终身寿险来说，由于

$$ \ddot{a}_x = E(\ddot{a}_{\overline{k+1}|}) $$

$$ A_x = E(v^{k+1}) $$

又因为

$$ \ddot{a}_{\overline{k+1}|} = \frac{1 - v^{k+1}}{d} $$

$$ \ddot{a}_x = E\left(\frac{1 - v^{k+1}}{d}\right) = \frac{1 - A_x}{d} $$

即

$$ 1 = d\ddot{a}_x + A_x \tag{6.5.1} $$

(6.5.1)式的直观解释是：(x) 投保时的 1 单位元等于在 (x) 存活期每年初的 1 单位元的预付利息 d 和在 (x) 死亡末年的 1 单位元给付之和。

(6.5.1)式可变换为

$$A_x = 1 - d\ddot{a}_x \tag{6.5.2}$$

(6.5.2)式可以解释为:在 (x) 死亡年年末的 1 单位元的给付,如果在投保后立即给付,应扣除从投保到被保险人死亡年每年的贴现值 d。

对期末终身生存年金和死亡年年末给付的终身寿险,由

$$a_x = E(a_{\overline{k}|}) = E\left(\frac{1-v^k}{i}\right)$$

及

$$A_x = E(Z) = E(v^{k+1})$$

有

$$a_x = E\left(\frac{1-(1+i)\times v^{k+1}}{i}\right)$$
$$= \frac{1-(1+i)\times A_x}{i}$$

故

$$1 = ia_x + iA_x + A_x$$

这一等式表明,在 x 岁上的 1 单位元等于 (x) 死亡年年末的 1 元现值 A_x,加上 (x) 存活期每年 i 元的利息现值 ia_x 和死亡年年末 i 元利息的现值 iA_x。

对 n 年期初生存年金和死亡年年末给付的 n 年定期寿险,由于

$$\ddot{a}_{x:\overline{n}|} = E(\ddot{a}_{\overline{\min\{k+1,n\}}|}) = E\left(\frac{1-v^{\min\{k+1,n\}}}{d}\right) = \frac{1-A^1_{x:\overline{n}|}}{d}$$

即

$$1 = d\ddot{a}_{x:\overline{n}|} + A^1_{x:\overline{n}|} \tag{6.5.3}$$

类似地,对连续年金和死亡时赔付的寿险,有

$$1 = \delta\bar{a}_x + \bar{A}_x \tag{6.5.4}$$

$$1 = \delta\bar{a}_{x:\overline{n}|} + \bar{A}_{x:\overline{n}|} \tag{6.5.5}$$

利用寿险的年金精算现值的定义,还可以推导出它们之间的其他关系式,如

$$A_x = v\ddot{a}_x - a_x,\ A^1_{x:\overline{n}|} = v\ddot{a}_{x:\overline{n}|} - a_{x:\overline{n}|},\ \delta\bar{a}_{x:\overline{n}|} + \bar{A}_{x:\overline{n}|} = 1$$

等,请读者参考有关寿险精算教科书。

§6.6 年付多次生存年金的精算现值

实践中年金常常是每半年、一季度或一个月支付一次,这种年金称为一年多次收付的生存年金,其精算现值的计算方法与前面讨论的每年一次生存年金类似,但由于生命表不直接提供非整数年龄的存活概率和死亡概率,因此必须在一

定的假设下做近似计算。

对 (x) 的每年给付 1 元，一年给付 m 次的期首付终身生存年金，其精算现值以 $\ddot{a}_x^{(m)}$ 表示，这一年金在每个 $x+k/m(k=0,1,2,\cdots)$ 上收付 $1/m$，直到被保险人死亡为止。

$$\ddot{a}_x^{(m)}=\frac{1}{m}\sum_{k=0}^{\infty}{}_{\frac{k}{m}}E_x=\frac{1}{m}\sum_{k=0}^{\infty}\nu^{\frac{k}{m}}\,{}_{\frac{k}{m}}p_x \tag{6.6.1}$$

上式不能直接计算，需要利用 $\ddot{a}_x^{(m)}$ 与 $\ddot{a}_x$ 的关系近似计算。

与 $1=d\ddot{a}_x+A_x$ 类似，有下面的关系：

$1=d^{(m)}\ddot{a}_x^{(m)}+A_x^{(m)}$，(6.6.2)这里 $A_x^{(m)}$ 表示将死亡年度 m 等分后在其中死亡的某子区间末给付 1 元的终身寿险的精算现值。因此

$$\ddot{a}_x^{(m)}=\frac{1-A_x^{(m)}}{d^{(m)}}$$

在死亡力均匀分布假设下，一般有如下关系式成立(证明见杨静平《寿险精算基础》)

$$A_x^{(m)}=\frac{i}{i^{(m)}}A_x$$

故

$$\ddot{a}_x^{(m)}=\frac{1-\frac{i}{i^m}A_x}{d^{(m)}}=\frac{i^{(m)}-i+di\ddot{a}_x}{i^{(m)}d^{(m)}}$$

令

$$\alpha(m)=\frac{di}{i^{(m)}d^{(m)}},\beta(m)=\frac{i-i^{(m)}}{i^{(m)}d^{(m)}}$$

故

$$\ddot{a}_x^{(m)}=\alpha(m)\ddot{a}_x-\beta(m) \tag{6.6.3}$$

实际中，常用 $\alpha(m)$ 和 $\beta(m)$ 的近似值，取为 $\alpha(m)\approx 1,\beta(m)\approx\frac{m-1}{2m}$。这一近似值是由两个系数在 $\delta=0$ 附近的泰勒展开得到的，即

$$\alpha(m)=1+\frac{m^2-1}{12m^2}\times\delta^2+\cdots$$

$$\beta(m)=\frac{m-1}{2m}+\frac{m^2-1}{6m^2}\times\delta^2+\cdots$$

显然，两个近似式仅在利息力 δ 很小时才适用。

因此

$$\ddot{a}_x^{(m)} \approx \ddot{a}_x - \frac{m-1}{2m} \tag{6.6.4}$$

同样，对 (x) 的每年 1 单位元，每次 $1/m$ 的期末终身生存年金精算现值

$$a_x^{(m)} = \ddot{a}_x^{(m)} - \frac{1}{m} \tag{6.6.5}$$

得到

$$a_x^{(m)} \approx a_x + \frac{m-1}{2m} \tag{6.6.6}$$

对 (x) 的 n 年延期每年 1 单位元，一年 m 次收付的期末生存年金精算现值

$$_{n|}a_x^{(m)} \approx {_{n|}a_x} + \frac{m-1}{2m} \times {_nE_x} \tag{6.6.7}$$

上面的年金期首付时，精算现值为：

$$_{n|}\ddot{a}_x^{(m)} \approx {_{n|}\ddot{a}_x} - \frac{m-1}{2m}\,{_nE_x} \tag{6.6.8}$$

对 (x) 的 n 年定期一年 m 次期末年金，精算现值为：

$$a_{x:\overline{n}|}^{(m)} = a_{x:\overline{n}|} + \frac{m-1}{2m} \times (1 - {_nE_x}) \tag{6.6.9}$$

上面的年金期首付时，精算现值为：

$$a_{x:\overline{n}|}^{(m)} = a_{x:\overline{n}|} - \frac{m-1}{2m}(1 - {_nE_x}) \tag{6.6.10}$$

例 6.6.1　在例 6.3.5 中，若年金每月支付一次，求趸缴净保费。

解　趸缴净保费为：

$$6000\,{_{30|}\ddot{a}_{30}^{(12)}} \approx 6000 \times ({_{30|}\ddot{a}_{30}} - \frac{11}{24} \times {_{30}E_{30}})$$
$$= 10357.08(\text{元})$$

例 6.6.2　某保单提供从 60 岁起每月 500 元的生存年金，如果被保险人在 60 岁前死亡，则在死亡末给付 10000 元，设设预定利率为 6%，如果某人 30 岁时购买了这种保单，根据中国人寿保险业经验生命表（1990－1993 年，男女混合表）的资料，求这一年金的精算现值。

解　这一保单包括年金与寿险两种保险形式，其精算现值是两种保险精算现值之和，其中年金精算现值与例 6.3.10 相同。

$$10000A^{1}_{30:\overline{30}|} + 6000 \times {_{30|}\ddot{a}_{30}^{(12)}} = 319.254 + 10357.08 = 10676.33\ (\text{元})$$

§6.7 变额生存年金

6.7.1 一般变额生存年金

如果年金收付的数额随给付时期不同而变动，这种年金是变额年金。变额年金的精算现值是一系列收付款在利率和生者利下现值之和。如果对 (x) 的 n 年定期生存年金，给付额在年龄 $x, x+1, \cdots, x+n-1$ 上分别为 $b_x, b_{x+1}, \cdots, b_{x+n-1}$，则精算现值(Actuarial Present Value，简记为 APV)为：

$$(APV)_x = \sum_{y=x}^{x+n-1} b_y \nu^{y-x} \ {}_{y-x}p_x \tag{6.7.1}$$

当 $n=\omega-x$ 时，上面的年金称为终身变额年金

如果一年给付 m 次，期首付时，有

$$(APV)_x = \sum_{y=x}^{x+n-1} b_y \ddot{a}_{y:\overline{1}|}^{(m)} \nu^{y-x} \ {}_{y-x}p_x \tag{6.7.2}$$

如果一年付 m 次，期末时，有

$$(APV)_x = \sum_{y=x}^{x+n-1} b_y a_{y:\overline{1}|}^{(m)} \nu^{y-x} \ {}_{y-x}p_x \tag{6.7.3}$$

例 6.7.1 若某人 30 岁购买从 60 岁起支付的生存年金，契约规定：在被保险人 60～69 岁时，每年给付额为 6000 元，70～79 岁每年的给付额为 7000 元，80 岁以后每年给付额为 8000 元。在预定利率 6%下，以中国人寿保险业经验生命表(1990－1993 年，男女混合表)，计算保单的趸缴净保费。

解 这是一个变额年金，其趸缴净保费为：

$$6000 \times {}_{30}E_{30} \times \ddot{a}_{60:\overline{10}|} + 7000 \times {}_{40}E_{30} \times \ddot{a}_{70:\overline{10}|} + 8000 \times {}_{50}E_{30} \times \ddot{a}_{80:\overline{10}|}$$
$$=11455.98(\text{元})$$

6.7.2 等差生存年金

如果年金收付额 b_y 系列为 1，2，3 …等差递增，这一年金称为标准等差递增年金，对终身期首付标准递增年金，其精算现值用 $(I\ddot{a})_x$ 表示：

$$
\begin{aligned}
(I\ddot{a})_x &= \sum_{k=0}^{\infty}(k+1)\nu^k\ {}_kp_x \\
&= \sum_{k=0}^{\infty}\nu^k \times {}_kp_x + \sum_{k=1}^{\infty}\nu^k \times {}_kp_x + \sum_{k=2}^{\infty}\nu^k \times {}_kp_x + \cdots \\
&= \ddot{a}_x + {}_{1|}\ddot{a}_x + {}_{2|}\ddot{a}_x + \cdots \\
&= \sum_{k=0}^{\infty} {}_{k|}\ddot{a}_x
\end{aligned}
\tag{6.7.4}
$$

若以 $(Ia)_x$ 表示期末付终身标准递增年金精算现值，则

$$(Ia)_x = \sum_{k=1}^{\infty} k\nu^k\ {}_kp_x \tag{6.7.5}$$

对于期首付 n 年定期标准等差递增年金中，若精算现值以 $(I\ddot{a})_{x:\overline{n|}}$ 表示，则

$$(I\ddot{a})_{x:\overline{n|}} = \sum_{k=0}^{n-1}(k+1)\nu^k\ {}_kp_x \tag{6.7.6}$$

对于期末付 n 年定期标准等差递增年金，若其精算现值以 $(Ia)_{x:\overline{n|}}$ 表示，则

$$(Ia)_{x:\overline{n|}} = \sum_{k=1}^{n} k\nu^k\ {}_kp_x \tag{6.7.7}$$

例 6.7.2　某人在 50 岁时购买了一份终身生存年金，给付从 51 岁开始，每年一次，给付额在第一年为 5000 元，第二年为 5500 元，第三年为 6000 元，即付额每年增长 500 元，计算这笔年金的精算现值。

解　依题意，支付额图如下：

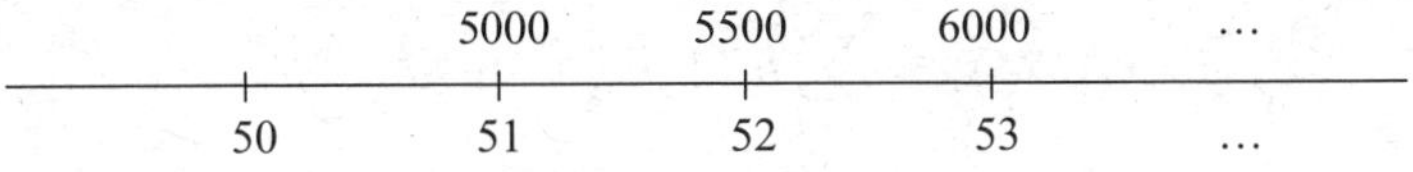

我们可以把这个年金看作是一个每年支付 4500 元的等额年金加上一个以 500 元开始每年境长 500 元的等差递增年金，其精算现值为：

$$APV = 4500a_{50} + 500\,(Ia)_{50}$$

6.7.3　等递减生存年金

当变额年金收付额 b_y 系列为 $n, n-1, \cdots, 1$ 等差递减时，这时期首付的年金现值以 $(D\ddot{a})_{x:\overline{n|}}$ 表示，如下图所示：

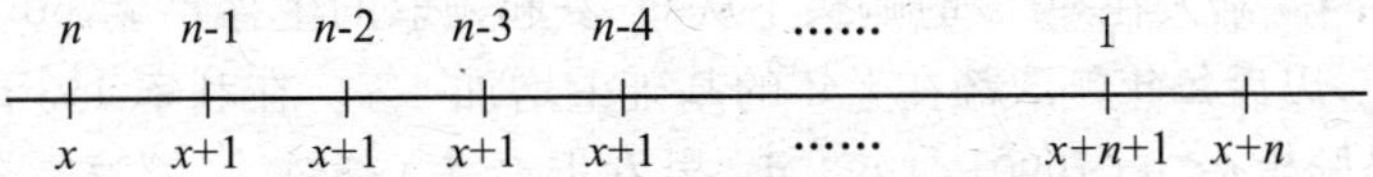

图 6－5　标准等差递减年金

$$(D\ddot{a})_{x:\overline{n}|}=\sum_{k=0}^{n-1}(n-k)\nu^k\ {}_kp_x \tag{6.7.8}$$

期末付的年金现值若以 $(Da)_{x:\overline{n}|}$ 表示，有

$$(Da)_{x:\overline{n}|}=\sum_{k=1}^{n}(n-k)\nu^k\ {}_kp_x \tag{6.7.9}$$

例 6.7.3 某人在 40 岁时购买了一份 10 年期变额年金，从 41 岁起，每年的给付额依次为 10000，8000，6000，4000，2000，2000，4000，6000，8000，10000。假设预定利率为 6%，根据中国人寿保险业经验生命表（1990－1993 年，男女混合表）的资料计算这一年金的精算现值。

解 这是一个等差递增年金和一个等差递减年金的组合，前 5 年是递减年金，后 5 年是递增年金，其精算现值为：

$$APV=2000[(Da)_{40:\overline{5}|}+{}_5E_{40}\times(Ia)_{40:\overline{5}|}]$$

6.7.4 等比例变额生存年金

实践中常见的一种变额年金，其收付额等比例递增，如某些给付确定型养老金计划和社会养老保险，其给付额在一个基础水平上按一个规定的比例增长，这个规定的比例有时是价格指数或社会平均工资增长指数，这种等比例递增的年金精算现值有一个简化计算公式。

如果对 (x) 的 n 年定期期首付生存年金，给付额在年龄 $x,x+1,\cdots,x+n-1$ 上分别为 $b,b(1+g),b(1+g)^2,\cdots,b(1+g)^{n-1}$，其精算现值为：

$$(APV)_x=\sum_{y=x}^{x+n-1}b(1+g)^{y-x}\nu^{y-x}\ {}_{y-x}p_x$$

设

$$(1+g)\nu=\nu'=\frac{1}{1+j}$$

即

$$j=\frac{i-g}{1+g}$$

上式成为

$$(APV)_x=b\sum_{y=x}^{x+n-1}(\nu')^{y-x}\ {}_{y-x}p_x=b\ddot{a}_{x:\overline{n}|j} \tag{6.7.10}$$

这是一个以利率 j 计算的给付额为 b 的确定年金的精算现值。

例 6.7.4 某人在 30 岁时购买了从 60 岁起领取的生存年金，60 岁的领取额为 10000 元，以后每年领取额在上年的基础上增加 4%。在利率 4%下，以中国人寿保险业经验生命表（1990－1993 年，男女混合表）资料，计算这一年金的精算现值。

解　这一年金在被保险人 60 岁的精算现值为

$$\begin{aligned}&10000(1+1.04vp_{60}+(1.04v)^2\ {}_2p_{60}+\cdots)\\&=10000\times(1+\mathring{e}_{60})\\&=10000\times(20.12+1)\\&=211200(\text{元})\end{aligned}$$

年金在被保险人30 岁时的现值为

$$\begin{aligned}&211200v^{30}\ {}_{30}p_{30}\\&=211200\frac{l_{60}}{l_{30}}1.04^{-30}\\&=211200\times\frac{877671}{976611}\times1.04^{-30}\\&=5541.66(\text{元})\end{aligned}$$

§6.8　生存年金的递推公式

$$\ddot{a}_x=\sum_{k=0}^{\infty}v^k\ {}_kp_x=1+\sum_{k=1}^{\infty}v^k\ {}_kp_x$$

以 $p_x\,{}_{k-1}p_{x+1}={}_kp_x$ 代入得：

$$\ddot{a}_x=1+vp_x\ddot{a}_{x+1} \tag{6.8.1}$$

利用上式得，$\ddot{a}_x$ 可以从最高的可能年龄开始，依次递推计算。

与此等价的另一个表达式为：

$$\ddot{a}_x=1+v\ddot{a}_{x+1}-v\ddot{a}_{x+1}q_x \tag{6.8.2}$$

(6.8.2)式可以直观地解释为：对 (x) 的终身生存年金的趸缴净保费等于在 x 岁上规定的 1 单位给付加上 $(x+1)$ 岁上趸缴净保费在 x 岁的值，再减去在 $x\sim x+1$ 岁因死亡不能得到的 $\ddot{a}_{x+1}$ 的将来部分。

对于 $x+k$，上式可以写成：

$$\ddot{a}_{x+k}-v\ddot{a}_{x+k+1}=1-v\ddot{a}_{x+k+1}q_{x+k}$$

两端同乘以 v^k 并对 k 求和，得到：

$$\ddot{a}_x=\ddot{a}_{\overline{\infty}|}-\sum_{k=0}^{\infty}v^{k+1}\ddot{a}_{x+k+1}q_{x+k}$$

可见对 (x) 的终身生存年金的趸缴净保费，等于永续年金与一系列逐年因死亡不能得到的将来年金部分之差。

习　题

6.1　假设 $l_x=1000\left(1-\frac{x}{115}\right)$，$i=-0.10$。一个40岁的人投保，如果他能够存活到70岁，将会获得100000元的给付，求这笔生存保险的精算现值。

6.2　已知 $\ddot{a}_{76}=7.8$，$vq_{76}=0.06$，$i=0.03$，试计算 $\ddot{a}_{77}$。

6.3　某25岁的人购买了下列各种生存年金，如果他在55.7岁时死亡，试写出下列每种年金支付额的精算现值表达式：

(1)年支付额为1000元的期初终身生存年金；

(2)年支付额为1000元的连续终身生存年金；

(3)年支付额为1000元的20年定期期初终身生存年金；

(4)20年延期每年支付为1000元的期初终身生存年金。

6.4　证明下列关系式成立，并解释其意义。

(1) $\ddot{a}_{x:\overline{n}|}=a_{x:\overline{n}|}+(1-{}_nE_x)$。

(2) $p_{x-1}\ddot{a}_x=(1+i)a_x$

6.5　已知：

k	$\ddot{a}_{\overline{k}\|}$	${}_{k-1\|}q_x$
1	1	0.33
2	1.93	0.24
3	2.80	0.16
4	3.62	0.11

试计算 $\ddot{a}_{x:\overline{3}|}$。

6.6　给定　$\mu_x(t)=\frac{-0.24}{\ln(0.4)}$，$t\geqslant 0$，$\delta=0.03$。计算 $\bar{a}_{\overline{T}|}$ 超过2的概率。

6.7　假设对所有 x，有 $p_x{}'=(1+r)p_x$。试证明，以利率 i 和 $p_x{}'$ 为基础计算的终身年金现值与以 $i'=\frac{i-r}{i+r}$ 和 p_x 为基础的终身年金现值相等。

6.8　某人45岁投保了从60岁起的延期生存年金，年金金额为每月2000元，假设 $i=6\%$，保险费一次性缴清，以中国人寿保险业经验生命表(1990—1993年，男女混合表)计算趸缴净保费。

6.9　某年金保险从被保险人达到60岁起每月支付1000元，直到被保险人死亡为止。如果被保险人在60岁前死亡，则一次性给付10000元，利率为6%，如果某人25岁开始投保，以中国人寿保险业经验生命表(1990—1993年，男女混合表)计算趸缴净保费。

第七章　多减因模型的精算现值

§7.1　引言

本章我们介绍和分析多减因模型的一个保险实务:养老金给付模型。人类生命的进程中不可避免地由幼年走向老年,虽然这一过程要长达上百年的时间,但在人类社会的任何一个观察时刻,人口中既存在年轻人又存在老年人,有精力旺盛的工作者,也有失去工作能力的伤残人、老年人。人只要活着,就需要赖以生存的物质和精神资料。因而,如何对失去工作能力的人口支付其生活费用是保险业的一项重大任务。

一个文明富裕的社会应当是老有所养、病有所医的保障型社会。因此,每个国家和政府都会义不容辞地肩负起发展社会保障事业的重担。其中养老保险设计和规划是其重要的组成部分。它涉及社会中的每一个家庭和个人。凡是因各种原因而退出工作计划的个体,均面临着生存保障的问题,政府都应当将其纳入养老保险计划中。通过社会人口按各项指标(如年龄、性别、民族、疾病等)的统计数据分析,寻求社会总人口的变化趋势及其与经济增长的动态关系,据此制定一定时期内的养老保险的给付总水平。上述任务的起点应当是对个体多减因模型精算现值的计算和应用,这即是研究多减因模型的精算现值的根本原因。

§7.2　基本模型

第四章的多减因模型使得我们能够估算在总减因以及各分减因作用下的个体减少的概率。现在,我们可以将其纳入到多减因作用下的有关给付的精算现值的计算中。在个体 (x) 的多减因模型中,设 $T(x)$ 为其未来未减少时间,分减因有 m 个,为 $J=1,2,\cdots,m$。当个体 (x) 由于原因 k 在时刻(连续的) $x+T(x)$ 减少时,保险公司将给付保险金,其给付额一般应是随时间变化的,同时,给付额也

会因为减因的不同而有所不同，记为 $b_t^{(k)}$，则总减因下的给付额在投保时的现值为

$$\sum_{j=1}^{m} v^{T(x)} I_{\{J=j\}} b_{T(x)}^{(j)}$$

所以，总减因下的给付额的精算现值（为了与其他寿险精算现值相区别，记为 $\bar{A}$）为

$$\begin{aligned}\bar{A} &= E\left(\sum_{j=1}^{m} v^{T(x)} I_{\{J=j\}} b_{T(x)}^{(j)}\right) \\ &= \sum_{j=1}^{m} \int_0^{\infty} b_t^{(j)} v^t \, {}_t p_x^{(\tau)} \mu_x^{(j)}(t) dt\end{aligned}$$

例 7.2.1 某在 x 岁签单的终身死亡保险，保险金在死亡后立即给付。保险金额与死亡的原因有关，意外死亡的死亡保险金为 2 元，其他原因死亡的死亡保险金为 1 元。下式上标中(1)表示因为意外而死亡，(2)表示因其他原因而死亡。则保险人给付额在投保时的精算现值为

$$\bar{A} = 2\int_0^{\infty} v^t \, {}_t p_x^{(\tau)} \mu_x^{(1)}(t) dt + \int_0^{\infty} v^t \, {}_t p_x^{(\tau)} \mu_x^{(2)}(t) dt$$

§ 7.3 养老金模型

7.3.1 养老金的社会意义和形成及种类

养老金计划是当今世界各国普遍采用的一种社会保障模式，在整个社会保障体系中占有绝对主导的地位。一个社会如果没有或缺乏养老金计划，那么这个社会的安全系数将大大降低。一般来说，养老金计划是由国家、多个企业主或单个企业主发起，这些发起人负责养老基金的管理和支付，它提供给参加者因老、病、伤残、死亡等方面的基本生活上的保障。养老金计划作为对参加者的保障计划，养老基金由计划的发起人单独承担或发起人与参加者共同承担，每月按参加者工资的一定比例来缴纳。养老金计划所筹集到的养老基金可用于投资，本金及投资的回报用于参加者未来的给付。养老金计划的两种主要类型：固定给付计划（也称待遇预定养老金计划）、固定缴资计划（缴费预定养老金计划）。

固定给付计划根据职工参加养老金计划的年数和工资收入水平预先规定退休后的养老金水平和养老金随工资或物价调整的方方式，缴费水平需经过精算估计定期调整。固定给付计划给付不足的风险由养老金计划发起人——企业或政府来承担。固定缴资计划预先确定缴费水平，缴费不断积累并获得投资收益，当

参加养老金计划的职工退休时，以缴费及其投资收益在退休时的累积额为基础发放养老金，投资回报率降低的风险由参加者个人承担。固定缴资计划通常采用个人账户方式，使缴费与享受间建立起直接的联系，容易被人理解和接受，也有利于职工的流动，因此，越来越多的养老金计划采用固定缴资计划。养老金计划的保障项目和给付类型：一个企业在制定养老金计划时，通常把参加者的年老、伤残、退职、疾病、死亡等作为保障项目。我们在这里出于建立模型方便只考虑参加者中途退职、工作期间死亡、因伤残而退休和到退休年龄如期退休这四种保障。

在上述四种情况下，养老金给付额度将有所不同。参加者工作到退休年龄如期退休后，养老金计划为其提供生存年金，一般按年或按月给付。若参加者因伤残而无法继续工作，养老金计划将为其提供补偿金和退休金。对于工作期间死亡的参加者，养老金计划将向受益人提供死亡给付。而对于那些工作中途退职的参加者，可以退还其向养老金所缴纳的累积的额度，或者提供其延期生存年金。

我们主要对固定给付计划中的几种退休金给付方式加以探讨，利用精算现值理论对固定给付计划养老金的精算现值进行计算。实际上，养老金计划成本和债务的估计是精算数学的重要内容，但我们由于时间限制，不能在此探讨，感兴趣的同学可进一步阅读。

7.3.2 养老金中的多减因模型

针对养老金计划考虑的保险对象，我们可以大致将其纳入多减因模型。减因一般分为工作期间退职（w），工作期间死亡（d），伤残而退休（i），如期退休（r）四类。对应的减少概率分别表示为

$$q_x^{(w)}, q_x^{(d)}, q_x^{(i)}, q_x^{(r)}$$

本书后附有养老金计划的多减因表，表中给出了每一年龄四种原因下的减少人数。

由于养老金的给付并非一次性的，而是多次的年金方式，因此必须考虑与减少有关的生存年金的精算现值，以便比较准确地筹集养老基金。

用 $\bar{a}_x^r$ 表示根据退休人口生命表所计算的连续终身生存年金的精算现值，$\bar{a}_x^w$ 表示根据退职人口生命表所计算的连续终身生存年金的精算现值，$\bar{a}_x^i$ 表示根据伤残人口生命表所计算的连续终身生存年金的精算现值。

7.3.3 未来工资水平的预测

在 x 岁加入养老金计划的个体，现在活到 $x+h$ 岁，即个体现已加入计划 h 整数年，假设个体(x) 一直参与此养老金计划，到 $x+h+t$ 岁时退休，即在 t 年后退休。

用 $(AS)_{x+h}$ 来表示个体 (x) 在 $x+h$ 岁时的实际年工资额，即表示个体现在的实际工资水平。用 $(ES)_{x+h+t}$ 表示个体未来 $x+h+t$ 岁时的年工资额。假设存在工资比例系数 S_y（y 为个体的年龄，$y \geqslant x+h$）使得未来的年工资额 $(ES)_{x+h+t}$ 满足

$$(ES)_{x+h+t} = (AS)_{x+h} \frac{S_{x+h+t}}{S_{x+h}}$$

其中，S_{x+h+t} 是在年龄 $x+h+t$ 岁的工资比例系数。S_{x+h} 是在年龄 $x+h$ 岁的工资比例系数，此时的年工资额 $(AS)_{x+h}$，即为现在的年工资额。未来的年工资额满足上述等式，即可利用现在的年工资额和当前及未来的工资比例系数预测未来的年工资额。工资比例系数可根据未来经济发展状况来确定。

7.3.4 常见的退休金给付方案

以下所讨论的范围是固定给付计划中的常见情况。

设个体 (x) 在 x 岁参加计划，当前年龄为 $x+h$ 岁，即已参加计划 h 整数年，$R(x,h,t)$ 表示个体 t 年后退休时，可得到的年退休金额，并且假定退休后每年给付的退休金水平相同(固定给付计划)。在实际中，按月领取。为了避免养老基金亏空风险的发生，保险人通常可以保守地应用连续生存年金模型来近似计算养老金给付的精算现值。

按照养老金计划，通常从退休时刻 $x+h+t$ 起给付养老金，$R(x,h,t)$ 可近似看作连续终身生存年金的给付率。所以，当保险人更趋向于考虑退休金连续给付计划时，退休的个体所得到的总的退休金给付额的精算现值为

$$R(x,h,t)\bar{a}^{r}_{x+h+t}$$

以下介绍几个常见的退休金给付方案。

(1)退休金为退休前最后一年年工资乘以某百分比 d，即

$$R(x,h,t) = d\,(ES)_{x+h+t}$$

(2)退休金为退休前最后几年的年平均工资，通常是最后 5 年的年平均工资。令 k 为 t 的整数部分。假设退休发生在当年的年中，则最后 5 年的年平均工资可以表示为 $R(x,h,t) = (AS)_{x+h}\,{}_5Z_{x+h+k}/S_{x+h}$，其中 ${}_5Z_{x+h+t}$ 为退休前最后 5 年的年平均工资比例系数，根据退休发生在年中的假定，可得

$${}_5Z_{x+h+k} = \frac{0.5S_{x+h+k-5} + S_{x+h+k-4} + S_{x+h+k-3} + S_{x+h+k-2} + S_{x+h+k-1} + 0.5S_{x+h+k}}{5}$$

(3)退休金为工作年限乘以某比例 d，

$$R(x,h,t) = d(h+t)$$

如，某男性个体(25)参加计划，现年 52 岁，60 岁退休，比例 $d=1500$，则 $h=52-25=$

27,$t=60-52=8$,于是年退休金额为$R(25,27,8)=1500\times(27+8)=52500$(元)。

(4)退休金为退休前最后5年的平均工资与工作年限及百分比d三者的乘积：

$$R(x,h,t)=d(h+t)(AS)_{x+h}\frac{{}_5Z_{x+h+k}}{S_{x+h}}$$

以下通过一个例子介绍如何计算$R(x,h,t)$。

例7.3.1　一个养老金计划,计划中的个体60岁退休,有三种年退休金给付方案可供选择：

(1)在总的工作年限内,首先每一年累计给付额900元,累计最长期限为25年,对超过25年的工作年限每年累计650元；

(2)工作年限×[退休前三年年平均工资×1%+退休前三年的年平均工资超出50000元部分×0.5%]；

(3)工作年限×[工作期间的平均工资×2%+工作期间平均工资超出35000元部分×1%]给定:①参加者在30岁加入此计划;②加入时年工资为30000元;③在退休前,工作满一年年工资递增5%。求退休者可选择的最高年退休金。

解　30岁加入计划的个体在60岁退休,工作年限为30年。

(1)年退休金为

$$900\times25+(30-25)\times650=25850\ (元)$$

(2)退休前三年的年平均工资为

$$30000\times[(1.05)^{27}+(1.05)^{28}+(1.05)^{29}]/3=117697.72\ (元)$$

因此,年退休金为

$$30\times[117697.72\times0.01+(117697.72-50000)\times0.005]=45463.97\ (元)$$

(3)工作期间的年平均工资为

$$30000\times[1+1.05+(1.05)^2+\cdots+(1.05)^{29}]=66438.84(元)$$

因此,年退休金为

$$30\times[66438.84\times0.02+(66438.84-35000)\times0.01]=49294.96\ (元)$$

综合考虑,可得最高年退休金为第三种方案提供的结果49294.96元。

7.3.5　固定给付计划下养老金给付额的精算现值

假设养老金计划规定的最早退休年龄为α岁。参加者工作到了退休年龄,可以选择退休或继续工作。注意有关系式：

$$x+h+t\geqslant\alpha,\quad t\geqslant\alpha-x-h$$

记年退休金为$R(x,h,t)$,假设每年连续给付。由于从最早退休时间到实际退休时间有一小间隔,所以前述总退休金金额将随t的变化而变化,从而现在时刻

养老金计划所给付的退休金的精算现值为

$$\begin{aligned} APV &= E(R(x,h,t)\bar{a}^r_{x+h+t}) \\ &= \int_{\alpha-x-h}^{\infty} v^t \ {}_tp^{(\tau)}_{x+h}\mu^{(r)}_x(h+t)R(x,h,t)\bar{a}^r_{x+h+t}dt \\ &= \sum_{k=\alpha-x-h}^{\infty} v^k \ {}_kp^{(\tau)}_{x+h}\int_0^1 v^s \ {}_sp^{(\tau)}_{x+h+k}\mu^{(r)}_x(h+k+s)R(x,h,k+s)\bar{a}^r_{x+h+k+s}ds \end{aligned}$$

如果附加多减因模型的退休均匀分布的假设，即对 $k=0,1,2,\cdots$ 有

$$ {}_sq^{(r)}_{x+k+h} = sq^{(r)}_{x+k+h}, \quad s \in (0,1)$$

$$ {}_tp^{(\tau)}_x\mu^{(j)}_x(t) = \frac{d({}_tq^{(j)}_x)}{dt} = \frac{d(tq^{(j)}_x)}{dt} = q^{(j)}_x$$

$$ {}_sp^{(\tau)}_{x+h+k}\mu^{(r)}_x(h+k+s) = q^{(r)}_{x+h+k}, \quad k=0,1,2,\cdots$$

将上式代入 APV 公式中，得到

$$APV = \sum_{k=\alpha-x-h}^{\infty} v^k p^{(\tau)}_{x+h} q^{(r)}_{x+h+k}\int_0^1 v^s R(x,h,k+s)\bar{a}^r_{x+h+k+s}ds$$

利用近似公式

$$\int_0^1 v^s R(x,h,k+s)\bar{a}^r_{x+h+k+s}ds \approx v^{1/2}R\left(x,h,k+\frac{1}{2}\right)\bar{a}^r_{x+h+k+1/2}$$

$$APV \approx \sum_{k=\alpha-x-h}^{\infty} v^{k+1/2} \ {}_kp^{(\tau)}_{x+h}q^{(r)}_{x+h+k}R\left(x,h,k+\frac{1}{2}\right)\bar{a}^r_{x+h+k+1/2}$$

在养老金计划中不仅要考虑如期退休的参加者的退休金给付问题，而且还要考虑其他三种因素情况下的给付问题。以下通过一个例子来说明如何计算各种衰减原因下的养老金计划的给付额的精算现值。

例 7.3.2 表示下列给付额的精算现值。一个体 30 岁加入计划，现在 33 岁，目前年工资 45000 元。设减少发生在年中。

(1)至少 65 岁，或年龄与工作年限的总和超过 90 的个体可以享受退休金。退休金为 10 年确定期年金，每月给付一次，年退休金为 0.02×退休前最后 5 年的年均工资×总工作年限(包括分数年)；

(2)工龄在 5 年以上的个体可以享受退休金。退休金的计算方法与正常退休情况的计算方法相同，但给付必须是从本计划中允许的最早退休年龄开始；

(3)对于因伤残而提前退休的个体，年给付额为 50% 及 $0.02\times(3+t)$ 二者中最大值与伤残前最后 5 年年均工资的乘积，其中 $3+t$ 为参加者的工作年限。给付个体 10 年确定期终身生存年金，给付从个体伤残时开始。

(4)在工作期间死亡，在死亡时一次性给付死亡时年工资的两倍。

解 (1)个体在 $x=30$ 开始加入计划，当前 33 岁，$h=3$，由于 $60+(60-30)=$

90，所以，个体可以在 60 岁退休。假设退休发生在年中，$t \geqslant 27$，可在 $33+k+0.5, k=27,28,\cdots$ 退休，且年退休金为

$$R(30,3,k+0.5)=0.02(3+k+0.5)\times 45000\times\frac{{}_5Z_{30+3+k}}{S_{30+3}}$$

$$=900(3.5+k)\times\frac{{}_5Z_{33+k}}{S_{33}}$$

因此，此个体在退休时退休金给付额的精算现值为

$$R(30,3,k+0.5)\bar{a}^{r}_{\overline{33+k+1/2:\,10|}}=900(3.5+k)\frac{{}_5Z_{33+k}\bar{a}^{r}_{\overline{33+k+1/2:\,10|}}}{S_{33}}$$

所以在现在时刻个体退休金的精算现值为

$$APV\approx 900\sum_{k=27}^{\infty}v^{k+1/2}\ {}_kp^{(\tau)}_{33}q^{(r)}_{33+k}(3.5+k)\frac{{}_5Z_{33+k}\bar{a}^{r}_{\overline{33+k+1/2:\,10|}}}{S_{33}}$$

(2)由于个体在 30 岁加入计划，所以在 35 岁至 60 岁退职时，可以享受退休金假设个体在 $33+k+0.5$ 岁退职，$2\leqslant k\leqslant 26$，退职个体的年退休金为(按(1)的规定进行)

$$0.02(33+k+0.5)\times 45000\times\frac{{}_5Z_{33+k}}{S_{33}}=900(3.5+k)\times\frac{{}_5Z_{33+k}}{S_{33}}$$

在现在时刻，对退职个体给付的退休金的精算现值为

$$APV\approx 900\sum_{k=2}^{26}v^{k+1/2}\ {}_kp^{(\tau)}_{33}q^{(w)}_{33+k}\times(3.5+k)\frac{{}_5Z_{33+k}}{S_{33}}\ {}_{27-k-1/2|}\bar{a}^{w}_{\overline{33+k+1/2:\,10|}}$$

(3)对于因伤残而提前退休的个体，依题意，考虑下面的比例

$\max\{50\%, 0.02(3+k+0.5)\}$，其中 $0\leqslant k\leqslant 26$，即是在 33 岁到 59 岁的范围内才算是提前。个体在未来 $k+0.5$ 年后因伤残而提前退休。经计算可知，

$$\max\{50\%, 0.02(3+k+0.5)\}=0.5,\qquad 0\leqslant k\leqslant 21$$

$$\max\{50\%, 0.02(3+k+0.5)\}=0.02(3.5+k),\qquad 22\leqslant k\leqslant 26$$

所以，年给付额为

$$0.5(AS)_{33}\frac{{}_5Z_{33+k}}{S_{33}}=22500\times\frac{{}_5Z_{33+k}}{S_{33}},\quad 0\leqslant k\leqslant 21$$

$$0.02(3.5+k)\times 4500\times\frac{{}_5Z_{33+k}}{S_{33}},\quad 22\leqslant k\leqslant 26$$

伤残给付额的精算现值为

$$22500\sum_{k=0}^{21}v^{k+1/2}\ {}_kp^{(\tau)}_{33}q^{(i)}_{33+k}\ \frac{{}_5Z_{33+k}}{S_{33}}\bar{a}^{i}_{\overline{33+k+1/2:\,10|}}+$$

$$900\sum_{k=22}^{26}v^{k+1/2}\ {}_kp^{(\tau)}_{33}q^{(i)}_{33+k}\ \frac{{}_5Z_{33+k}}{S_{33}}(3.5+k)\bar{a}^{i}_{\overline{33+k+1/2:\,10|}}$$

(4)对于工作期间死亡的个体，依题意，假设个体可能在 $33+k+0.5$ 岁死亡，k 是正整数，则在个体死亡时刻一次性给付当时工资额的两倍，即

$$2\,(AS)_{33}\times\frac{S_{33+k}}{S_{33}}=90000\times\frac{S_{33+k}}{S_{33}}$$

所以，死亡保险金的精算现值为

$$90000\sum_{k=0}^{\infty}v^{k+1/2}\ {}_{k}p_{33}^{(\tau)}\,q_{33+k}^{(d)}\ \frac{S_{33+k}}{S_{33}}$$

习　题

7.1　一个特殊的养老金计划，在个体死亡当年的年底，或伤残当年的年底，或个体在65岁退休的年底，一次性给付个体当年的年工资。在65岁前退职，在退职当年年底一次性给付年工资的26%乘以工作的整年数，工资每年年初增加6%，第一次工资增加从第二年开始。利率 $i=0.06$，退休年龄为65岁，假设退休前的减少在年中发生。已知下表：

年龄	l_x	$d_x^{(d)}+d_x^{(i)}$	$d_x^{(w)}$
60	100	2	3
61	95	2	3
62	90	3	2
63	85	4	1
64	80	4	1
65	75	—	—

A 在60岁时加入养老金计划，B 在62岁时加入。加入时，个体 A 的年工资为100000元，个体 B 的年工资为125000元。

(1)在参加者65岁之前，每年年初雇主为参加者向养老金缴纳雇员当年工资的1%。计算雇主为个体 B 缴纳资金额度的精算现值；

(2)计算个体 B 在加入时，其未来得到退休金的精算现值；

(3)计算个体 A 在未来得到的死亡与伤残给付额的精算现值国；

(4)计算个体 A 未来退职时得到的给付额的精算现值。

第八章　保险费

§8.1　总保费与净保费

8.1.1　总保费与净保费的意义

保险产品的出售需要制定价格，产品的价格必需能够弥补保单所承诺的赔付或给付、退保金、费用、税金、红利等各项支出，同时保险公司还要获取合理的利润。保险产品的出售价格就是购买保险必须缴付的总保费，简称保费。理论上，保险产品的总保费可以分为性质不同的两部分：一部分是作为保险金给付来源的保费，称为净保费或纯保费，这部分保费应该与保单所承诺的赔付或给付支出相等。按照保险的性质，可以将净保费分为风险保费和储蓄保费两种。风险保费是满足保险公司承担的风险事故赔付而收取的净保费，针对于风险类产品；储蓄保费是满足保险公司对储蓄类产品的给付而收取的净保费，针对于储蓄类产品。另一部分是作为保险公司补偿费用支出并获得一定利润的保费，称为附加保费。附加保费包含了除净保费外，为保证保险公司正常运营并获取利润需要收取的其他保费部分。通常产品的价格大致上是由预定的死亡率、费用率、利息率等结合过去经验及对未来的判断来计算的。如果在实际运行中，寿险赔付的死亡率高于预定死亡率，实际费用率高于预定费用率，实际利率低于预定利率，那么按预定率确定的保费就可能不能满足赔付和费用支出，或者即使能够满足赔付和费用支出，也不能实现预定的利润目标。这种实际发生不利于保险公司变动的情形，称为不利偏差。例如，对于某种寿险产品，保险公司预先确定的 30 岁死亡率为 2‰，而实际经验是 3‰，实际经验高于预定率的 1‰就是不利偏差。为了应付这种不利偏差对保险公司带来的不利影响，在附加保费中需要增加意外准备部分，因而附加保费可以分为附加费用和意外准备两部分。附加费用是补偿保险公司在开发、维护和管理保险产品中的花费而收取的费用。意外准备是为死亡率、费用率、利率等的不利偏差变动而收取的附加保费部分。在附加费用中，支付给代理人的佣金常常单独列出来，扣除佣金的附加费用部分称为管理费。这样，总保费的构成可以用图 8—1 表示。

- 总保费
  - 净保费
    - 风险保费
    - 储蓄保费
  - 附加保费
    - 意外准备
    - 附加费用
      - 管理费用
      - 佣金

图 8—1　总保费结构图

8.1.2　费用分析

8.1.2.1　费用类别和细分

费用分析是确定附加保费的依据。保险公司从出售保单到完成赔付或给付，一般要经历核保、出单、保单维持、理赔等环节，每一环节都需要消耗费用，这些费用由保险人承担，但来源于保险公司从投保人那里收取的保费和保险公司累计资产的投资收益。

保险公司的职能部门包括核保部、客户服务部、理赔部、市场部，以及与顾客很少直接接触的部门包括精算部、会计部、法律部、信息部和投资部等。从个人消费者来看，购买一份保险的基本流程包括代理人和准客户的接触与推销、填写投保单、核保、出单、提供后续服务、交续期保费、发生保险事故后的索赔和理赔、保单终止或失效等。这个基本流程为我们提供了一个理解保险公司费用分析的基本框架。

费用分析由保险公司的会计部门完成，会计部在记录和确认各项费用数据的基础上，对经营活动各主要费用项目进行分类。值得注意的是，不同国家以及同一国家的不同公司，或者在不同时期上，费用的分类标准和分类方法存在差异。表 8—1 给出了费用类别和细分的一个例子。

8.1.2.2　附加保费的分类

费用分析对保单经营运作中实际发生的费用进行归类整理，形成不同类别和不同时间分布的费用，这些费用需要从保费中补偿，表现为附加保费。附加保费应该尽量匹配未来费用分布，但附加保费的分类并不与费用分类完全相同。采用不同的定价方法，决定了附加保费以怎样的方式附加，最简单的情形是附加保费不分类，直接按总保费的一定比例附加，表现为总保费的某规定百分比。

表 8—1　费用类别和细分

费用类别	细　分
投　资	投资分析
	买入、卖出及服务成本
保险	销售费用(包括代理人佣金和广告费)
	核保,包括体检费用
	制备新保单及相关记录
维持费用	保费收缴
	保单变更及给付选择权
	和保户保持联络
营业费用	市场研究
	精算与一般法律服务
	一般会计
	税金、许可证等费用
理赔费用	理赔调查及辩护费
	理赔或给付、支付费用

对附加保费最简单的分类是按发生的时间分为初年费用和续年费用。初年费用是在新契约成立第一年发生的费用,续年费用是第二年后发生的费用。由于初年要开展大量的广告宣传、保单印制、核保以及支付代理人佣金等,使初年费用大大高于续年费用。

在传统定价方法中,对附加保费最典型的分类是分为新契约费用、管理费用和收费费用三项。新契约费用包含与发行保单有关的一切费用,如广告费、核保费、代理人首年佣金等一切与成立新契约有关的首年费用。收费费用发生在缴费期,包括收费员工资、代收保费的服务费等费用。管理费用包括其他一切费用,发生在保单有效的整个合同期。

8.1.2.3　附加保费的计量基础

附加保费需要以一定的计量基础附加在净保费巡航形成总保费。附加保费一般有以下三种计量基础:

1. 以保费的百分比附加。通常与保费规模成比例的费用项目以保费的百分比衡量。比如,付给代理人的佣金一般按保费收入的百分比提取,保险公司的税金一般也按照保费收入的百分比规定。

2. 以每份保单固定附加。有些费用与每份保单直接相关,比如签发保单的费用与保单的保额和保费都没有明显的关系，而是按每份保单来计算。

3. 以保险金额的一定比例附加。有些费用与保额直接相关，比如核保费用通常随保额增加而增加，表现为保额的一定比例。保单的日常维护工作与保费的关系不大，但是和保额的关系比较密切，同时还要按照每份保单来计算，所以这部分费用可以分成按保额和按每份保单两部分来计算。

有些费用项目的计量基础并不明显，比如公司的精算部、电脑部和会计部的费用中，有许多很难按照保费的百分比来计算。在这种情况下，费用的分析要依赖统计数据和分析者的经验来完成。在各项费用中，引起最多关注的是所谓新契约或取得成本(acquisition cost)，即保险人为了签发一份新保单所付出的成本，包括首年代理人佣金、签发保单的费用和核保费用等。

§8.2 均衡净保费

寿险合同通常是长期合同，保险缴费一般采取分期缴付的方式。早期保险曾采用过自然保费的方式，它是每期根据被保险人的出险概率和保险金额计算的保费。在寿险中，以自然保费方式计算的保费会随着被保险人年龄的增大而提高，使人们在年老时，由于的昂贵的保费而退出保险，失去保险的保障。为克服自然保费的这种不足，人们又提出了均衡保费的方式，即把自然保费在长期内均衡化、平均化，在保费缴付期内，每隔一定时期缴付相等数额的保险费。

由于净保费是满足未来保险给付的保费，趸缴净保费应等于均衡净保费的精算现值。根据这一平衡准则，可以建立方程，求出均衡净保费。注意均衡保费的缴付是以被保险人存活为条件的，它实际是一个生存年金。因此，设保险金的精算现值为 A，每次所缴纳均衡净保费为 P，每次 1 单位的生存年金精算现值为 $\ddot{a}$，则有 $A=P\ddot{a}$。由此可得，$P=A/\ddot{a}$。即

净保费＝保险人给付额的精算现值/缴费期对应的生存年金精算现值

对不同的保险和不同的保费交付方式，保险金精算现值和缴费精算现值的具体形式不同。

8.2.1 定期寿险年缴净保费

第五章介绍了寿险精算现值也就是寿险趸缴净保费的精算表达和计算方法，由公式(5.2.1)，对于 (x) 的 1 单位死亡年年末赔付 n 年定期寿险，其趸缴净保费为 $A^{1}_{x:\overline{n}|}$，如果保费在 t 年内每年缴付一次，每年的均衡净保费为 ${}_{t}P^{1}_{x:\overline{n}|}$，这时的趸缴净保费等于 ${}_{t}P^{1}_{x:\overline{n}|}\ddot{a}_{x:\overline{t}|}$，从而有

$$ {}_{t}P^{1}_{x:\overline{n|}}=\frac{A^{1}_{x:\overline{n|}}}{\ddot{a}_{x:\overline{t|}}} \tag{8.2.1}$$

如果定期寿险的缴费期与保险期相等，这时可用 $P^{1}_{x:\overline{n|}}$ 表示年净保费，即

$$ P^{1}_{x:\overline{n|}}=\frac{A^{1}_{x:\overline{n|}}}{\ddot{a}_{x:\overline{n|}}} \tag{8.2.2}$$

例 8.2.1　如果某人在 40 岁时投保了 3 年期 10000 元定期寿险，保险金在死亡年年末赔付，保险费在两年内每年缴付一次，以中国人寿保险业经验生命表(1990－1993 年，男女混合表)和利率 5%，计算年缴净保费。

解　由公式(8.2.1)，年缴净保费为：

$$ {}_{2}P^{1}_{40:\overline{3|}}=\frac{A^{1}_{40:\overline{3|}}}{\ddot{a}_{40:\overline{2|}}}$$

在例 5.2.1 中，已计算得趸缴净保费 $A^{1}_{40:\overline{3|}}$ 为 49.28 元。又因为

$$\ddot{a}_{40:\overline{2|}}=1+vp_{40}=1+\frac{(1-0.00165)}{1.05}=1.9508095$$

故年缴净保费为 25.26 元。

例 8.2.2　某煤矿工人劳动保障保险提供的保障如下：若煤矿工人在 10 年内由于在工作时出现事故丧失劳动能力，将在事故年末得到 100000 元赔偿。如果企业为工人购买这一保险：

(1)计算 10 年每年需要缴多少净保费？

(2)如果保费缴付期缩短到 5 年，每年净保费为多少？(假设每年的事故概率为 $q_{x+k}=\frac{1}{100-k}$，k 为保单年度，利率为 3%)

解　(1)由每年的事故概率 $q_{x+k}=\frac{1}{100-k}$，可得到第 k 年年末没有出事故的概率为：

$$ {}_{k}p_{x}=\frac{100-k}{100}$$

生存年金现值系数为：

$$\ddot{a}_{x:\overline{10|}}=\sum_{k=0}^{9}v^{k}\,{}_{k}p_{x}=\sum_{k=0}^{9}\frac{1}{1.03^{k}}\frac{100-k}{100}\approx 8.41$$

赔付现值为：

$$A^{1}_{x:\overline{10|}}=\sum_{k=1}^{10}v^{k}\,{}_{k}p_{x}q_{x+k}=\sum_{k=1}^{10}\frac{1}{1.03^{k}}\frac{100-k}{100}\frac{1}{100-k}\approx 0.085$$

故，每年需缴净保费为：

$$100000P^{1}_{x:\overline{10}|}=100000\frac{A^{1}_{x:\overline{10}|}}{\ddot{a}_{x:\overline{10}|}}\approx 1014$$

(2)如果保费在 5 年内缴清,这时的年金系数为:

$$\ddot{a}_{x:\overline{5}|}=\sum_{k=0}^{4}v^{k}\ {}_{k}p_{x}=\sum_{k=0}^{4}\frac{1}{1.03^{k}}\frac{100-k}{100}\approx 4.63$$

因此,每人每年需缴费:

$$100000\,{}_{5}P^{1}_{x:\overline{10}|}=100000\frac{A^{1}_{x:\overline{10}|}}{\ddot{a}_{x:\overline{5}|}}\approx 1844\ (元)$$

可见,保费缴纳期缩短,每年的保费相应增加,但缴费期缩短一倍,净保费并没有相应的增加一倍。

如果保险金在被保险人死亡时赔付,而 t 年限期缴费的年缴净保费以 ${}_{t}P(\bar{A}^{1}_{x:\overline{n}|})$ 表示,则在死亡均匀分布假设下,有

$${}_{t}P(\bar{A}^{1}_{x:\overline{n}|})=\frac{\bar{A}^{1}_{x:\overline{n}|}}{\ddot{a}_{x:\overline{t}|}} \tag{8.2.3a}$$

$$\approx\frac{i}{\delta}\,{}_{t}P^{1}_{x:\overline{n}|} \tag{8.2.3b}$$

当 $t=n$ 时,以 $P(\bar{A}^{1}_{x:\overline{n}|})$ 表示年净保费,则在死亡均匀分布假设下,有

$$P(\bar{A}^{1}_{x:\overline{n}|})=\frac{\bar{A}^{1}_{x:\overline{n}|}}{\ddot{a}_{x:\overline{n}|}} \tag{8.2.4a}$$

$$\approx\frac{i}{\delta}P^{1}_{x:\overline{n}|} \tag{8.2.4b}$$

例 8.2.3 在例 8.2.2 中,如果赔付在发生事故时进行,缴费期限为 10 年,计算年缴净保费。

解 按公式(8.2.4b),有

$$100000\frac{i}{\ln(1+i)}P^{1}_{x:\overline{10}|}=100000\frac{0.03}{\ln 1.03}\frac{A^{1}_{x:\overline{10}|}}{\ddot{a}_{x:\overline{10}|}}\approx 1029\ (元)$$

对比例 8.2.2 中的结果可见,缴费期同为 10 年,在事故年年末赔付比在事故发生时赔付每年的缴费更少。其原因在于,与年末赔付相比,事故发生后立即赔付,保险公司将无法在赔付到年末这段时间运用赔付资金进行投资,从而需要收取更多的保费。或者说,按照收支平衡原理,年末赔付比事故发生赔付时赔付更晚,在相同的利率下,折现到投保时的现值更低,从而收取的保费也更少。

8.2.2 终身寿险年缴净保费

对 (x) 的死亡年末赔付 1 单位元的终身寿险，如果规定保费每年一次终身缴付，这时保险费的现值是终身生存年金精算现值，以 P_x 表示这一保险的年缴均衡净保费，有

$$P_x \ddot{a}_x = A_x$$

$$P_x = \frac{A_x}{\ddot{a}_x} \tag{8.2.5}$$

如果保险金在被保险人死亡时赔付，年缴净保费以 $P(\bar{A}_x)$ 表示，则在死亡均匀分布假设下，有

$$P(\bar{A}_x) = \frac{\bar{A}_x}{\ddot{a}_x} \tag{8.2.6a}$$

$$\approx \frac{i}{\delta} P_x \tag{8.2.6b}$$

若保费在 n 年内缴清，此时保险费现值是一个定期生存年金现值，以 ${}_nP_x$ 表示对 (x) 的 n 年缴清保费、1 元死亡年末赔付终身寿险的年缴净保费，有

$${}_nP_x = \frac{A_x}{\ddot{a}_{x:\overline{n|}}} \tag{8.2.7}$$

如果上述保单的赔付在死亡时，且年净保费以 ${}_nP(\bar{A}_x)$ 表示，则在死亡均匀分布假设下，有

$${}_nP(\bar{A}_x) = \frac{\bar{A}_x}{\ddot{a}_{x:\overline{n|}}} \tag{8.2.8a}$$

$$\approx \frac{i}{\delta}\, {}_nP_x \tag{8.2.8b}$$

例 8.2.4 证明并解释下面的等式：

$$\frac{1}{\ddot{a}_x} = P_x + d$$

$$P_x = \frac{dA_x}{1 - A_x}$$

解 (1)由 $A_x = 1 - d\ddot{a}_x$，两边同时除以 $\ddot{a}_x$，得

$$\frac{A_x}{\ddot{a}_x} = \frac{1}{\ddot{a}_x} - \frac{d\ddot{a}_x}{\ddot{a}_x}$$

即

$$P_x = \frac{1}{\ddot{a}_x} - d$$

得：

$$\frac{1}{\ddot{a}_x} = P_x + d$$

解释　因为 x 岁的 1 元等于从 x 岁开始每年年初的 $1/\ddot{a}_x$ 的终身生存年金，也等于 (x) 存活每年年初 1 元预付利息 d 和 (x) 死亡年年年末的 1 元给付现值之和。(x) 死亡年年末的 1 元给付又等于每年年初 P_x 的生存年金，这样，在每年年初的 $1/\ddot{a}_x$ 等于每年年初的 $P_x + d$。

(2)由

$$A_x = 1 - d\ddot{a}_x$$

得：

$$\ddot{a}_x = \frac{1 - A_x}{d}$$

取倒数，两边同乘以 A_x，得

$$\frac{A_x}{\ddot{a}_x} = \frac{dA_x}{1 - A_x}$$

$$P_x = \frac{dA_x}{1 - A_x}$$

解释　假设一个 x 岁的人借了趸缴净保费 A_x 购买 1 元终身寿险，若在他有生之年每年初还 dA_x，在死亡年年末从 1 元保险金中归还 A_x，此时正好还清 A_x。这相当于 (x) 每年缴 dA_x 的保险费，获得在死亡年年末的 $1 - A_x$ 保险金。因此，1 元保险金的每年保费为 $\frac{dA_x}{1 - A_x}$，即 $P_x = \frac{dA_x}{1 - A_x}$。

例 8.2.5　假设一个 60 岁的人购买一份 1000 元的终身人寿保险，每年年初缴付保费，终身缴付。已知利率 $i = 0.06$，1 单位终身寿险精算现值 $A_{60} = 0.75$。分别计算在死亡年年末赔付和死亡时赔付的年缴均衡净保费。

解　如果赔付在死亡年年末，由公式(6.5.5)，有

$$\ddot{a}_{60} = \frac{1 - A_{60}}{d}$$

$$d = \frac{i}{1 + i} = \frac{0.06}{1 + 0.06}$$

故

$$P_{60} = \frac{A_{60}}{\ddot{a}_{60}} = \frac{A_{60}}{(1 - A_{60})/d} = \frac{6}{106}\,\frac{0.75}{1 - 0.75} \approx 0.170$$

所以 1000 元保额的保费为：

$$1000P_{60}=170\text{（元）}$$

如果在死亡时赔付，这时的年缴均衡保费为：

$$P(\bar{A}_{60})\approx\frac{i}{\delta}P_{60}=\frac{i}{\ln(1+i)}P_{60}\approx0.175$$

所以

$$1000P(\bar{A}_{60})=175\text{（元）}$$

实践中，终身寿险往往采取在 n 年内缴费的方式。缴费期越多，保险公司收回成本的时间越短，相应的风险就越低。

8.2.3　两全保险年缴净保费

采取与定期寿险和终身寿险相同的计算方法，很容易给出两全保险的年缴净保费计算公式。对 (x) 的 1 单位元 n 年定期两全保险，如果死亡赔付在死亡年年末，保费在 t 年内每年一次、均衡缴付，$t<n$，那么年缴净保费可以 ${}_tP_{x:\overline{n|}}$ 为：

$$ {}_tP_{x:\overline{n|}}=\frac{A_{x:\overline{n|}}}{\ddot{a}_{x:\overline{t|}}} \tag{8.2.9}$$

当 $t=n$ 时，年缴净保费 $P_{x:\overline{n|}}$ 可以表示为：

$$P_{x:\overline{n|}}=\frac{A_{x:\overline{n|}}}{\ddot{a}_{x:\overline{n|}}} \tag{8.2.10}$$

如果上面两全保险的死亡赔付在死亡时进行，那么 t 年缴清的年缴净保费 ${}_tP(\bar{A}_{x:\overline{n|}})$ 为：

$$ {}_tP(\bar{A}_{x:\overline{n|}})=\frac{\bar{A}_{x:\overline{n|}}}{\ddot{a}_{x:\overline{t|}}} \tag{8.2.11}$$

当 $t=n$ 时，年缴净保费 $P(\bar{A}_{x:\overline{n|}})$ 为：

$$P(\bar{A}_{x:\overline{n|}})=\frac{\bar{A}_{x:\overline{n|}}}{\ddot{a}_{x:\overline{n|}}} \tag{8.2.12}$$

对 (x) 的 n 年 1 元纯生存保险，t 年缴清的年缴净保费 ${}_tP_{x:\overline{n|}}^{\;\;1}$ 为：

$$ {}_tP_{x:\overline{n|}}^{\;\;1}=\frac{A_{x:\overline{n|}}^{\;\;1}}{\ddot{a}_{x:\overline{t|}}} \tag{8.2.13}$$

例 8.2.6　考虑到煤矿工人的养老问题，在例 8.2.2 所述的对事故采取赔偿的基础上，对 10 年都没有出险的员工进行 100000 元的福利奖励。求企业需要为每个员工每年支付多少保险费？

解　新设保障条款实际上是在原来的伤残赔付保险基础之上增加了一个生

存保险，这就构成一个两全保险，两全保险的趸缴净保费为：

$$100000A_{x:\overline{10}|}=100000A^{1}_{x:\overline{10}|}+100000A_{x:\overset{1}{\overline{10}|}}$$
$$=100000A^{1}_{x:\overline{10}|}+100000\,{}_{10}E_x$$

$${}_{10}E_x=v^{10}\ {}_{10}p_x=\frac{1}{1.03^{10}}\frac{100-10}{100}\approx 0.670$$

故，每人每年需缴纳保费：

$$100000\times\frac{A^{1}_{x:\overline{10}|}+{}_{10}E_x}{\ddot{a}_{x:\overline{10}|}}=100000P^{1}_{x:\overline{10}|}+100000P_{x:\overset{1}{\overline{10}|}}$$

由例 8.2.2 已知：

$$100000P^{1}_{x:\overline{10}|}\approx 1014\text{（元）}$$

又因为年金现值系数为：

$$\ddot{a}_{x:\overline{10}|}=\sum_{k=0}^{9}{}_{k}E_x\approx 8.41$$

故，生存保险净保费：

$$100000P_{x:\overset{1}{\overline{10}|}}=100000\frac{{}_{10}E_x}{\ddot{a}_{x:\overline{10}|}}\approx 7961\text{（元）}$$

将两者相加可得到两全保险的净保费 8975 元。

8.2.4 延期年金年缴净保费

对 (x) 的 n 年延期生存年金，若年金每年支付一次，每次 1 单位元，保费在 t 年内缴清 $(t\leqslant n)$。年缴均衡净保费以 ${}_{t}P({}_{n|}\ddot{a}_x)$ 表示，按照保险金支付与净保费收入的平衡关系，有

$${}_{t}P({}_{n|}\ddot{a}_x)=\frac{{}_{n|}\ddot{a}_x}{\ddot{a}_{x:\overline{t}|}}\tag{8.2.14}$$

例 8.2.7 对于(30)的从 60 岁起每年年初 6000 元生存年金，预定利率为 6%，如果保险费在 30 年内均衡缴费，每年缴费一次，以中国人寿保险业经验生命表(1990—1993 年，男女混合表)，求年缴均衡保费。

解：设年缴均衡净保费为 P，则

$$P=\frac{6000\ddot{a}_{60}\,{}_{30}E_{30}}{\ddot{a}_{30:\overline{30}|}}$$

$$\ddot{a}_{30:\overline{30}|}=14.338$$

在例 6.3.5 中，已知：

$$6000\ddot{a}_{60}\,{}_{30}E_{30}=10787$$

有

$$P = 10787.38/14.338 = 752.36 \text{（元）}$$

故，年缴均衡净保费为 752.36 元。

有时，为了照顾到被保险人的不同经济状况，每年缴付的保险费可以不同，比如投保的前几年保险费可以小于或大于其他年的保险费。有时，保险金的给付也随保险事故发生的时期不同而变动，对于这些较为复杂的情况，在收支平衡的原则下都可以通过调整保险费或保险金的公式得以解决。

8.2.5 一年多次缴费的净保费

如果保费每半年、一季、一月等缴付一次，这时未来净保费现值一个一年多次收付的生存年金现值。如果以 $P^{(m)}$ 表示每年分 m 次等额缴费的年缴净保费，$\ddot{a}^{(m)}$ 表示每年 1 元缴付 m 次的年金现值，A 表示保险金现值，按照收支平衡原则，有

$$P^{(m)}\ddot{a}^{(m)} = A$$

$$P^{(m)} = \frac{A}{\ddot{a}^{(m)}} \tag{8.2.15}$$

例 8.2.8 一份在生存期间每年交 1000 元净保费的 100000 元终身寿险，死亡赔付在死亡年年末，现在将缴费方式从每年一次改为每月一次，计算每月的净保费。（假设 $d = 0.06$）

解 由已知条件，年缴净保费为：

$$100000P_x = 100000 \times \frac{A_x}{\ddot{a}_x} = 1000 \tag{a}$$

由公式(8.2.15)，每月缴费的年缴净保费为：

$$P^{(12)} = \frac{A_x}{\ddot{a}^{(12)}} \tag{b}$$

由(6.6.4)式：

$$\ddot{a}_x^{(m)} \approx \ddot{a}_x - \frac{m-1}{2m}$$

有

$$\ddot{a}_x^{(12)} = \ddot{a}_x - \frac{12-1}{2 \times 12} = \ddot{a}_x - \frac{11}{24}$$

(a)/(b)可得：

$$\frac{P_x}{P_x^{(12)}} = \frac{\ddot{a}_x^{(12)}}{\ddot{a}_x} = 1 - \frac{11}{24\ddot{a}_x}$$

又由例 8.2.4，有

$$\frac{1}{\ddot{a}_x}=P_x+d=\frac{1}{100}+0.06=0.07$$

故

$$100000P_x^{(12)}=\frac{100000P_x}{1-\frac{11}{24}\times\ddot{a}_x}\approx\frac{1000}{0.97}\approx 1033(\text{元})$$

所以每月净保费为：

$$100000P_x^{(m)}/12\approx 86(\text{元})$$

从本例中可见，每月一次缴费的年缴净保费大于每年一次缴费的年缴净保费，即每月缴费之和多于每年年初一次性的缴费。

一年 m 次缴费各类寿险年缴净保费的计算公式如表 8－2 所示。m 通常取 2、4 或者 12，分别表现为半年、每季或者每月一次缴费。

表 8－2　一年 m 次缴费各类寿险年缴净保费

保险种类	寿险死亡年年末赔付	寿险死亡时赔付
终身寿险	$P_x^{(m)}=\frac{A_x}{\ddot{a}_x^{(m)}}$	$P^{(m)}(\bar{A}_x)=\frac{\bar{A}_x}{\ddot{a}_x^{(m)}}$
t 年缴费的终身寿险	${}_tP_x^{(m)}=\frac{A_x}{\ddot{a}_{x:\overline{t}\rceil}^{(m)}}$	${}_tP^{(m)}(\bar{A}_x)=\frac{\bar{A}_x}{\ddot{a}_{x:\overline{t}\rceil}^{(m)}}$
n 年缴费的 n 年定期寿险	$P_{1x:\overline{n}\rceil}^{(m)}=\frac{A_{x:\overline{n}\rceil}^{1}}{\ddot{a}_{x:\overline{n}\rceil}^{(m)}}$	$P^{(m)}(\bar{A}_{x:\overline{n}\rceil}^{1})=\frac{\bar{A}_{x:\overline{n}\rceil}^{1}}{\ddot{a}_{x:\overline{n}\rceil}^{(m)}}$
t 年缴费的 n 年定期寿险	${}_tP_{1x:\overline{n}\rceil}^{(m)}=\frac{A_{x:\overline{n}\rceil}^{1}}{\ddot{a}_{x:\overline{t}\rceil}^{(m)}}$	${}_tP^{(m)}(\bar{A}_{x:\overline{n}\rceil}^{1})=\frac{\bar{A}_{x:\overline{n}\rceil}^{1}}{\ddot{a}_{x:\overline{t}\rceil}^{(m)}}$
n 年缴费的 n 年两全保险	$P_{x:\overline{n}\rceil}^{(m)}=\frac{A_{x:\overline{n}\rceil}}{\ddot{a}_{x:\overline{n}\rceil}^{(m)}}$	$P^{(m)}(\bar{A}_{x:\overline{n}\rceil})=\frac{\bar{A}_{x:\overline{n}\rceil}}{\ddot{a}_{x:\overline{n}\rceil}^{(m)}}$
t 年缴费的 n 年两全保险	${}_tP_{x:\overline{n}\rceil}^{(m)}=\frac{A_{x:\overline{n}\rceil}}{\ddot{a}_{x:\overline{t}\rceil}^{(m)}}$	${}_tP^{(m)}(\bar{A}_{x:\overline{n}\rceil})=\frac{\bar{A}_{x:\overline{n}\rceil}}{\ddot{a}_{x:\overline{t}\rceil}^{(m)}}$

对于

$$P_x^{(m)}=\frac{A_x}{\ddot{a}_x^{(m)}}$$

将 $\ddot{a}_x^{(m)}\approx\ddot{a}_x-\frac{m-1}{2m}$ 和 $\frac{1}{\ddot{a}_x}=P_x+d$ 代入，可得：

$$P_x^{(m)} \approx \frac{A_x}{\ddot{a}_x - \frac{m-1}{2m}} = \frac{P_x}{1 - \frac{m-1}{2m} \times (P_x + d)}$$

等式右边分母小于1,故 $P_x^{(m)} > P_x$,这也证明了一年 m 次交费方式的年缴净保费 $P_x^{(m)}$ 比每年一次缴费的年净保费 P_x 大。这可以从两种情况下保险人收取保费的多少和快慢不同得到解释。对保险公司来说,把一年分成 m 个相等的区间,在每个区间初缴付保费比在一年年初缴保费平均来说推迟一段时间。这使保险人应得的利息收入减少,从而被保险人应该缴纳更多的保费补偿这种损失。另外,一年 m 次缴费方式在被保险人死亡后的一年其余区间不再缴费,而年缴保费方式却在死亡年年初缴付了全部一年的保费。为了得到相同的保险金,一年 m 次缴费方式必须缴更多的保险费。

例 8.2.9 某 30 岁的人投保养老金保险,保险契约规定:如果被保险人存活到 60 岁,则确定给付 10 年年金;若被保险人在 60~69 岁死亡,由其指定的受益人继续领取,直到领满 10 年为止;如果被保险人在 70 岁仍然存活,则从 70 岁起以生存为条件得到年金。如果年金每年年初支付一次,一次支付 6000 元,预定利率为 6%,保险费在 30 年内缴费,每月一次,以中人寿保险业经验生命表(1990-1993 年,男女混合表)资料,计算每月净保费。

解 设每月均衡净保费 $P^{(12)}$,有

$$12P^{(12)} = 6000 \times (\ddot{a}_{10:\overline{10|}}\ddot{a}_{60})\,{}_{30}E_{30} / \ddot{a}^{(12)}_{30:\overline{30|}}$$

在例 6.3.7 中已算出:

$$6000 \times (\ddot{a}_{10:\overline{10|}}\ddot{a}_{60})\,{}_{30}E_{30} = 10790.86$$

而

$$\ddot{a}^{(12)}_{30:\overline{30|}} \approx \ddot{a}_{30:\overline{30|}} - \frac{11}{24}(1 - {}_{30}E_{30})$$

由例 8.2.7 知:

$$\ddot{a}_{30:\overline{30|}} = 14.338$$

有

$$\ddot{a}^{(12)}_{30:\overline{30|}} = 14.338 - \frac{11}{24}\left(1 - \frac{26606.02}{170037.78}\right) = 13.95168$$

故

$$12P^{(12)} = 10790.86/13.95168 = 773.4451\,(\text{元})$$

$$P^{(12)} = 64.45\,(\text{元})。$$

8.2.6 退还保费保单的净保费

在保险实践中，有些保单规定在被保险人死亡时退还过去已缴净保费的累积，这种退还通常有两种不同的规定：一种是不计利息退还过去已缴净保费的累积；一种是以规定的利息累积退还过去已缴净保费部分。在这两种情况下，保险赔付额都是随被保险人死亡时间变动的变量，下面，我们举例说明不同情况下退还保费保单的净保费计算。

例 8.2.10 对 (x) 的 n 年定期寿险，如果被保险人在保险期内死亡，除了赔付 10000 元外，还退还过去已缴净保费的累积，假设保险赔付在死亡年年末，保险费每年缴付一次，n 年付清。计算下面两种情况下的年缴均衡净保费。

(1)退还的保费部分不计利息。

(2)退还的保费部分以不同于保单预定利率 i 的利率 j 复利累计。

(3)退还的保费部分以保单定价预定利率复利累计。

解 (1)设每年的净保费为 P，如果退还的保费不计息，那么在被保险人死亡年年末退还的保费部分是过去已缴纳净保费的累加，其给付以被保险人在死亡为条件。因此，这就构成一个定期递增的寿险，其收支平衡公式为：

$$P\ddot{a}_{x:\overline{n|}}=10000A^{1}_{x:\overline{n|}}+P\,(IA)^{1}_{x:\overline{n|}}$$

$$P=\frac{10000A^{1}_{x:\overline{n|}}}{\ddot{a}_{x:\overline{n|}}-(IA)^{1}_{x:\overline{n|}}}$$

(2)如果退还的保费部分以利率 j 计息，退还保费部分的给付额是一个随被保险人死亡时间变动的年金终值，即

$$b_{k+1}=P\,\ddot{s}_{\overline{k+1|}j}$$

则其现值变量为：

$$W=\begin{cases}v^{k+1}P\,\ddot{s}_{\overline{k+1|}j}, & 0\leqslant k<n\\ 0, & k>n\end{cases}$$

精算现值为：

$$\begin{aligned}E(W)&=E(v^{k+1}P\,\ddot{s}_{\overline{k+1|}j})\\&=P\sum_{k=0}^{n-1}v^{k+1}\ddot{s}_{\overline{k+1|}j}\ {}_{k|}q_x\end{aligned}$$

收支平衡式为：

$$P\ddot{a}_{x:\overline{n|}}=10000A^{1}_{x:\overline{n|}}+P\sum_{k=0}^{n-1}v^{k+1}\ddot{s}_{\overline{k+1|}j}\ {}_{k|}q_x$$

故

$$P=\frac{10000A_{x:\overline{n}|}^{1}}{\ddot{a}_{x:\overline{n}|}-\sum_{k=0}^{n-1}v^{k+1}\ddot{s}_{\overline{k+1}|j}\ {}_{k|}q_x}$$

(3)如果退还保费的累积利率等于预定利率，此时(2)中的 $E(W)$ 成为：

$$\begin{aligned}E(W)&=PE(v^{k+1}\ddot{s}_{k+1})=PE(\ddot{a}_{k+1})\\&=P\sum_{k=0}^{n-1}\ddot{a}_{k+1}\ {}_{k|}q_x=P\sum_{k=0}^{n-1}\frac{1-v^{k+1}}{d}\ {}_{k|}q_x\\&=\frac{P}{d}({}_nq_x-A_{x:\overline{n}|}^{1})=\frac{P}{d}(1-{}_np_x-A_{x:\overline{n}|}+v^n\ {}_np_x)\\&=P(\ddot{a}_{x:\overline{n}|}-{}_np_x\ddot{a}_{\overline{n}|})=P(\ddot{a}_{x:\overline{n}|}-{}_nE_x\ \ddot{s}_{\overline{n}|})\end{aligned}$$

因此，收支平衡式为：

$$P\ddot{a}_{x:\overline{n}|}=10000A_{x:\overline{n}|}^{1}+P(\ddot{a}_{x:\overline{n}|}-{}_nE_x\ \ddot{s}_{\overline{n}|})$$

$$P=\frac{10000A_{x:\overline{n}|}^{1}}{{}_nE_x\ \ddot{s}_{\overline{n}|}}$$

这个例子给出了对 (x) 的 n 年定期寿险（当赔付额 $b_{k+1}=P\ \ddot{s}_{\overline{k+1}|}$ 时）精算现值的计算公式，即

$$E(v^{k+1}\ddot{s}_{k+1})=\ddot{a}_{x:\overline{n}|}-{}_nE_x\ \ddot{s}_{\overline{n}|}$$

例 8.2.11 对 (x) 的从 $x+n$ 岁起每年 1 单位元生存年金，保险费在 n 年内每年缴纳一次。如果被保险人在 n 年内死亡，则退还过去已缴净保费的累积，计算年缴净保费。

解 根据上例的结果，这里的收支平衡式为：

$$P\ddot{a}_{x:\overline{n}|}=P(\ddot{a}_{x:\overline{n}|}-{}_nE_x\ \ddot{s}_{\overline{n}|})+{}_{n|}\ddot{a}_x$$

$$P=\frac{\ddot{a}_{x+n}}{\ddot{s}_{\overline{n}|}}$$

§ 8.3 总保费

在保险精算实务中，传统的总保费计算方法是将总保费分解为净保费和附加保费两部分。在净保费上加上补偿费用和预防不利偏差的附加保费，从而形成总保费，这种方法称为净保费加成法。随着精算技术和计算机技术的发展，考虑更多未来变动因素的现金流量定价法开始使用。在这种方法下，保费不需要分解为净保费和附加保费，而是按照满足未来给付、费用、退保、税金、红利等所有可能支出并获得合理利润的原则下，根据对未来现金流量的预测确定。

8.3.1 净保费加成法

净保费加成法是传统的保险定价方法，通过建立未来赔付和费用支出现值与未来总保费现值相等的平衡公式来计算保费。该方法类似于净保费的计算方法，只不过收支平衡关系的一边为总保费精算现值，另一边为保单所承诺的赔付精算现值与费用支出精算现值之和。期望收支平衡等式如下：

净保费精算现值＝保险给付精算现值

总保费精算现值＝净保费精算现值＋附加保费精算现值

依据附加保费的不同形式，净保费加成法可以分为固定比例法、变动比例法和三原素法几种。

8.3.1.1 固定比例法

固定比例法是最简单的净保费加成法，在这种方法下，附加保费被简单假设为总保费的固定比例。如果设附加保费是总保费的 e 比例，P 为净保费，G 为总保费，有

$$G(1-e)=P$$

$$G=\frac{P}{1-e} \tag{8.3.1}$$

例如，如果某年龄投保 1000 元终身寿险的纯保费为 170 元，如果附加保费占总保费的 40％，这时的总保费为 283 元(170/(1－40％)＝283)。

固定比例法的优点是易于计算，缺点是对附加保费比例 e 的估计比较主观，没有考虑到各年费用的差异和各项费用性质的差异。

8.3.1.2 变动比例法

与固定比例法相比，变动比例法考虑了各年费用的差异，并根据情况，对不同年度采用了不同的附加费用率。

以 h 年 ($h>5$) 限期缴费的终身寿险为例，假设被保险人的投保年龄为 x，保险金在死亡年年末给付，首年附加费用率为 e_1，年为 e_2，4～5 年为 e_3，5 年以后为 e_4，总保费为 G，均衡净保费为 P，则有

$$P\ddot{a}_{x:\overline{h}|}=A_x$$

$$G\ddot{a}_{x:\overline{h}|}=A_x+e_1G+e_2G\,{}_{1|}\ddot{a}_{x:\overline{2}|}+e_3G\,{}_{3|}\ddot{a}_{x:\overline{2}|}+e_4G\,{}_{5|}\ddot{a}_{x:\overline{h-5}|} \tag{8.3.2}$$

例 8.3.1 接续例 8.2，假设附加保费占总保费的比例分布如下：第 1 年为 50％，2～3 年为 30％，4～5 年为 20％，5 年后为 10％，求年缴总保费。

解 在例 8.2.2 中已算得：

$$\ddot{a}_{x:\overline{10}|}=\sum_{k=0}^{9}{}_kE_x\approx 8.41$$

$$100000A^{1}_{x:\overline{10}|}=100000P\ddot{a}_{x:\overline{h}|}\approx 8530$$

由公式(8.2.19)，有

$$100000G(\ddot{a}_{x:\overline{10}|}-e_1-e_2\ {}_{1|}\ddot{a}_{x:\overline{2}|}-e_3\ {}_{3|}\ddot{a}_{x:\overline{2}|}-e_4\ {}_{5|}\ddot{a}_{x:\overline{5}|})=100000P\ddot{a}_{x:\overline{10}|}$$

$$100000G(8.41-0.5-0.3\,{}_{1|}\ddot{a}_{x:\overline{2}|}-0.2\,{}_{3|}\ddot{a}_{x:\overline{2}|}-0.1\,{}_{5|}\ddot{a}_{x:\overline{5}|})=8530$$

还可以算得：

$$\ddot{a}_{x:\overline{1}|}=1$$
$$\ddot{a}_{x:3}\approx 2.88$$
$$\ddot{a}_{x:\overline{5}|}\approx 4.63$$

由公式

$$_{n|}\ddot{a}_{x:\overline{m}|}=\ddot{a}_{x:\overline{n+m}|}-\ddot{a}_{x:\overline{n}|}$$

得：

$$_{1|}\ddot{a}_{x:\overline{2}|}\approx 1.88$$
$$_{3|}\ddot{a}_{x:\overline{2}|}\approx 1.74$$
$$_{5|}\ddot{a}_{x:\overline{5}|}\approx 3.79$$

$$100000G=\frac{8530}{8.41-0.5-0.3\,{}_{1|}\ddot{a}_{x:\overline{2}|}-0.2\,{}_{3|}\ddot{a}_{x:\overline{2}|}-0.1\,{}_{5|}\ddot{a}_{x:\overline{5}|}}\approx 1289$$

所以，年缴净保费为 1014 元，年缴总保费 1289 元。

8.3.1.3 三元素法

传统定价方式最典型的是三元素法。这种方法将附加保费分为新契约费用、管理费用和收费费用三类。假设新契约费为 α，收费费用发生在缴费期，为总保费的 β 比例，管理费用发生在保单有效期的整个合同，为保额的 γ 比例。α,β,γ 的确定依据公司过去的经验。

以 h 年限期缴费终身寿险为例，假设被保险人的投保年龄为 x，保险金在死亡年年末给付，总保费为 G，均衡净保费为 P，有

$$P\ddot{a}_{x:\overline{h}|}=A_x$$

$$G\ddot{a}_{x:\overline{h}|}=P\ddot{a}_{x:\overline{h}|}+\alpha+\beta G\ddot{a}_{x:\overline{h}|}+\gamma\ddot{a}_x \qquad (8.3.3)$$

如果分别用 γ 和 γ' 表示保费缴付期和保费缴付结束后与保额成正比的保单维持管理费用率，并把与总保费成正比的外勤人员教育培训费用 δ 单独列出，这时，上式成为

$$G\ddot{a}_{x:\overline{h}|}=P\ddot{a}_{x:\overline{h}|}+\alpha+(\beta+\delta)G\ddot{a}_{x:\overline{h}|}+\gamma\ddot{a}_{x:\overline{h}|}+\gamma'(\ddot{a}_x-\ddot{a}_{x:\overline{h}|}) \qquad (8.3.4)$$

这种方法对附加保费进行了分类，但并没有区分理赔和给付费用以及每张保单固定的费用，也没有考虑到第二年后各年费用的差异，如代理人佣金等。

例 8.3.2 某人 30 岁购买了保险金额为 2 万元的终身寿险，他选择终生缴费、每年交付一次的保险费缴费方式。如果保单的费用采取下表列出的数额和结构，

按附表中国人寿保险业经验生命表(1990—1993年),计算年缴净保费和年缴总保费。(假设利率 $i=6\%$)

费用分配表

分类	第一年			续年				
	每份	每千元	保费百分比(%)	每份	每千元	2~9年	10~15年	16年以上
1.新契约费 (1)销售费用								
佣金	—	—	50	—	—	5	5	3
销售事务	—	—	25	—	—	2.5	1.5	1
其他	12.5	4	—	—	—	—	—	—
(2)分类	18	0.5	—	—	—	—	—	—
(3)发行与记录	4	—	—	—	—	—	—	—
2. 维持费	2	0.25	—	2	0.25	—	—	—
3.营业费用 (1)(2)(3)(4)	4	0.25	—	4	0.25	—	—	—
税金	—	—	3	—	—	2	2	2
小计	40.5	5	78	6	0.5	9.5	8.5	6
4. 给付费用	每份保单18元加上千元费用0.1元							

解 (1)

$$\ddot{a}_{30}=16.13622$$

$$\bar{A}_{30}=\frac{i}{\delta}A_{30}=0.089203$$

$$20000P(\bar{A}_{30})=20000\times\frac{\bar{A}_{30}}{\ddot{a}_{30}}=110.5618$$

可见,年缴净保费为110.56元。

(2)
$$G\ddot{a}_{30}=(20000+18+0.1\times 20)\bar{A}_{30}+(40.5+5\times 20+0.78G)$$
$$+[(6+0.5\times 20)a_{30}+0.06Ga_{30}+0.025Ga_{30:\overline{14|}}+0.01Ga_{30:\overline{8|}}]$$

上式可化简为:

$$G=(\ddot{a}_{30}-0.78-0.06a_{30}-0.025a_{30:\overline{14|}}-0.01a_{30:\overline{8|}})$$
$$=20020\bar{A}_{30}+16a_{30}+140.5$$

而

$$a_{30}=\ddot{a}_{30}-1=15.13622$$

$$a_{30:\overline{14|}}=9.640458$$

$$a_{30:\overline{8}|}=6.186766$$

$$G=\frac{20020\bar{A}_{30}+16a_{30}+140.5}{\ddot{a}_{30}-0.78-0.06a_{30}-0.025a_{30:\overline{14}|}-0.01a_{30:\overline{8}|}}$$

$$=\frac{2168.524}{14.14517}=153.3049$$

可见,总保费为153.3元。

净保费加成法的最大优点是计算较为简单。当给定定价的基本假设时,只需进行有限的计算,就很容易得到费率。对于简单的寿险产品以及在缺少有效的计算工具时,这种方法是有效的和可行的。但是这种方法不考虑退保和保单失效,不考虑建立评估准备金的成本,也不进行保费对死亡率、伤残率、费用率、利率等因素的敏感性分析。因此,在比较发达的保险市场上,已经很少直接采用这种方法。

8.3.2 现金流量法

现金流量法是通过对一组保单未来保单年度预期收入和预期支出的估计,研究保单组随被保险人死亡、退保、分红、满期等过程,并在一定的定价策略和利润目标下,给出保单的定价。

在现金流量法下,对一个保单组来说,年度收入为保单组的所有保费收入和投资收入,年度支出包括保险赔付、费用、退保、满期给付、红利、准备金增加额等,年度利润就是年度收入与年度支出的差,即

利润=保费+投资收入−费用−赔付支出−退保支出−红利−准备金增加 (8.3.5)

现金流量定价法比较复杂,涉及对准备金的评估和对利润目标的确定等,这些内容已超出保险精算原理的范围,有兴趣的读者可以参考保险精算实务的相关教材。

习 题

8.1 某人在30岁时投保了30年定期寿险,若投保前十年死亡,死亡给付为10000元;从40岁起,死亡给付逐年增加5000元。假设 $i=6\%$,计算10年限期缴费的年缴净保费。

8.2 某人50岁时投保了20000元的终身寿险,假设 $i=6\%$,死亡赔付在死亡年年末。试计算:

(1)终身缴费的年缴净保费;

(2)10年限期缴费的年缴净保费。

8.3　某人在40岁时投保了20年两全保险，保险金为30000元，假设$i=6\%$，如果保费在10年内每季缴付一次，计算每季净保费。

8.4　某人25岁参加工作投保了从他60岁退休开始领取的延期生存年金，保险金额为每月2000元，假设$i=6\%$，保险费从他25岁工作到60岁退休前按月缴付，计算每月净保费。

8.5　某年金保险从被保险人达到60岁起每月支付1000元，直到被保险人死亡为止。如果被保险人在60岁前死亡，则一次性给付10000元，利率为$i=6\%$，如果某人25岁开始投保，保险费在60岁前每月缴付一次，计算每月缴付的净保费。

8.6　如果某人从30岁起每月存款500元建立个人账户，在60岁时，个人账户转换为每年支付一次的生存年金，利率为$i=6\%$。试计算：

(1)年金的每年给付额；

(2)如果年金在60～79岁确定给付，80岁后以生存条件给付，求每年的给付额。

8.7　30岁的人投保金额为10000元的终身寿险，缴费采用终身年缴的方式在年初缴付，死亡给付在死亡时刻，根据公司往年的经验，附加费用占净保费的比重为10%，计算总保费。

8.8　某30岁的人投保金额为10000元的终身寿险，采用5年缴清的方式，付款频率为每年一次，保险金在死亡时刻给付，保费年初缴，首年附加费用率为20%，2～3年费用率为15%，4～5年费用率为10%，试计算总保费。

8.9　对(30)的1000元3年定期寿险，死亡年年末给付，保费在两年内每年缴一次。已知预定利率为5%，$q_{30}=0.02$，$q_{31}=0.03$，$q_{32}=0.04$，假设费用发生在保单年初，各年费用如下：

年份	每份保单	每1000元保额	占总保费的比例
1	10	2.5	0.10
2	5	1.0	0.05
3	5	1.0	—

赔付处理费发生死亡年年末，每1000元保额为10元。假设不考虑退保，试计算每年总保费。

8.10　某30岁的人投保金额为10000元的终身寿险，采用5年缴清的方式，付款频率为每年一次，保险金在死亡时刻给付，保费年初缴付，按照三元素法计算总保费。其中，$\alpha=10\%$，$\beta=7\%$，$\gamma=6\%$。

说明：以上计算采用中国人寿保险经验生命表(1990—1993年)。

第九章 责任准备金

依照保险法的条款，投保人与保险公司签单后，即保险公司出售产品、收取投保人的第一笔保费后，开始承担起保单承诺的赔付责任。在整个保险期内，保险公司收取的保费应该能够抵偿可能的赔付和费用支出，同时保险公司也要获得利润。但是，保费收入和赔付支出在时间和数额上通常是不一致的。保险公司必须把前期多余的保费积存起来，建立储备基金，用于将来保费收入不足赔付支出时的赔偿。这种为未来给付责任而建立的储备基金就是责任准备金。

§9.1 准备金的意义和种类

9.1.1 准备金的意义

一般地，准备金(reserve)就是为将来某项支出而预先留存的储备金，它在数量上应至少等于保险公司平均的未来损失量(理赔支出与保费收入之差)。在人寿保险和年金保险中，当前期保费收入大于给付支出、后期保费收入小于给付支出时，需要把前期保费收入大于给付支出的部分积存起来，形成给付责任准备金，简称给付准备金或责任准备金，用于补足后期保费收入不足赔付支出的部分。人寿保险大多采取趸缴保费和定期内缴纳均衡保费方式，由于被保险人的死亡率随着年龄的增长而增加，相应所需的保险赔付支出随着已投保年数的增加而增大，保险公司需要在被保险人年轻时积累一定的准备金，以应付在被保险人年老时所需的更多赔付支出。

责任准备金是保险公司最大的一项负债，不是保险公司的收入，保险公司必须积累至少等于责任准备金和资本要求的资本，才可能保证履行到期保险责任。因此，准备金也就是将来给付支出精算现值与将来净保费收入精算现值之差。这样，在某一时点积累的准备金与将来净保费收入之和应该正好满足将来的给付支出。

准备金数额由准备金计算方法，相关的法律、法规、会计实务标准等决定。在保险实践中，给付准备金的积累保证了保险公司的到期偿付能力。如果没有准备金的法律规定，保险公司可能出售大量的保单，但由于没有保费积累支持，他们可能用将来陆续收取的保费收入应付赔付支出，这种方式不能保证对投保人的承诺，从而损害投保人的利益。

9.1.2 准备金的种类

实践中，在不同的目的下，准备金的计算基础和计算方法有所不同。在美国，为保证保险公司的偿付能力，需要计算偿付能力准备金(solvency reserves)；为反映公司的收入和盈利情况，需要计算收益准备金(earnings reserves)；为了税收上计算应税收入或税收，需要计算税收准备金(tax reserves)。这三种不同准备金的精算基础和计算方法有所不同。

9.1.2.1 偿付能力准备金

偿付能力准备金是为确保保险公司偿付能力必须提存的准备金，偿付能力是保险公司履行保险合同约定的赔偿或给付责任的能力。为了保护投保人的利益和保险业的稳健经营，各国保险监管部门的监管重心通常都放在偿付能力监管上。偿付能力准备金的计算建立在保守的精算假设基础上，即建立在高估未来赔付或给付支出、高估未来费用支出、低估未来投资回报的基础上。同时，初年的大部分费用按实际发生额计算，不进行分摊。这样很可能产生偿付能力准备金的数额超过由初年保费收入扣减费用、赔付后的净现金流产生的资产，使新业务越多，产生的资产与负债的差距越大，尽管新业务会为保险公司的经营带来未来利润，但很可能因新业务的增加而面临偿付能力不足。

9.1.2.2 收益准备金

为了在公平交易的市场上给投资者提供一个可以与其他行业比较的收益水平测量，需要测算保险公司在一定时期内的收益水平。收益最基本的定义是一定时期内收入与支出(或费用)之差。在保险公司，收入主要来源于保费和投资收入，支出主要是保险赔付、展业费用、维持费用以及为未来的赔付责任逐年提存的准备金等，用公式可表示为：

收益＝保费收入＋投资收入－赔付支出－展业费用－维持费用－准备金提存

如果这里的准备金采用偿付能力准备金，并且大部分展业费用按实际发生额扣减，这时公司因新业务的增长而出现亏损，新业务增长越快，收益缩减越大；反之，当公司失去部分市场份额后，收益反而会增加。可见，以偿付能力准备金估计的收益与公司的业务增长呈反向变动，不能反映公司当前和未来的实际收益。

未来能够在公平合理的基础上提供一个收益的衡量，需要在现实的假设下估计准备金；同时，把大部分初年展业成本分摊在以后的保单年度，使保险公司的收益在未来的保单年度合理分配，这一准备金就是收益准备金。

9.1.2.3　税收准备金

税收准备金是为计算应税收入或应税收益而计算的准备金。从前面收益的计算公式上看，准备金提存直接影响收益的大小，以收入扣减支出和税收准备金就成为应税收入。由于偿付能力准备金是保险公司向保险监管机构必须报送的准备金数额，其数额容易获取也易于管理，因此，国际上很多国家的税收准备金等于偿付能力准备金。由于偿付能力准备金建立在保守的假设基础上，其数额相应较大，使以偿付能力准备金估计的应税收入相应较低，从而也起到税收优惠的作用。也有一些国家，为了增强对保险公司的减免税或者为了提高对保险公司的征税，税收准备金可能比偿付能力准备金更高或更低。

§9.2　均衡净保费责任准备金

由于净保费是保险给付金的来源，责任准备金的提存和计算以净保费为依据。在保险契约成立时，净保费的精算现值等于保险金的精算现值；在保险契约终止时，净保费精算终值等于保险金精算终值。但在保险期的任意时点，保险人已收取的净保费和已支付的保险金不等，未来需要支付的保险金与未来将收入的净保费不等。从未来看，责任准备金是保险人未来的净责任，可用未来给付金精算现值减去未来净保费精算现值来衡量；从过去看，它是保险人过去净保费收入大于赔付支出的部分，可用过去净保费精算终值减去过去给付的保险金精算终值计算。相应地，净保费准备金的计算方法也有将来法和过去法两种。

9.2.1　将来法

例 9.2.1　假如有 100 个 40 岁的人同时投保 1000 元 5 年定期寿险，保费在 5 年内均衡缴付。设预定利率 6%，预定死亡率采用中国人寿保险业经验生命表(1990－1993 年)的资料。这时，每人的年缴均衡净保费为：

$$P=1000\,\frac{A^{1}_{40:\overline{5}|}}{\ddot{a}_{40:\overline{5}|}}=1000\times\frac{13451.43-12667.17}{1422016.88-1003984.10}=1.876062$$

假设保费缴付在保单年初，保险赔付在保单年末，不考虑费用、退保和分红等。这样，按照预定死亡率表中的数据，可以计算出在未来 10 年内预期净保费收入和预期赔付支出，如表 9－1 所示。

表 9—1　例 9.1 中的预期净保费收入和预期赔付支出

保单年 t	人均净保费（元）	年初存活人数	净保费收入（元）	年末净保费收入（元）	死亡人数	赔付支出（元）	年末收支差（元）
(1)	(2)	(3)	(4)＝(2)×(3)	(5)＝(4)×1.06	(6)	(7)＝1000×(6)	(8)＝(5)－(7)
1	1.88	1000.00	1876.06	1988.63	1.65	1650.00	338.63
2	1.88	998.35	1872.97	1985.34	1.81	1809.01	176.33
3	1.88	996.54	1869.57	1981.75	1.99	1986.11	－4.36
4	1.88	994.55	1865.85	1977.80	2.18	2181.06	－203.26
5	1.88	992.37	1861.75	1973.46	2.64	2637.73	－664.27
6	0.00	989.74	0.00	0.00	—	—	—

从表中数据可见，保险公司在经营这一定期寿险时，在前面若干年内，当年净保费收入大于当年保险赔付支出，净保费有结余。从第 3 年起，当年净保费收入不足当年赔付支出，为了保证赔付，必须动用过去积累的准备金。准备金的数额正是保证未来赔付支出超出未来净保费收入的金额。这样，责任准备金与未来净保费收入和给付支出由有下面的关系：

某时点的责任准备金＋未来净保费收入现值＝未来赔付支出现值

即

某时点的责任准备金＝未来赔付支出现值－未来净保费收入现值

在例 9.2.1 中，未来净保费收入和赔付支出现金流如图 9—1 所示：

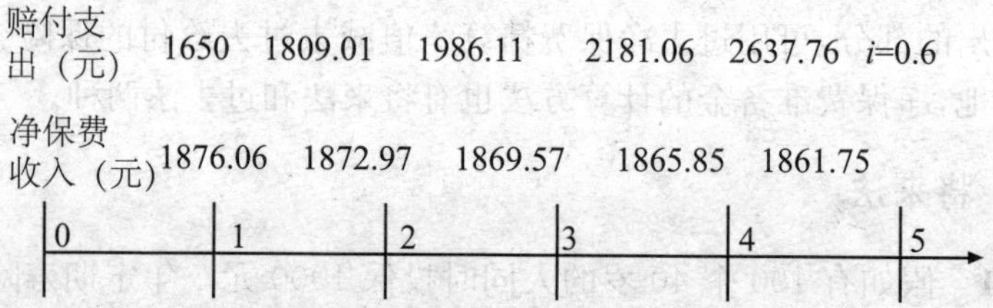

图 9—1　净保费收入和赔付支出现金流

依据上面的现金流，可以计算净保费收入和赔付支出的现值以及各年的责任准备金。

例如，在第 1 年末，有

$$未来赔付支出现值=\frac{1809.01}{1.06}+\frac{1986.11}{1.06^2}+\frac{2181.06}{1.06^3}+\frac{2637.73}{1.06^4}$$

$$=7394.829(元)$$

$$未来净保费收入现值=1872.97+\frac{1869.57}{1.06}+\frac{1865.85}{1.06^2}+\frac{1861.75}{1.06^3}$$

$$=6860.476(元)$$

第 1 年末的责任准备金总额=7394.829−6860.476=534.3524(元)

第 1 年末人均责任准备金=534.3524/998.35=0.535236(元)

第 2 年末，有

$$未来赔付支出现值=\frac{1986.11}{1.06}+\frac{2181.06}{1.06^2}+\frac{2637.73}{1.06^3}=6029.508(元)$$

$$未来净保费收入现值=1869.57+\frac{1865.85}{1.06}+\frac{1861.75}{1.06^2}+\frac{1861.75}{1.06^3}$$

$$=5286.760(元)$$

第 2 年末的责任准备金总额=7394.829−6860.476=534.3524(元)

第 2 年末人均责任准备金=534.3524/998.35=0.535236(元)

人均责任准备金正是每张有效保单需要积存的准备金数额。

9.2.1.1 终身寿险

一般地，将来法给付准备金等于未来给付精算现值与未来净保费精算现值之差。对于(x)的 1 单位元终身寿险，如果保费每年缴付一次、终身缴付，假设死亡赔付在死亡年年末。这时，年缴净保费为 $P_x=\frac{A_x}{\ddot{a}_x}$，在投保后第 k 年末，未来给付的精算现值为 A_{x+k}，未来净保费的精算现值为 $P_x\ddot{a}_{x+k}$，k 年末的责任准备金用 ${}_kV_x$ 表示，有

$${}_kV_x=A_{x+k}-P_x\ddot{a}_{x+k} \tag{9.2.1}$$

注 将 $A_{x+k}=P_{x+k}\ddot{a}_{x+k}$ 代入(9.2.1)式，可得 k 年末的责任准备金计算的保费差公式：${}_kV_x=(P_{x+k}-P_x)\ddot{a}_{x+k}$，缴清保险公式：${}_kV_x=\left(1-\frac{P_x}{P_{x+k}}\right)A_{x+k}$，利用 $P_x=\frac{1}{\ddot{a}_x}-d$，还可得

$${}_kV_x=1-\frac{\ddot{a}_{x+k}}{\ddot{a}_x},\ {}_kV_x=\frac{P_{x+k}-P_x}{P_{x+k}+d},\ {}_kV_x=\frac{A_{x+k}-A_x}{1-A_x}.$$

例 9.2.2 某人 40 岁投保 1000 元终身寿险，保费在每年年初均衡缴付。设预定利率为 6%，预定死亡率采用中国人寿保险业经验生命表(1990−1993 年)的资料，用将来法计算各年的责任准备金。

解 依题意，年缴均衡净保费为：

$$P_{40}=1000\times\frac{A_{40}}{\ddot{a}_{40}}=1000\times\frac{13451.4268}{1422016.88}=9.46$$

各年末未来赔付现值、未来净保费现值以及责任准备金如表 9－2 所示。其中 A_{40+k} 为未来赔付现值；$P_{40}\ddot{a}_{40+k}$ 为未来净保费现值；${}_kV$ 为 k 年末责任准备金。

表 9－2　例 9.2.2 中的责任准备金计算

保单 k 年末	未来赔付 k 年末现值（元）	未来净保费 k 年末现值（元）	k 年末责任准备金（元）
0	143.19	143.19	0.00
1	150.38	141.99	8.39
2	157.87	140.73	17.14
3	165.68	139.43	26.25
4	173.81	138.07	35.74
5	182.27	136.66	45.61
10	229.57	128.75	100.82
15	285.45	119.41	166.04
20	349.61	108.69	240.92
30	496.91	84.08	412.83
40	649.80	58.52	591.28
50	779.35	36.87	742.48
60	868.75	21.93	846.82

从例 9.2.2 可以看出，对于每个投保终身寿险的被保险人来说，在保单刚成立时，责任准备金是 0，这时未来净保费现值正好等于未来保险赔付现值。随着保单年度的增长，被保险人的死亡概率也随之增长，为了保证保险公司的赔付，保险公司要提存的准备金也越多。

如果终身寿险的保险费在 h 年内缴清，k 年末的责任准备金用 ${}^h_kV_x$ 表示。k 年末的未来保费缴付期为 $h-k$，当 $k<h$ 时，未来净保费现值为 ${}_hP_x\ddot{a}_{x+h:\overline{h-k}|}$；当 $k\geqslant h$ 时，未来净保费现值为 0。因此，有

$$
{}^h_kV_x=\begin{cases}A_{x+k}-{}_hP_x\times\ddot{a}_{x+h:\overline{h-k}|}, & k<h\\ A_{x+k}, & k\geqslant h\end{cases} \tag{9.2.2}
$$

例 9.2.3　某人 40 岁投保 1000 元终身寿险，保费在前 5 年内每年初均衡缴付。设预定利率为 6%，预定死亡率采用中国人寿保险业经验生命表（1990－1993 年）的数据，计算各年的责任准备金。

解　依题意，年缴付均衡净保费为：

$$_5P_{40}=1000\times\frac{A_{40}}{\ddot{a}_{40:\overline{5}|}}=1000\times\frac{13451.4268}{1422016.88-1003984.1}$$
$$=32.18$$

各年末未来赔付现值、未来净保费现值以及责任准备金如表 9－3 所示。其中，A_{40+k} 为未来赔付现值；$_5P_{40}\ddot{a}_{45:\overline{5-k}|}$ 为未来净保费现值；$^5_kV_{40}$ 为 k 年末责任准备金。

表 9－3　例 9.3 中的责任准备金

保单 k 年末	未来赔付 k 年末现值（元）A_{40+k}	未来净保费 k 年末现值（元）$_5P_{40}\ddot{a}_{45:\overline{5-k}|}$	k 年末责任准备金（元）$^5_kV_{40}$
0	143.19	143.19	0.00
1	150.38	117.71	32.67
2	157.87	90.93	66.94
3	165.68	62.45	103.23
4	173.81	32.18	141.63
5	182.27	0.00	182.27
10	229.57	0.00	229.57
20	349.61	0.00	349.61
30	496.91	0.00	496.91

由于保费在 5 年内缴付，5 年后的责任准备金正好等于未来赔付现值；或者说，保险公司需要计提的准备金正是被保险人未来死亡需要赔付的支出部分。

如果保费一年缴付 m 次，这时，终身寿险终身缴费的 t 年末责任准备金可以 $_kV_x^{(m)}$ 表示：

$$_kV_x^{(m)}=A_{x+k}-P_x^{(m)}\ddot{a}_{x+k}^{(m)} \tag{9.2.3}$$

如果终身寿险限期在 h 年缴费，则 k 年末责任准备金可以 $^h_kV_x^{(m)}$ 表示：

$$^h_kV_x^{(m)}=\begin{cases}A_{x+k}-{}_hP_x^{(m)}\ddot{a}_{x+k:\overline{h-k}|}^{(m)}, & k<h\\ A_{x+k}, & k\geqslant h\end{cases} \tag{9.2.4}$$

如果终身寿险在死亡时赔付，相应的 k 年末保险金现值成为 $\bar{A}_{x+k}$，对每年一次的终身缴费寿险，责任准备金可相应表示为 $_kV(\bar{A}_x)$，即

$$_kV(\bar{A}_x)=\bar{A}_{x+k}-{}_hP(\bar{A}_x)\ddot{a}_{x+k} \tag{9.2.5}$$

如果保险费每年一次，h 年限期缴清，那么 T 年末的准备金 $_kV(\bar{A}_x)$ 为：

$$ {}_kV(\bar{A}_x)=\begin{cases}\bar{A}_{x+k}-{}_hP(\bar{A}_x)\ddot{a}_{x+k:\overline{h-k}|}, & k<h \\ \bar{A}_{x+k}, & k\geqslant h\end{cases} \tag{9.2.6} $$

9.2.1.2 定期寿险

定期寿险给付准备金的计算公式与终身寿险类似，对(x)的 1 单位元 n 年死亡年年末赔付定期寿险，如果保险费每年一次、n 年缴清，那么 k 年末的责任准备金为：

$$ {}_kV^1_{x:\overline{n}|}=A^1_{x+k:\overline{n-k}|}-P^1_{x:\overline{n}|}\ddot{a}_{x+k:\overline{n-k}|} \tag{9.2.7} $$

例 9.2.4 张某在 40 岁投保了 20 年定期寿险，保险金额为 1000 元。若保险费年缴一次，20 年缴清，预定利率为 6%，以中国人寿保险业经验生命表（1990—1993 年，男女混合表）的资料，求投保第 10 年末的责任准备金。

解 依题意，需要先求出年缴保费 $P^1_{40:\overline{20}|}$，即

$$ \begin{aligned} P^1_{40:\overline{20}|}&=\frac{1000A^1_{40:\overline{20}|}}{\ddot{a}_{40:\overline{20}|}} \\ &=\frac{1000\times(13451.4268-9301.6637)}{1422016.88-305710.37} \\ &=3.72 \end{aligned} $$

依公式(9.2.7)，有

$$ \begin{aligned} {}_{10}V^1_{40:\overline{20}|}&=1000A^1_{50:\overline{10}|}-{}_{10}P^1_{40:\overline{20}|}\ddot{a}_{50:\overline{20}|} \\ &=\frac{1000(11729.0417-9301.6637)}{51090.52}-3.72\times\frac{(695386.27-305710.37)}{51090.52} \\ &=19.16 \end{aligned} $$

如果保费在 h 年内缴付 $(h<n)$，那么 k 年末的责任准备金为：

$$ {}^h_kV^1_{x:\overline{n}|}=\begin{cases}A^1_{x+k:\overline{n-k}|}-{}_hP^1_{x:\overline{n}|}\ddot{a}_{x+k:\overline{h-k}|}, & k<h \\ A^1_{x+k:\overline{n-k}|}, & k\geqslant h\end{cases} \tag{9.2.8} $$

例 9.2.5 王某在 40 岁投保了 20 年定期寿险，保险金额为 10000 元。若保险费限期 10 年缴清，预定利率为 6%，以中国人寿保险业经验生命表（1990—1993 年，男女混合表）的资料，试计算：

(1)投保第 5 年末的责任准备金。

(2)投保第 15 年末的责任准备金。

(3)投保第 20 年末的责任准备金。

解 (1) $ {}_{10}P^1_{40:\overline{20}|}=\dfrac{10000A^1_{40:\overline{20}|}}{\ddot{a}_{40:\overline{10}|}} $

$$ =\frac{10000\times(13451.4268-9301.6637)}{1422016.88-695386.27}=57.11 $$

$$ {}_{5}^{10}V_{40:\overline{20|}}^{1} = 10000A_{45:\overline{15|}}^{1} - {}_{10}P_{40:\overline{20|}}^{1}\ddot{a}_{45:\overline{5|}} $$

$$ = \frac{10000(12667.1714 - 9301.6637)}{69496.46} $$

$$ - 57.11 \times \frac{(1003984.10 - 695386.27)}{69496.46} $$

$$ = 230.68 $$

(2) $$ {}_{15}^{10}V_{40:\overline{20|}}^{1} = 10000A_{55:\overline{5|}} $$

$$ = \frac{10000(10611.8711 - 9301.6637)}{37176.27} $$

$$ = 352.43 $$

(3) $$ {}_{10}^{20}V_{40:\overline{20|}}^{1} = 0 $$

如果保费在 h 年内缴付($h < k$),一年 m 次,那么 k 年末的责任准备金为:

$$ {}_{k}^{h}V_{\underset{x:\overline{n|}}{1}}^{(m)} = \begin{cases} A_{x+k:\overline{n-k|}}^{1} - {}_{h}P_{\underset{x:\overline{n|}}{1}}^{(m)}\ddot{a}_{x+k:\overline{h-k|}}^{(m)} & k < h \\ A_{x+k:\overline{n-k|}}^{1} & k \geqslant h \end{cases} \tag{9.2.9} $$

例 9.2.6 王某在 40 岁投保了 20 年定期寿险,保险金额为 10000 元。若保险费限期 10 年缴清,缴费方式为每月初缴付(一年缴费 12 次),预定利率为 6%,以中国人寿保险业经验生命表(1990—1993 年,男女混合表)的资料,试计算:

(1)投保第 5 年末的责任准备金。

(2)投保第 15 年末的责任准备金。

(3)投保第 20 年末的责任准备金。

解

$$ {}_{10}P_{\underset{40:\overline{20|}}{1}}^{(12)} = \frac{10000A_{40:\overline{20|}}^{1}}{\ddot{a}_{\underset{40:\overline{10|}}{1}}^{(12)}} $$

依公式,有

$$ \ddot{a}_{x:\overline{n|}}^{(m)} \approx \ddot{a}_{x:\overline{n|}} - \frac{m-1}{2m}(1 - {}_{n}E_{x}) $$

$$ \ddot{a}_{40:\overline{10|}}^{(12)} \approx \ddot{a}_{40:\overline{10|}} - \frac{12-1}{2\times 12}1 - {}_{10}E_{40} $$

$$ = \frac{1422016.88 - 695386.27}{93942.94} - \frac{11}{24}\left(1 - \frac{51090.52}{93942.94}\right) $$

$$ = 7.5257 $$

同理可得:

$$ \ddot{a}_{45:\overline{5|}}^{(12)} = 4.3191(\text{元}) $$

$$1000\ {}_{10}P^{(12)}_{\overset{1}{40:\overline{20}|}}=\frac{10000A^{1}_{40:\overline{40}|}}{\ddot{a}^{(12)}_{40:\overline{10}|}}$$

$$=\frac{10000\times\dfrac{13451.4268-9301.6637}{93942.94}}{7.5257}$$

$$=58.70(\text{元})$$

(1) $1000\ {}^{10}_{5}V^{(12)}_{\overset{1}{40:\overline{20}|}}=10000A^{1}_{45:\overline{15}|}-{}_{10}P^{(12)}_{\overset{1}{40:\overline{20}|}}\ddot{a}^{(12)}_{45:\overline{5}|}$

$$=\frac{10000(M_{45}-M_{60})}{D_{45}}-{}_{10}P^{(12)}_{\overset{1}{40:\overline{20}|}}\ddot{a}^{(12)}_{45:\overline{5}|}$$

$$=\frac{10000(12667.1714-9301.6637)}{69496.46}-58.70\times4.3191$$

$$=230.76(\text{元})$$

(2) ${}^{10}_{15}V^{1}_{40:\overline{20}|}=10000A_{55:\overline{5}|}$

$$=\frac{10000(M_{55}-M_{60})}{D_{55}}$$

$$=\frac{10000(10611.8711-9301.6637)}{37176.27}$$

$$=352.43(\text{元})$$

(3) $10000\ {}^{10}_{20}V^{1}_{40:\overline{20}|}=0(\text{元})$

如果死亡赔付在死亡时，那么上面的保险 k 年末责任准备金为：

$$ {}^{h}_{k}V^{(m)}(\bar{A}^{1}_{x:\overline{n}|})=\begin{cases}\bar{A}^{1}_{x+k:\overline{n-k}|}-{}_{h}P^{(m)}_{\overset{1}{x:\overline{n}|}}\ddot{a}^{(m)}_{x+k:\overline{h-k}|}, & k<h\\ \bar{A}^{1}_{x+k:\overline{n-k}|}, & k\geqslant h\end{cases}\tag{9.2.10}$$

在均匀死亡假定下，$\bar{A}^{1}_{x:\overline{n}|}=\dfrac{i}{\delta}A^{1}_{x:\overline{n}|}$，其他的计算方法同上，这里不再赘述。

9.2.1.3 两全保险责任准备金

对于两全保险，合同到期时保险公司将要支付被保险人生存保险金，从而最后一年末单位保额两全保险的责任准备金应该等于 1。

对 (x) 的 n 年两全保险，如果死亡赔付在死亡年年末，保险费在 $h(h<n)$ 年内缴清，每年一次，那么 k 年末的责任准备金为：

$${}^{h}_{k}V_{x:\overline{n}|}=\begin{cases}A_{x+k:\overline{n-k}|}-{}_{h}P_{x:\overline{n}|}\ddot{a}_{x+k:\overline{h-k}|}, & k<h\\ A_{x+k:\overline{n-k}|}, & h\leqslant k<n\\ 1, & k=n\end{cases}\tag{9.2.11}$$

例 9.2.7 设王某在 40 岁投保了 20 年两全保险，保险金额为 10000 元，若保险费限期 10 年缴清，预定利率为 6%，以中国人寿保险业经验生命表(1990—1993

年，男女混合表)的资料，试计算：

(1)投保第5年末的责任准备金。

(2)投保第15年末的责任准备金。

(3)投保第20年末的责任准备金。

解
$$A_{40:\overline{20|}} = A^{1}_{40:\overline{20|}} + {}_{20}E_{40} = \frac{13451.4268 - 9301.6637}{93942.94} + \frac{26606.02}{93942.94} = 0.3274$$

同理可得

$$A_{45:\overline{15|}} = 0.4313$$

$$A_{55:\overline{5|}} = 0.7509$$

$$\ddot{a}_{40:\overline{10|}} = \frac{1422016.88 - 695386.27}{93942.94} = 7.7348$$

同理可得：

$$\ddot{a}_{45:\overline{n|}} = 4.4405$$

$${}_{10}P_{40:\overline{20|}} = \frac{10000A_{40:\overline{20|}}}{\ddot{a}_{40:\overline{10|}}} = 10000 \times \frac{0.3274}{7.7348} = 423.27(\text{元})$$

(1) ${}^{10}_{5}V_{40:\overline{20|}} = 10000A_{45:\overline{15|}} - {}_{10}P_{40:\overline{20|}}\ddot{a}_{45:\overline{5|}} = 2433.17(\text{元})$

(2) ${}^{10}_{5}V_{40:\overline{20|}} = 10000A_{55:\overline{5|}} = 7509.15(\text{元})$

(3) ${}^{10}_{20}V_{40:\overline{20|}} = 10000(\text{元})$

如果 n 年两全保险的缴费在 h 年内，每年 m 次，那么 k 年末的责任准备金为：

$${}^{h}_{k}V^{(m)}_{x:\overline{n|}} = \begin{cases} A_{x+k:\overline{n-k|}} - {}_{h}P^{(m)}_{x:\overline{n|}}\ddot{a}^{(m)}_{x+k:\overline{h-k|}}, & k < h \\ A_{x+k:\overline{n-k|}}, & h \leq k < n \\ 1, & k = n \end{cases} \tag{9.2.12}$$

例 9.2.8 设王某在40岁投保了20年两全保险，保险金额为10000元，若保险费限期10年缴清，缴费方式为每月初缴付(一年缴费12次)，预定利率为6%，以中国人寿保险业经验生命表(1990—1993年，男女混合表)的资料，试计算：

(1)投保第5年末的责任准备金。

(2)投保第15年末的责任准备金。

(3)投保第20年末的责任准备金。

解 根据例9.2.6，有

$$\ddot{a}^{(12)}_{40:\overline{10|}} = 7.5257$$

$$\ddot{a}^{(12)}_{45:\overline{5|}} = 4.3191$$

则

$$ {}_{10}P^{(12)}_{40:\overline{20}|}=\frac{10000A_{40:\overline{20}|}}{\ddot{a}^{(12)}_{40:\overline{10}|}}=10000\times\frac{0.3274}{7.5257}=435.02(元) $$

(1) $A_{45:\overline{15}|}=A^{1}_{45:\overline{15}|}+{}_{45}E_{15}$

$$ =\frac{M_{45}-M_{60}}{D_{45}}+\frac{D_{60}}{D_{45}} $$

$$ =\frac{12667.1714-9301.6637}{69496.46}+\frac{26606.02}{69496.46} $$

$$ =0.4313 $$

$$ {}^{10}_{5}V^{(12)}_{40:\overline{20}|}=10000A_{45:\overline{15}|}-{}_{10}P^{(12)}_{40:\overline{20}|}\ddot{a}^{(12)}_{45:\overline{5}|} $$

$$ =10000\times0.4313-435.02\times4.3191 $$

$$ =2433.76(元) $$

(2) ${}^{10}_{15}V^{(12)}_{40:\overline{20}|}=10000A_{55:\overline{5}|}$

$$ =10000\left(\frac{M_{55}-M_{50}}{D_{55}}+\frac{D_{60}}{D_{55}}\right) $$

$$ =10000\times\left(\frac{10611.8711-9301.6637}{37176.27}+\frac{26606.02}{37176.27}\right) $$

$$ =7509.15(元) $$

(3) ${}^{10}_{20}V^{(12)}_{40:\overline{20}|}=10000(元)$

如果h年限期缴费的n年两全保险，死亡赔付在死亡年年末，那么k年末的责任准备金为：

$$ {}^{h}_{k}V(\bar{A}_{x:\overline{n}|})=\begin{cases}\bar{A}_{x+k:\overline{n-k}|}-{}_{h}P_{x:\overline{n}|}\ddot{a}_{x+k:\overline{h-k}|}, & k<h\\ \bar{A}_{x+k:\overline{n-k}|}, & h\leqslant k<n\\ 1, & k=n\end{cases} \tag{9.2.13} $$

例 9.2.9 某人在 20 岁时投保了 50000 元 40 年两全保险，保险金在被保险人死亡时即可赔付，保险费在 40 年内均衡缴付，预定利率为 6%，以中国人寿保险业经验生命表（1990－1993 年，男女混合表）的资料，求投保第 10 年末的责任准备金。

解 $50000\times{}_{10}V=50000\times(\bar{A}_{30:\overline{30}|}-P\ddot{a}_{30:\overline{30}|})$

由例 5.3.2 和例 8.2.7，有

$$ 50000\bar{A}_{30:\overline{30}|}=9467.26(元) $$

$$ \ddot{a}_{30:\overline{30}|}=14.338 $$

故

$$50000P = 50000\frac{\bar{A}_{20:\overline{40}|}}{\ddot{a}_{20:\overline{40}|}}$$

$$= 50000\frac{i}{\delta}\frac{M_{20} - M_{60} + D_{60}}{N_{20} - N_{60}}$$

$$= 50000 \times \frac{0.06}{\ln 1.06} \times \frac{16432.0308 - 9301.6637 + 26606.02}{5130070.09 - 305710.37}$$

$$= 360.0338$$

$$50000 \times {}_{10}V = 9699.68 - 360.0338 \times 14.3383$$

$$= 4537.40$$

9.2.1.4 延期年金责任准备金

对于(x)的延期n年生存年金保险，保险费在n年内每年缴付一次，第k年末的责任准备金为：

$$ {}_tV({}_{n|}\ddot{a}_x) = \begin{cases} {}_{n-t|}\ddot{a}_{x+k} - P({}_{n|}\ddot{a}_x)\ddot{a}_{x+k:\overline{n-k}|}, & k < n \\ \ddot{a}_{x+k}, & k \geqslant n \end{cases} \tag{9.2.14}$$

读者可以依据保险和缴费的具体规定，给出各种不同类型保险下责任准备金的计算公式。

9.2.2 过去法

例 9.2.10 在前面的例 9.1 中，可以进一步计算出净保费收入与赔付支出的累积收支差以及人均累计收支差，如表 9—4 所示。

表 9—4 例 9.10 中的净保费收入与赔付支出累积

保单年 t	人均净保费	年初存活人数	净保费收入	年末净保费收入	死亡人数	赔付支出	年末收支差	累积收支差	人均累积收支差
(1)	(2)	(3)	(4) = (2) × (3)	(5) = (4) × 1.06	(6)	(7) = 1000 × (6)	(8) = (5) − (7)	(9) = (8) + $(8)_{(t-1)}$ × 1.06	(10) = (9)/$(3)_{t+1}$
1	1.88	1000.00	1876.06	1988.63	1.65	1650.00	338.63	338.63	0.34
2	1.88	998.35	1872.97	1985.34	1.81	1809.01	176.33	535.28	0.54
3	1.88	996.54	1869.57	1981.75	1.99	1986.11	−4.36	182.55	0.18
4	1.88	994.55	1865.85	1977.80	2.18	2181.06	−203.26	−207.88	−0.209
5	1.88	992.37	1861.75	1973.46	2.64	2637.73	−664.27	−879.73	−0.889
6	0.00	989.74	0.00	0.00	—	—	—		

其中，人均累积收支差就是过去法下的责任准备金。可见，过去法责任准备金是过去净保费收入扣减赔付支出后积存起来的部分。对于均衡保费定期寿险，责任准备金有先增加后减少的一般模式。

一般地，过去法责任准备金是计算时点过去净保费收入精算终值与过去赔付金支出精算终值之差；或者说，计算时点过去净保费的累计值与过去赔付支出累计值的差额。对(x)的1单位元死亡年年末赔付终身寿险，如果保险费终身缴付，每年一次，那么第k年末过去净保费终值为$P_x\ddot{s}_{x:\overline{k|}}$，第$k$年末过去赔付金在投保时的现值为$A^1_{x:\overline{k|}}$，它在利率和生存概率下累积到$k$年末的终值为$A^1_{x:\overline{k|}}\times\dfrac{1}{{}_kE_x}$。因此，第$k$年末的责任准备金为：

$$ {}_kV_x=P_x\ddot{s}_{x:\overline{k|}}-\frac{A^1_{x:\overline{k|}}}{{}_kE_x}=\frac{1}{{}_kE_x}(P_x\ddot{a}_{x:\overline{k|}}-A^1_{x:\overline{k|}}) \qquad (9.2.15)$$

例 9.2.11　在例9.10中，用过去法计算第2年末的给付准备金。

解　$P=1.876062$(元)

$$\ddot{a}_{40:\overline{2|}}=\frac{N_{40}-N_{42}}{D_{40}}=\frac{1442016.88-1239594.74}{93942.94}=1.94184$$

$$A^1_{40:\overline{2|}}=\frac{M_{40}-M_{42}}{D_{40}}=\frac{13451.4268-13153.9455}{93942.94}=0.00317$$

$${}_2E_{40}=\frac{D_{42}}{D_{40}}=\frac{83319.68}{93942.94}=0.8869$$

所以

$${}_2V_{40}=\frac{1}{{}_2E_{40}}(P\ddot{a}_{40:\overline{2|}}-1000A^1_{40:\overline{2|}})=0.537(\text{元})$$

如果终身寿险的保费在h年内定期缴付，那么当$k\geqslant h$时，过去净保费累积到h年末为${}_hP_x\ddot{s}_{x:\overline{h|}}\dfrac{1}{{}_{k-h}E_{x+h}}$，即

$${}_hP_x\ddot{s}_{x:\overline{h|}}\frac{1}{{}_{k-h}E_{x+h}}={}_hP_x\ddot{a}_{x:\overline{h|}}\frac{1}{{}_kE_x}\frac{1}{{}_{k-h}E_{x+h}}={}_hP_x\ddot{a}_{x:\overline{h|}}\frac{1}{{}_kE_x}$$

因此，在不同时点上准备金的计算方式为：

$$ {}^h_kV_x=\begin{cases} {}_hP_x\ddot{s}_{x:\overline{k|}}-\dfrac{A^1_{x:\overline{k|}}}{{}_kE_x}=\dfrac{1}{{}_kE_x}({}_hP_x\ddot{a}_{x:\overline{k|}}-A^1_{x:\overline{k|}}), & k<h \\ ({}_hP_x\ddot{a}_{x:\overline{h|}}-A^1_{x:\overline{k|}})=\dfrac{1}{{}_kE_x}, & k\geqslant h \end{cases} \qquad (9.2.16)$$

例 9.2.12　某人40岁投保1000元终身寿险，保费在前5年内，每年初均衡缴付，设预定利率为6%，预定死亡率采用中国人寿保险业经验生命表（1990—1993年）数据，试用过去法计算投保第1年、第10年末的准备金。

解　(1)年缴均衡净保费为：

$$
\begin{aligned}
{}_5P_{40} &= 1000 \times \frac{M_{40}}{N_{40}-N_{45}} \\
&= 1000 \times \frac{13451.4268}{1422016.88-1003984.10} \\
&= 32.18(\text{元})
\end{aligned}
$$

$$\ddot{a}_{40:\overline{1|}} = 1$$

$$A^{1}_{40:\overline{1|}} = \frac{M_{40}-M_{41}}{D_{40}} = \frac{13451.4268-13305.1948}{93942.94} = 0.001557$$

$${}_1E_{40} = \frac{D_{41}}{D_{40}} = \frac{88479.19}{93942.94} = 0.94184$$

故

$$
\begin{aligned}
1000\,{}^5_1V_{40} &= \frac{1}{{}_1E_{40}}(1000\,{}_5P_{40}\ddot{a}_{40:\overline{1|}} - 1000A^{1}_{40:\overline{1|}}) \\
&= \frac{1}{0.94184}(32.18 \times 1 - 1000 \times 0.001557) = 32.512
\end{aligned}
$$

(2) $$\ddot{a}_{40:\overline{5|}} = \frac{N_{40}-N_{45}}{D_{40}} = \frac{1422016.88-1003984.10}{93942.94} = 4.450$$

$$A^{1}_{40:\overline{10|}} = \frac{M_{40}-M_{50}}{D_{40}} = \frac{13451.4268-11729.0417}{93942.94} = 0.018334$$

$${}_{10}E_{40} = \frac{D_{50}}{D_{40}} = \frac{51090.52}{93942.94} = 0.54385$$

$$1000\,{}^5_{10}V_{40} = \frac{1}{{}_{10}E_{40}}(1000\,{}_5P_{40}\ddot{a}_{40:\overline{5|}} - 1000A^{1}_{40:\overline{10|}}) = 229.574$$

类似地，可以给出其他情形下过去法责任准备金的计算方式。比如，对 n 年缴费的 n 年两全保险，n 年内过去保险给付的终值应为 $A^{1}_{x:\overline{k|}}/{}_kE_x$，注意该终值并不是 $A_{x:\overline{k|}}/{}_kE_x$，因为只有在 n 年末才有满期生存给付，n 年内只是定期寿险。在第 n 年，准备金的数额应该正好等于生存给付额，从而有

$$
{}_kV_{x:\overline{n|}} = \begin{cases} P_{x:\overline{n|}}\ddot{s}_{x:\overline{k|}} - \dfrac{A^{1}_{x:\overline{k|}}}{{}_kE_x} = \dfrac{1}{{}_kE_x}(P_{x:\overline{n|}}\ddot{a}_{x:\overline{k|}} - A^{1}_{x:\overline{k|}}), & k<n \\ 1, & k=n \end{cases} \tag{9.2.17}
$$

对 (x) 的 1 单位元 n 年延期生存年金，保险费在 n 年定期缴付，有

$$
{}_kV({}_{n|}\ddot{a}_x) = \begin{cases} P({}_{n|}\ddot{a}_x) \times \ddot{a}_{x:\overline{n|}} \times \dfrac{1}{{}_kE_x} - \ddot{s}_{x+k:\overline{n-k|}}, & k \geqslant n \\ P({}_{n|}\ddot{a}_x) \times \ddot{s}_{x:\overline{k|}}, & k=n \end{cases} \tag{9.2.18}
$$

例 9.2.13　某人 30 岁时投保了从 60 岁起每月 1000 元的生存年金，保费从投保其在 30 年内每月缴付一次，预定利率为 6%，以中国人寿保险业经验生命表

(1990－1993 年,男女混合表)的资料,以过去法计算在投保第 10 年末和第 40 年末的责任准备金。

解 (1)以 $P^{(12)}$ 表示每月一次缴费的年缴保费,则

$$P^{(12)}=\frac{12\times 1000_{30|}\ddot{a}_{30}^{(12)}}{\ddot{a}_{30:\overline{30}|}^{(12)}}$$

$$=\frac{12000\left(N_{60}-\frac{11}{24}D_{60}\right)}{(N_{30}-N_{60})-\frac{11}{24}(D_{30}-D_{60})}$$

$$=\frac{12000\left(305710.37-\frac{11}{24}\times 26606.02\right)}{(2743767.5-305710.37)-\frac{11}{24}(170037.78-26606.02)}$$

$$=1484.7048$$

$${}_{10}V=P^{(12)}\frac{\ddot{a}_{30:\overline{10}|}^{(12)}}{{}_{10}E_{30}}$$

$$=\frac{1484.7048(N_{30}-N_{40})-\frac{11}{24}(D_{30}-D_{40})}{D_{40}}$$

$$=\frac{1484.7048(2743767.5-1422016.88)-\frac{11}{24}(170037.78-93942.94)}{93942.94}$$

$$=20889.01(\text{元})$$

(2) $${}_{40}V=P^{12}\frac{\ddot{a}_{30:\overline{30}|}^{(12)}}{{}_{40}E_{30}}-12000\frac{\ddot{a}_{60:\overline{10}|}^{(12)}}{{}_{10}E_{60}}$$

$$=\frac{1484.7048\left[(N_{30}-N_{60})-\frac{11}{24}(D_{30}-D_{60})\right]}{D_{70}}-\frac{12000(N_{60}-N_{70})-\frac{11}{24}(D_{60}-D_{70})}{D_{70}}$$

$$=\frac{1484.7048\left[(2743767.5-305710.37)-\frac{11}{24}(170037.78-26606.02)\right]}{12374.69}-\frac{12000(305710.37-109986.26)-\frac{11}{24}(26606.02-12374.69)}{12374.69}$$

$$=94831.34(\text{元})$$

实际中，可以根据具体问题选择使用将来法和过去法中较为简单方便的一种。一般地，计算已缴清保费后某个时刻的准备金时，用将来法更方便，因为这种情况下未来只有保险金给付，没有保费缴付。比如，当 $k \geqslant n$ 时，${}_k^hV_x = A_{x+k}$，${}_kV({}_{n|}\ddot{a}_x) = \ddot{a}_{x+k}$ 等，计算起来比较简单。计算尚未进入保险给付期的某时刻准备金，用过去法更简单，因为这种情况下只有保险费缴付，没有保险金给付。比如，当 $k < n$ 时，${}_kV({}_{n|}\ddot{a}_x) = P({}_{n|}\ddot{a}_x)\ddot{s}_{x:\overline{k}|}$。

§9.3 责任准备金的递推公式

相邻两期准备金之间具有递推关系，了解这种关系，对于深入认识准备金的实质具有重要意义。

对 (x) 的 1 单位元死亡年年末赔付终身寿险，保费每年一次，终身缴付，k 年末将来法给付准备金的计算公式为：

$$ {}_kV_x = A_{x+k} - P_x\ddot{a}_{x+k} $$

上式两边同加保费 P_x，可得：

$$ {}_kV_x + P_x = A_{x+k} - P_x(\ddot{a}_{x+k} - 1) = A_{x+k} - P_xa_{x+k} $$

由

$$ A_{x+k} = vq_{x+k} - vp_{x+k}A_{x+k+1} $$

$$ a_{x+k} = vp_{x+k}\ddot{a}_{x+k+1} $$

得到：

$$ {}_kV_x + P_x = vq_{x+k} + vp_{x+k}\,{}_{k+1}V_x \tag{9.3.1} $$

这一等式表明，k 年末的责任准备金 ${}_kV_x$ 加上 $k+1$ 年初的净保费收入 P_x，正好等于 $k+1$ 年的死亡给付在 k 年末的现值 vq_{x+k} 与 $t+1$ 年末责任准备金在利率和生者利下在 t 年末的现值 $vp_{x+k}\ {}_{k+1}V$。

对等式(9.3.1)两边同乘以 $(1+i)l_{x+k}$，可得：

$$ l_{x+k}({}_kV_x + P_x)(1+i) = d_{x+k} + l_{x+k+1}\,{}_{k+1}V \tag{9.3.2} $$

公式(9.3.2)表明 l_{x+k} 人 k 年末的责任准备金加他们缴付的净保费的总和 $l_{x+k}({}_kV_x + P_x)$，在利率 i 下到 $k+1$ 年末成为 $l_{x+k}({}_kV_x + P_x)(1+i)$，这一数额正好满足在第 $k+1$ 年发生的死亡每人 1 单位元的给付额 d_{x+k} 和 $k+1$ 年末 l_{x+k+1} 的责任准备金。

将等式(9.3.1)移项，得：

$$ P_x = vq_{x+k} + vp_{x+k}\,{}_{k+1}V_x - {}_kV_x \tag{9.3.3} $$

$vp_{x+k}\,{}_{k+1}V_x$ 是 $k+1$ 年末准备金在 k 年末的值，上式表明每年的净保费 P_x 正好满足死亡给付和相邻两期准备金的差额。

将 $p_{x+k}=1-q_{x+k}$ 代入等式(9.3.1),两边同乘以 $(1+i)$,得:

$$({}_kV_x+P_x)(1+i)={}_{k+1}V_x+q_{x+k}(1-{}_{k+1}V_x) \tag{9.3.4}$$

移项后,有

$$P_x=vq_{x+k}(1-{}_{k+1}V_x)+v_{k+1}V_x-{}_kV_x \tag{9.3.5}$$

(9.3.5)式中,$1-{}_{k+1}V_x$ 是1单位元与 $k+1$ 年末准备金之差,表明如果被保险人在 $k+1$ 年内死亡,在年末保险人准备金不足给付的部分,此值被称为 $k+1$ 年末保险人风险净额(net amount at risk),被保险人在第 $k+1$ 年死亡的概率为 q_{x+k},$q_{x+k}(1-{}_{k+1}V_x)$ 就是保险人 $k+1$ 年末的期望风险净额,又称为保险成本。它是以保险人风险净额 $(1-{}_{k+1}V_x)$ 为保额的一年定期寿险趸缴净保费 $vq_{x+k}(1-{}_{k+1}V_x)$ 在利率 i 下到年末的值 $q_{x+k}(1-{}_{k+1}V_x)$。这样,(9.3.5)式右边的两项可分别表示为风险净额缴付的保费部分和为增加准备金而缴付的保费部分,分别称为风险净保费和储蓄净保费。也就是说,每年的净保费一方面是为保险人承担的风险净额的缴费,一方面是为增加准备金的缴费。

等式(9.3.1)两边同乘以 $(1+i)$,经移项得:

$${}_{k+1}V_x-(1+i){}_kV_x=P_x(1+i)-q_{x+k}(1-{}_{k+1}V_x)$$

设

$$K_{x+k}=q_{x+k}(1-{}_{k+1}V_x)$$

对上面等式两边同乘以 $(1+i)^{n-k-1}$,并对 k 从0到 $n-1$ 求和,有

$$\sum_{k=0}^{n-1}\left[(1+i)^{n-k-1}\ {}_{k+1}V_x-(1+i)^{n-k}\ {}_kV_x\right]$$
$$=\sum_{k=0}^{n-1}P_x\ (1+i)^{n-k}-\sum_{k=0}^{n-1}\ (1+i)^{n-k-1}K_{x+k}$$

因为 ${}_0V_x=0$,所以等式左边等于 ${}_nV_x$,故

$${}_nV_x=P_x\sum_{k=0}^{n-1}\ (1+i)^{n-k}-\sum_{k=0}^{n-1}\ (1+i)^{n-k-1}K_{x+k}$$
$$=P_x\ddot{s}_n-\sum_{k=0}^{n-1}\ (1+i)^{n-k-1}K_{x+k} \tag{9.3.6}$$

等式(9.3.6)表明,第 n 年末的准备金等于每年净保费的累积与保险成本累积的差额。

上面的递推公式不只限于定额给付的终身寿险,对其他保险形式同样适用。如果以 ${}_kV$ 表示各种保险 k 年末的准备金,以 P_k 表示 $k+1$ 年初的净保费,以 b_k 表示 k 年末的死亡给付,则一般递推公式有

$${}_kV+P_k=b_{k+1}vq_{x+k}+vp_{x+k\,k+1}V \tag{9.3.7}$$

$$P_k = b_{k+1} v q_{x+k} + v p_{x+k\,k+1}V - {}_kV \tag{9.3.8}$$

$$_{k+1}V = ({}_kV + P_k)(1+i) - (b_{k+1} - {}_{k+1}V) q_{x+k} \tag{9.3.9}$$

$$P_k = (b_{k+1} - {}_{k+1}V) v q_{x+k} + v\,{}_{k+1}V - {}_kV \tag{9.3.10}$$

从(9.3.9)式还可得到：

$$_{k+1}V = \frac{({}_kV + P_k)(1+i) - b_{k+1} q_{x+k}}{p_{x+k}} \tag{9.3.11}$$

(9.3.11)式称为法克勒(Fackler)准备金累计公式。我们利用这一公式，可以从 ${}_0V=0$ 出发，在已知保单净保费下，依次计算出 ${}_1V, {}_2V, \cdots$。对 n 年定期保险，如果已知 ${}_nV$，则可倒推出 ${}_{n-1}V, {}_{n-2}V, \cdots$。

例 9.3.1 假设生命表 30 岁的人投保保险金额为 10000 元的 10 年两全保险，保险费要求在 5 年内缴清，$i=0.06$。试以中国人寿保险业生命表(1990－1993年)数据，分析各年责任准备金的形成过程并计算各年末每个投保存活者的责任准备金。

解 首先求出每年每张保单的净保费：

$$_5P_{30:\overline{10}|} = \frac{10000 A_{30:\overline{10}|}}{\ddot{a}_{30:\overline{5}|}} = \frac{10000(M_{30} - M_{40} + D_{40})}{N_{30} - N_{35}} = 1256.097926$$

保险人各年责任准备金的形成如表 9－5 所示。

表 9－5 例 9.14 中准备金计算表

投保年数 t	年初净保费 Pl_{30+t-1}	年初基金总额	年末基金总额	年末死亡给付 10000 d_{30+t-1}	年末责任准备金	存活人数 l_{30+t}	年末每个存活者责任准备金
(1)	(2)	(3) = (2) + $(6)_{t-1}$	(4) = (3) ×1.06	(5)	(6) = (4) − (5)	(7)	(8) = (6)/(7)
1	1226719051.9	1226719051.9	1300322195.1	7550000	1292772195.1	975856	1324.8
2	1225770698.0	2518542893.1	2669655466.7	7890000	2661765466.7	975066	2729.8
3	1224778380.6	3886543847.3	4119736478.1	8340000	4111396478.1	974232	4220.1
4	1223730795.0	5335127273.1	5655234909.5	8870000	5646364909.5	973346	5801.0
5	122617892.2	6868982801.7	7281121769.8	9500000	7271621769.8	972396	7478.0
6		7271621796.8	7707919076.0	10280000	7697639076.0	971368	7924.5
7		7697639076.0	8159497420.6	11130000	8148367420.6	970255	8398.2
8		8148367420.6	8637269465.8	12120000	8625149465.8	969043	8900.7
9		8625149465.8	9142658433.7	13240000	9129418433.7	967719	9434.0
10		9129418433.7	9677183539.8	14490000	9662693539.8	966271	10000.0

上表正是以(9.3.7)式为基础建立起来的。其中,年初净保费收入是年初所有存活的被保险人缴付的净保险费总额。年初净保费收入加上年末责任准备金总额形成年初基金总额,投保第一年的年初净保费收入就是年初基金总额,年末基金总额扣除年末每个死亡者给付 10000 元的保险金形成年末责任准备金总额。用年末存活的被保险人数平均年末责任准备金总额就是年末每个存活者责任准备金。表中第 10 年末每个存活者责任准备金为 10000 元,正好满足存活者的到期给付。

§9.4　会计年度末责任准备金

前面讨论的年末给付准备金是以保险年度为基础的,保险年度和会计年度是不同的。保险年度又称契约年度,是以保险契约成立日为起点的年度,即从契约成立日到下年同一日为一年;会计年度又称业务年度,通常等同于日历年度。会计年度末的责任准备金是保险公司在年度决算日的累积准备金,它可以由保险年度末准备金推算出来。

首先讨论 (x) 的终身寿险,假设在第 $j+1$ 保险年度末死亡给付为 b_{j+1},每年净保费为 P_j,在 $j+1$ 年初缴付,$j=0,1,2,\cdots$。由准备金的递推公式可知,对 t 为整数,$0<h<1$,$t+h$ 时点的准备金 ${}_{t+h}V$ 为:

$$
{}_{t+h}V = b_{t+1} v^{1-h}\,{}_{1-h}p_{x+t+h} + {}_{t+1}V v^{1-h}\,{}_{1-h}p_{x+t+h} \tag{9.4.1}
$$

在死亡均匀分布假设下,有

$$
{}_{h}p_{x+t}\,{}_{1-h}q_{x+t+h} \approx (1-hq_{x+t})\frac{(1-h)q_{x+t}}{1-hq_{x+t}} = (1-h)q_{x+t}
$$

因此

$$
{}_{(1-h)}q_{x+t+h} \approx \frac{(1-h)q_{x+t}}{{}_{h}p_{x+t}} \approx \frac{(1-h)p_{x+t}}{1-hq_{x+t}}
$$

又因为

$$
p_{x+t} = {}_{h}p_{x+t}\,{}_{1-h}p_{x+t+h}
$$

$$
{}_{1-h}p_{x+t+h} = \frac{p_{x+t}}{{}_{h}p_{x+t}} \approx \frac{p_{x+1}}{1-hq_{x+t}}
$$

故

$$
{}_{t+h}V = \frac{v^{1-h}}{1-hq_{x+t}}\left[b_{t+1}(1-h)q_{x+t} + {}_{t+1}Vp_{x+t}\right] \tag{9.4.2}
$$

由于

$$
({}_{t}V+P_t)(1+i) - (b_{t+1} - {}_{t+1}V)q_{x+1} = {}_{t+1}V
$$

可得：

$$b_{t+1}q_{x+t}=({}_{t}V+P_{t})(1+i)-{}_{t+1}Vp_{x+t}$$

因此

$$ {}_{t+h}V\approx\frac{v^{1-h}}{1-hq_{x+t}}(((_{t}V+P_{t})(1+i)-{}_{t+1}Vp_{x+t})(1-h)+{}_{t+1}Vp_{x+t})$$

$$=\frac{v^{1-h}}{1-hq_{x+t}}((1-h)({}_{t}V+P_{t})(1+i)+h\,{}_{t+1}Vp_{x+t}) \tag{9.4.3}$$

用上式可以计算会计年度末的准备金。其中，${}_{t}V$ 为保险年度末准备金；${}_{t+h}V$ 为会计年度末准备金。

实践中，当 i、q_{x+t} 很小时，$1+i$，p_{x+t}，v^{1-h} 及 $1-hq_{x+t}$ 可大致近似为 1，此时

$${}_{t+h}V\approx(1-h)({}_{t}V+P_{t})+h\,{}_{t+1}V \tag{9.4.4}$$

它是在 $t+1$ 年初准备金与保费之和与 $t+1$ 年末准备金之间的线性插值。

(9.4.4)式还可以写为：

$${}_{t+h}V\approx(1-h)\,{}_{t}V+h\,{}_{t+1}V+(1-h)P_{t} \tag{9.4.5}$$

式中，$(1-h)P_{t}$ 是$t+1$ 年初保费收入 P_{t} 与$t+h\sim t+1$ 时期长度$1-h$ 的积，可以表示保险人保险责任尚未完成时期的保费收入，通常称为未经过保费或未满期保费；${}_{t+h}V$ 是t 年末和$t+1$ 年末准备金的线性插值与$t+h$ 时点未满期保费之和，见图 9－2.

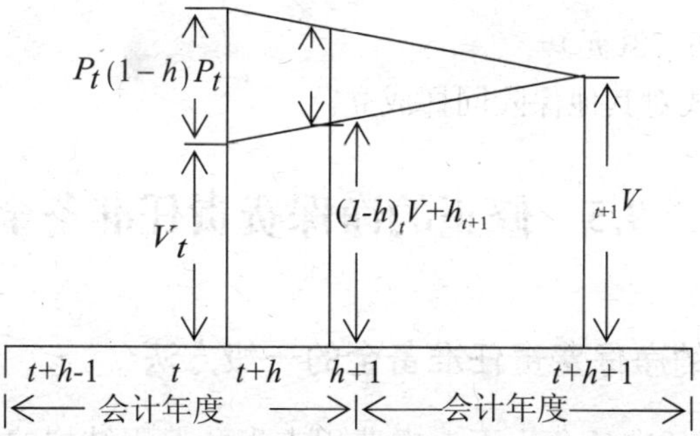

图 9－2　会计年度末给付准备金计算示意图

例 9.4.1　王女士在 1980 年 3 月 1 日 30 岁时投保了 10000 元终身寿险，保费在 20 年缴清，若 $i=0.06$，求这一保单在 1993 年年底的责任准备金。

解　$${}_{20}P_{30}=\frac{10000A_{30}}{\ddot{a}_{30:\overline{20|}}}=\frac{10000M_{30}}{N_{30}-N_{50}}=71.91$$

从 1980 年 3 月 1 日到 1993 年 3 月 1 日为 13 年，到 1994 年 3 月 1 日为 14 年，因而有

$$
\begin{aligned}
{}_{13}^{20}V_{30} &= 10000A_{43} - {}_{20}P_{30}\ddot{a}_{43:\overline{7}|} \\
&= \frac{10000M_{43} - 71.91(N_{43} - N_{50})}{D_{43}} \\
&= 1234.34(\text{元}) \\
{}_{14}^{20}V_{30} &= \frac{10000M_{44} - 71.91(N_{44} - N_{50})}{D_{44}} \\
&= 1365.69(\text{元})
\end{aligned}
$$

查表得 $q_{43}=0.002193, p_{43}=0.997807$，由公式(9.32)式可知(其中，$t=13, h=10/12$)：

$$
{}_{13+\frac{10}{12}}^{20}V_{30} \approx \frac{v^{\frac{2}{12}}}{1-\frac{10}{12}q_{43}}\left[\frac{2}{12}({}_{13}^{20}V_{30}+P)(1+i)+\frac{10}{12}{}_{14}^{20}V_{30}p_{43}\right]
$$

$$
=\frac{1.06^{\frac{1}{6}}}{1-\frac{5}{6}\times 0.002193}\left[\frac{1}{6}\times(1234.34+71.91)\times 1.06+\frac{5}{6}\times 1365.69\times 0.997807\right]
$$

$$
=1379.68(\text{元})
$$

若用近似公式(9.4.4)，有

$$
\begin{aligned}
{}_{13+\frac{10}{12}}^{20}V_{30} &\approx \frac{2}{12}\times 1234.34+\frac{10}{12}\times 1365.69+\frac{2}{12}\times 71.91 \\
&= 1355.78(\text{元})
\end{aligned}
$$

显然，上面公式对其他保险同样成立。

§ 9.5　修正的净保费责任准备金

9.5.1　修正的净保费责任准备金的一般方法

均衡净保费责任准备金为不考虑费用支出和费用结构的情况下对准备金的估计，但实际中，均衡保费是指在缴费期内每次缴付的保费相同，保费中包括为补偿保险给付的净保费部分和为补偿保险费用支出并获取利润的附加保费部分。保险营业在保单第一年需要花费大量的宣传广告费、代理人和经纪人佣金或手续费、风险分类费等。这些费用往往占第一年保费的很大比例，远远超过在均衡净保费的基础上附加的均衡附加保费部分。到保单第二年后，除了发生保险事故后需要一笔核赔费用外，在一般年份，费用水平基本上维持在一个较低的平稳水平上。对保单第一年较高的费用水平，保险公司可以选择从每年的盈余中提取一定资金补充不足，再从以后年份收取的保费中逐步补偿。但这种方法会影响保险公司的资金运用，对资金不足的新成立的或小规模的保险公司来说困难较大。保险公司从公司利益出发一般不采用这种方法。一种常用的解决保单第一年费用超支的方法是让费用占用一部分净保费，少提准备金，再从以后各年收取的营业费用中逐年归还，以补足第一年应提的准备金数额。这种对均衡净保费责任准备金进行调整的方法称为修正的责任准备金方法。

设每年均衡保费为 G，均衡净保费为 P，则均衡附加保费为 $G-P$。假设保单第一年由费用占用一部分净保费，使净保费称为 α，第二年到第 k 年由于费用的归还，实际净保费称为 β，k 为保费调整期，n 为保费缴付期，见图 9—3。

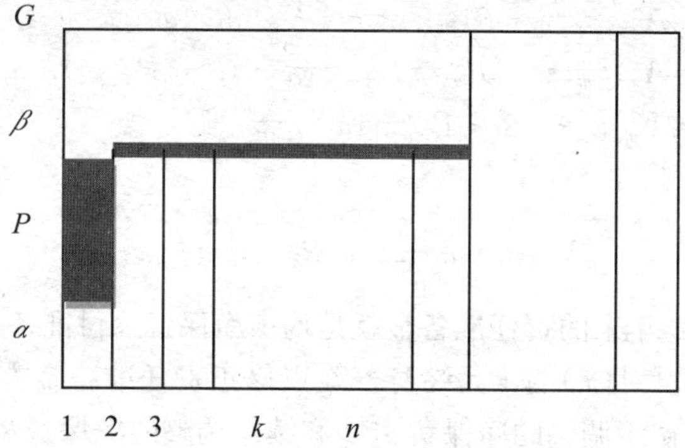

图 9—3　修正给付准备金法对净保费的调整

保险第一年由费用超支占用的均衡净保费为 $P-\alpha$，第二年到第 k 年由于费用的逐年归还，增加的净保费为 $\beta-P$。图 9—3 中用阴影部分表示调整的净保费。净保费的这种调整必须保证在任何时点上，均衡净保费的价值等于调整后的实际净保费的价值，这样才符合保险金支出与净保费收入相等的收支平衡公式，即

$$\alpha+\beta a_{x:\overline{k-1}|}+P\,{}_{k|}\ddot{a}_{x:\overline{n-k}|}=P\ddot{a}_{x:\overline{n}|}$$

移项并整理后，有

$$\alpha+\beta a_{x:\overline{k-1}|}=P\ddot{a}_{x:\overline{k}|} \tag{9.5.1}$$

将 $\ddot{a}_{x:\overline{n}|}=a_{x:\overline{k-1}|}+1$ 代入上式，有

$$P-\alpha=(\beta-P)\,a_{x:\overline{k-n}|} \tag{9.5.2}$$

表明第一年减少的净保费与第二年以后增加的净保费精算现值相等。

(9.5.2)式还可以写为：

$$\beta=P+\frac{P-\alpha}{a_{x:\overline{k-1}|}} \tag{9.5.3}$$

表明第二年以后调整的净保费 β 是在均衡净保费 P 的基础上，加上能够补偿

第一年减少的净保费数额的调整项组成的。当 $P-\alpha$ 已知时，可以用上式计算 β。将 $a_{x:k-1}=\ddot{a}_{x:k}-1$ 代入公式(9.5.2)，有

$$\beta=P+\frac{\beta-\alpha}{\ddot{a}_{x:\overline{k}|}}$$

在已知 $\beta-\alpha$ 时，可以用(9.5.3)式计算 β。

修正的给付准备金以 V^{mod} 表示。采用与均衡净保费责任准备金相同的计算方法，在调整的净保费下，可以计算出修正的责任准备金。比如，对 (x) 的 m 年两全保险，缴费期为 n 年，净保费调整期为 k 年，t 年末的修正责任准备金为：

当 $t\leqslant k\leqslant n$ 时，用将来法，有

$$\begin{aligned}{}_t^nV^{\text{mod}}_{x:\overline{m}|}&=A_{x+t:\overline{m-t}|}-\beta\ddot{a}_{x+t:\overline{k-t}|}-{}_nP_{x:\overline{m}|\,k-t|}\ddot{a}_{x+t:\overline{n-k}|}\\&=A_{x+t:\overline{m-t}|}-{}_nP_{x:\overline{m}|}\ddot{a}_{x+t:\overline{n-t}|}-(\beta-{}_nP_{x:\overline{m}|})\ddot{a}_{x+t:\overline{k-t}|}\\&={}_t^nV_{x:\overline{m}|}-(\beta-{}_nP_{x:\overline{m}|})\ddot{a}_{x+t:\overline{k-t}|}\end{aligned}$$

用过去法时，有

$${}_t^nV^{\text{mod}}_{x:\overline{m}|}=\alpha\frac{1}{{}_tE_x}+\beta\ddot{s}_{x+1:\overline{t-1}|}-{}_tk_x$$

当 $t\geqslant k$ 时，t 年末的责任准备金就是均衡净保费给付准备金。

例 9.5.1 假设对 (x) 的 1 元终身寿险以修正责任准备金方法计算的数值为 ${}_1V_x^{\text{mod}}=k$，试计算初年调整的净保费 α_x^{mod} 和续年调整的净保费 β_x^{mod}。

解：由过去法：

$$\frac{\alpha^{\text{mod}}}{{}_1E_x}-\frac{A^1_{x:\overline{1}|}}{{}_1E_x}={}_tV_x^{\text{mod}}=k$$

得：

$$\alpha^{\text{mod}}=A^1_{x:\overline{1}|}+k\,{}_1E_x$$

由将来法：

$$A_{x+1}-\beta^{\text{mod}}\ddot{a}_{x+1}=k$$

得：

$$\beta^{\text{mod}}=\frac{A_{x+1}}{\ddot{a}_{x+1}}-\frac{k}{\ddot{a}_{x+1}}=P_{x+1}-\frac{k}{\ddot{a}_{x+1}}$$

9.5.2 完全初年定期修正法

在修正的责任准备金一般方法中，对保单第一年净保费 α，除要求不能超过均衡净保费 P 外，没有其他限制条件，也就是对初年均衡净保费 P 中可用于费用的比例 $P-\alpha$ 没有限定。但如果第一年费用占用净保费的比例太大，使留下来的净保费 α 不能满足当年的赔付支出，那么第一年末的给付就会成为负值。为避免这

种情况，需要规定 α 的合理界限。

α 的最小界限是使保险第一年的净保费与保险赔付相等，也就是第一年末不留准备金。这时，有

$$ {}_1V = 0 $$

即

$$ \alpha \ddot{s}_{x:\overline{1}|} - A^1_{x:\overline{1}|} / {}_1E_x = 0 $$

$$ \alpha = A^1_{x:\overline{1}|} \tag{9.5.4} $$

$A^1_{x:\overline{1}|}$ 是一年定期寿险现值，$\alpha = A^1_{x:\overline{1}|}$ 表明第一年的净保费 α 是满足一年定期死亡保险的净保费。这样一来，第一年净保费扣除当年的死亡赔付金的余额可以用于第一年的费用。这种把第一年净保费规定为一年定期寿险现值 $A^1_{x:\overline{1}|}$，并在整个缴费期修正责任准备金的方法称为完全初年定期修正法（full preliminary term），简称为 FPT 法。在完全初年定期修正法下，第一年的净保费用 α^{FPT} 表示，第二年以后的净保费用 β^{FPT} 表示，k 年末的责任准备金用 ${}_kV^{FPT}$ 表示。

根据修正的责任准备金一般方法，在已知 α^{FPT} 下，很容易求出 β^{FPT}。将 $\alpha^{FPT} = A^1_{x:\overline{1}|}$ 代入(9.5.2)式，有

$$ \beta^{FPT} = P + \frac{P - A^1_{x:\overline{1}|}}{a_{x:\overline{n-1}|}} \tag{9.5.5} $$

再将 $a_{x:\overline{n-1}|} = {}_{1|}\ddot{a}_{x:\overline{n-1}|}$ 代入(9.5.1)式，有

$$ A^1_{x:\overline{1}|} + \beta^{FPT}\ {}_{1|}\ddot{a}_{x:\overline{n-1}|} = P\ddot{a}_{x:\overline{n}|} \tag{9.5.6} $$

$P\ddot{a}_{x:\overline{n}|}$ 是 n 年定期缴费均衡净保费精算现值，它等于相应保险的保险金精算现值。若用 A 表示对 (x) 的这一保险精算现值，$A(1)$ 表示在 $x+1$ 岁时同一保险的精算现值，则

$$ P\ddot{a}_{x:\overline{n}|} - A - A^1_{x:\overline{1}|} + {}_1E_x A(1) $$

代入(9.5.6)式，有

$$ \beta^{FPT} = \frac{{}_1E_x A(1)}{{}_{1|}\ddot{a}_{x:\overline{n-1}|}} = \frac{A(1)}{\ddot{a}_{x+1:\overline{n-1}|}} \tag{9.5.7} $$

上式表明，β^{FPT} 是对 $(x+1)$ 的保费缴付期为 $n-1$ 年保险的年缴保费，这正好与原保险险种相同，但比原投保年龄大一岁，保费缴付期比原保险少一年的年缴均衡净保费。

比如，对 (x) 的 m 年 1 单位元两全保险，缴费期为 n，则

$$ \beta^{FPT} = \frac{A_{x+1:\overline{m-1}|}}{\ddot{a}_{x+1:\overline{n-1}|}} = {}_{n-1}P_{x+1:\overline{m-1}|} \tag{9.5.8} $$

这一保险 k 年末的完全初年定期修正法责任准备金为：

$$
\begin{aligned}
{}_k^nV_{x:\overline{m}|}^{FPT} &= A_{x+k:\overline{m-k}|} - \beta^{FPT}\ddot{a}_{x+k:\overline{n-k}|} \\
&= A_{x+k:\overline{m-k}|} - {}_{n-1}P_{x+1:\overline{m-1}|}\ddot{a}_{x+k:\overline{n-k}|} \\
&= A_{(x+1)+(k-1):\overline{(m-1)-(k-1)}|} - {}_{n-1}P_{x+1:\overline{m-1}|}\ddot{a}_{(x+1)+(k-1):\overline{(n-1)-(k-1)}|} \\
&= {}_{k-1}^{n-1}V_{x+1:\overline{m-1}|}
\end{aligned}
$$

可见,完全初年定期修正法 k 年末的准备金正是比原投保年龄大 1 岁、保险期少 1 年、缴费期少 1 年的均衡净保费 $k-1$ 年末的准备金。

例 9.5.2 刘某在 30 岁时投保了 10000 元的 5 年两全保险。若保险金在死亡年年末给付、保险费从投保开始每年缴付,$i=0.06$,以中国人寿保险业经验生命表(1990—1993)的数据,计算完全初年定期修正法在各保险年末的责任准备金。

解 由(9.5.7)式,有

$$
\beta^{FPT}=\frac{10000A_{31:\overline{4}|}}{\ddot{a}_{31:\overline{4}|}}=\frac{10000(M_{31}-M_{35}+D_{35})}{M_{31}-M_{35}}=2159.36(\text{元})
$$

各年末责任准备金如表 9—6 所示。

表 9—6 完全初年定期修正法期末责任准备金计算表

年度 t	$10000A_{30+t:\overline{5-t}|}$ (1)	$\ddot{a}_{30+t:\overline{5-t}|}$ (2)	$\beta^F\ddot{a}_{30+t:\overline{5-t}|}$ (3) = $\beta^F\times$(2)	${}_tV^F_{30:\overline{5}|}$ (4) = (1) − (3)
1	7923.30	3.6686	7923.30	0
2	8397.54	2.8310	6114.31	2283.23
3	8900.45	1.9425	4195.41	4705.04
4	9433.96	1	2159.76	7274.21
5	10000.00	0	0	10000.00

习　题

以中国人寿保险业经验生命表(1990—1993 年,男女混合表)为基础生命表。

9.1 某人在 30 岁时投保了 50000 元终身寿险,计算在投保第 20 年年末,保险人在下列两种情况下为这一保单提存的责任准备金。(假设 i=6%)

(1)保险金在死亡年年末给付,保险费终身缴付;

(2)保险金在死亡时给付,保险费在 15 年内缴清。

9.2 下列哪个式子是 ${}_{15}V_{40}^{(m)}$ 的正确计算式?

(1) $(P_{55}^{(m)}-P_{40}^{(m)})\ddot{a}_{55}^{(m)}$;

(2) $P_{40}^{(m)}\ddot{s}_{40:\overline{15}|}^{(m)}-{}_{15}k_{40}$;

(3) $\left(1-\dfrac{P_{40}^{(m)}}{P_{55}^{(m)}}\right)A_{55}$;

(4) $1-\frac{\ddot{a}_{55}^{(m)}}{\ddot{a}_{40}^{(m)}}$。

9.3　某人在40岁时购买了20年20000元两全保险，保费在10年内付清，利率为6%，试计算：

(1)第5年末和第15年末均衡净保费责任准备金；

(2)以完全初年定期修正法计算第5年末和第15年末的责任准备金。

9.4　假设有一种退休年金，从被保险人退休日起每年年末给付1单位元生存年金。若被保险人死亡，在死亡年年末给付当时责任准备金的一半；若从x岁开始退休，${}_tR_x$表示$x+t$岁时的责任准备金，试用${}_tR_x$，p，q和i表示${}_{t+1}R_x$。

9.5　某人30岁时购买了某年金保险，契约规定从被保险人60岁起每年给付10000元生存年金。如果被保险人在60岁前死亡，则在死亡年年末给付50000元。保险费在60岁前每年缴付一次，如果初年附加保费是总保费的30%，续年附加保费是总保费的10%，预定利率为6%。试计算：

(1)年缴均衡总保费；

(2)第10年末和第40年末均衡净保费责任准备金；

(3)按总保费扣减附加保费后的净保费，计算第10年末和第40年末的责任准备金。

第十章　多生命模型及其精算现值

前面各章研究了以单个被保险人为承保对象的单人(生命)寿险、生存年金、保费及准备金精算方法。本章研究有一定联系的两个或两个以上的人(或单位)结合在一起组成一个联合投保集团,以联合集团中的一个或几个人(或单位)发生保险事故为保险赔付条件以及对被保险人的两种或两种以上危险事故进行保险的精算方法。

§10.1　多生命模型

以单个被保险人为承保对象的保险,其保险金给付条件是被保险人的生存、死亡、疾病、伤残等。以联合投保集团(多生命)为承保对象的保险,其保险给付条件也是联合投保集团的"生存"或"死亡"。下面通过定义联合投保集团的"生存"和"死亡"状态,讨论多生命的联合生存和最后生存两种状态。

10.1.1　联合生存状态

联合生存状态(joint-life status)是以投保集团中每个成员都存活为状态生存,以集团中的第一例死亡为状态死亡的状态。设联合投保集团是由年龄分别为 $x_1, x_2, \cdots, x_m$ 的 m 个个体组成,其联合生存状态表示为 $(x_1x_2\cdots x_m)$。

如果联合生存状态的未来"存活"时间随机变量以 T 表示,对于联合生存状态 $(x_1x_2\cdots x_m)$,未来存活时间随机变量记作 $T(x_1x_2\cdots x_m)$。由联合生存状态的定义可得:

$$T(x_1x_2\cdots x_m)=\min\{T(x_1), T(x_2), \cdots, T(x_m)\}$$

其中,$T(x_i)$ 表示单个成员 (x_i) 的余寿随机变量。

在实际中,一般没有可直接利用的联合生存状态死亡经验或生命表,通常只能根据个体生命表数据进行推算。为方便计算,常采用独立性假设,即假设联合状态中各个体的余寿随机变量相互独立。但实际上,联合投保集团的成员一般都有某种经济的、婚姻的或血缘的关系，其余寿随机变量一般并不独立。

以两个人的多生命模型为例，如果 x 和 y 分别代表两个成员的年龄，他们的联合生存状态的余寿随机变量为 $T(xy)$，$T=T(xy)$ 的分布函数为：

$$\begin{aligned}F_T(t)&=P(T\leqslant t)\\&=P(\min(T(x),T(y))\leqslant t)\\&=1-P(T(x)>t\text{ 且 }T(y)>t)\end{aligned}\tag{10.1.1}$$

在独立性假设下，有

$$F_T(t)=1-P(T(x)>t)P(T(y)>t)=1-{}_tp_x{}_tp_y\tag{10.1.2}$$

这样，联合生存状态(xy)至少“存活”到时间 t 的概率 ${}_tp_{xy}$ 满足：

$${}_tp_{xy}={}_tp_x{}_tp_y\tag{10.1.3}$$

对 $F_T(t)$ 关于 t 求导，可求得 T 的概率密度函数：

$$f_T(t)=\frac{d}{dx}(1-{}_tp_x{}_tp_y)={}_tp_x{}_tp_y(\mu_x(t)+\mu_y(t))\tag{10.1.4}$$

余寿随机变量 $T(xy)$ 的分布可以依据相关个体的死亡力确定。时间 t 状况(xy)的“死亡”力以 $\mu_{xy}(t)$ 表示，与第三章生命表的相关公式类似，有

$$\mu_{xy}(t)=\frac{f_{T(xy)}(t)}{1-F_{T(xy)}(t)}\tag{10.1.5}$$

由于 $T(x)$，$T(y)$ 相互独立，因而

$$\mu_{xy}(t)=\mu_x(t)+\mu_y(t)\tag{10.1.6}$$

可见，在独立性假设下，联合生存状态的“死亡”力等于构成联合状态个体的死亡力之和。

在第 k 个整数年中，联合生存状态 (xy) 的“死亡”概率为：

$$\begin{aligned}P(k<T\leqslant k+1)&=P(T\leqslant k+1)-P(T<k)\\&={}_kp_{xy}-{}_{k+1}p_{xy}\\&={}_kp_{xy}q_{x+k:y+k}\end{aligned}\tag{10.1.7}$$

这里，联合生存状态 $(x+k:y+k)$ 在一年内“死亡”的概率可用个体死亡概率写成：

$$\begin{aligned}q_{x+k:y+k}&=1-p_{x+k:y+k}\\&=1-p_{x+k}p_{y+k}\\&=1-(1-q_{x+k})(1-q_{y+k})\\&=q_{x+k}+q_{y+k}-q_{x+k}q_{y+k}\end{aligned}\tag{10.1.8}$$

联合生存状态 (xy) 在第 $k+1$ 年死亡的概率为：

$$
\begin{aligned}
P(K=k) &= P(k \leqslant T < k+1) \\
&= P(k < T \leqslant k+1) \\
&= {}_k p_{xy} q_{x+k:y+k} \\
&= {}_{k|} q_{xy}
\end{aligned} \tag{10.1.9}
$$

例 10.1.1 设某状态中包含(60)与(65)两个个体，假设他们的余寿相互独立，试给出 $T(60:65)$ 的分布。

解 设 $T = T(60:65)$ 由独立性假设，有

$$
P(T > t) = {}_t p_{60:65} = {}_t p_{60} \times {}_t p_{65}
$$

例 10.1.2 设某状态中包含(60)与(65)两个个体，假设他们的余寿相互独立，试给出第 1 个死亡发生在未来 5 年后、10 年前的概率。

解 对于 $T = T(60:65)$，有

$$
\begin{aligned}
P(5 < T \leqslant 10) &= P(T > 5) - P(T > 10) \\
&= {}_5 p_{60:65} - {}_{10} p_{60:65} \\
&= {}_5 p_{60}\, {}_5 p_{65} - {}_{10} p_{60}\, {}_{10} p_{65}
\end{aligned}
$$

例 10.1.3 吸烟者死亡力为 2 倍的不吸烟者的死亡力，后者的生存函数

$$
s(x) = \frac{75-x}{75}, 0 \leqslant x \leqslant 75.
$$

假设 55 岁的吸烟者与 65 岁的不吸烟者独立，计算 $\mathring{e}_{55:65}$。

解 由吸烟者的死亡力等于不吸烟者的两倍，知吸烟者的生存分布为

$$
e^{-\int_0^x 2\mu(s)ds} = (e^{-\int_0^x 2\mu(s)ds})^2 = s(x)^2
$$

因此，

$$
\begin{aligned}
\mathring{e}_{55:65} &= \int_0^\infty {}_s p_{55:65}\, ds = \int_0^\infty {}_s p_{55}\, {}_s p_{65}\, ds \\
&= \int_0^\infty \left(\frac{s(55+s)}{s(55)}\right)^2 \frac{s(65+s)}{s(65)} ds \\
&= \int_0^\infty \frac{(20-s)^2(10-s)}{4000} ds \\
&= 3.535
\end{aligned}
$$

10.1.2 最后生存状态

最后生存状态是以投保集团中至少一个成员存活为状态生存，以全部成员的死亡为状态的死亡。以 $(\overline{x_1 x_2 \cdots x_m})$ 表示由 (x_i)，$i=1,2,\cdots,m$ 等 m 个成员组成的最后生存状态。

最后生存状态的余寿随机变量为：

$$T=\max\{T(x_1),T(x_2),\cdots,T(x_m)\}$$

假设状态中个体的余寿随机变量相互独立。在只有两个个体的情形下，有

$$\begin{aligned}F_T(t)&=P(T\leqslant t)\\&=P(\max(T(x),T(y))\leqslant t)\\&=P(T(x)\leqslant t \text{ 且 } T(y)\leqslant t) \quad (10.1.10)\\&=P(T(x)\leqslant t)P(T(y)\leqslant t)\\&=(1-{}_tp_x)(1-{}_tp_y)\\&=1-{}_tp_x-{}_tp_y+{}_tp_x{}_tp_y \quad (10.1.11)\end{aligned}$$

于是，有

$${}_tp_{\overline{xy}}=1-F_T(t)={}_tp_x+{}_tp_y-{}_tp_x{}_tp_y \quad (10.1.12)$$

对(10.1.11)式关于 t 求导，可得 $T=T(\overline{xy})$ 的概率密度函数：

$$\begin{aligned}f_T(t)&=\frac{d}{dx}((1-{}_tp_x)(1-{}_tp_y))\\&=(1-{}_tp_x){}_tp_y\mu_y(t)+(1-{}_tp_y){}_tp_x\mu_x(t) \quad (10.1.13a)\\&={}_tp_x\mu_x(t)+{}_tp_y\mu_y(t)-{}_tp_x{}_tp_y(\mu_x(t)+\mu_y(t)) \quad (10.1.13b)\end{aligned}$$

即使 $T(x)$ 与 $T(y)$ 并不独立，在 $T(xy)$，$T(\overline{xy})$，$T(x)$ 和 $T(y)$ 之间也存在一定的关系。$T(\overline{xy})$ 或者等于 $T(x)$，或者等于 $T(y)$；同时，$T(xy)$ 必等于其中的另一个。因此，总有

$$T(xy)+T(\overline{xy})=T(x)+T(y) \quad (10.1.14a)$$

又由

$$\begin{aligned}P(T(xy)\leqslant t)&=P(T(x)\leqslant t \text{ 或 } T(y)\leqslant t)\\&=P(T(x)\leqslant t)+P(T(y)\leqslant t)-P(T(x)\leqslant t \text{ 且 } T(y)\leqslant t)\end{aligned}$$

以及(10.1.10)式可得：

$$F_{T(xy)}(t)+F_{T(\overline{xy})}(t)=F_{T(x)}(t)+F_{T(y)}(t) \quad (10.1.14b)$$

$$f_{T(xy)}(t)+f_{T(\overline{xy})}(t)=f_{T(x)}(t)+f_{T(y)}(t) \quad (10.1.14c)$$

$${}_tp_{\overline{xy}}={}_tp_x+{}_tp_y-{}_tp_{xy} \quad (10.1.14d)$$

$$f_{T(\overline{xy})}(t)={}_tp_x\mu_x(t)+{}_tp_y\mu_y(t)-{}_tp_{xy}\mu_{xy}(t) \quad (10.1.14e)$$

类似地，最后生存状况 $(\overline{xy})$ 在时间 t 的死亡力为：

$$\mu_{\overline{xy}}(t)=\frac{{}_tp_x\mu_x(t)+{}_tp_y\mu_y(t)-{}_tp_{xy}\mu_{xy}(t)}{{}_tp_x+{}_tp_y-{}_tp_{xy}} \quad (10.1.15)$$

根据(10.1.14b)式可以得出最后生存状况 $(\overline{xy})$ 的整值余寿 $K=K(\overline{xy})$ 的概率函数与个体及联合生存状况的整值余寿之间的关系：

$$P(K(\overline{xy})=k)+P(K(xy)=k)=P(K(x)=k)+P(K(y)=k)$$

对 $k=0,1,2,\cdots$，有

$$P(K(\overline{xy})=k)={}_kp_xq_{x+k}+{}_kp_yq_{y+k}-{}_kp_{xy}q_{x+k:y+k} \quad (10.1.16)$$

如果采用独立性假设，利用(10.1.3)式和(10.1.7)式可将(10.1.16)式写成：

$$\begin{aligned}P(K(\overline{xy})=k)&={}_kp_xq_{x+k}+{}_kp_yq_{y+k}-{}_kp_x{}_kp_y(q_{x+k}+q_{y+k}-q_{x+k}q_{y+k})\\&=(1-{}_kp_y){}_kp_xq_{x+k}+(1-{}_kp_x){}_kp_yq_{y+k}+{}_kp_x{}_kp_yq_{x+k}q_{y+k}\end{aligned}$$

上式的直观解释为：前面两项的和代表状况中的个体第一个死亡发生在 k 之前，第二个死亡发生在 k 与 $k+1$ 之间的概率；第 3 项表示两个体都死亡在该年度内的概率。这一表达式与连续型情形的(10.1.13a)式类似，不过(10.1.13a)式相当于第 3 项为 0。

例 10.1.4 设某状态中包含(58)与(62)两个个体，他们的死亡分别发生在 65.2 和 68.4。试分别计算 $T(58,62)$，$T=T(\overline{58,62})$。

解 $T=T(58,62)=\min(65.2-58,68.4-62)=\min(7.2,6.4)=6.4$

$T=T(\overline{58,62})=\max(7.2,6.4)=7.2$

由上，可以验证：

$$T(58,62)+T(\overline{58,62})=T(58)+T(62)$$

例 10.1.5 在例 10.1.2 中，计算最后 1 个死亡发生在未来 5 年后、10 年前的概率。

解 对于 $T=T(\overline{60,65})$，应用(10.14d)式得到：

$$\begin{aligned}P(5<T\leqslant 10)&=P(T>5)-P(T>10)\\&={}_5p_{\overline{60:65}}-{}_{10}p_{\overline{60:65}}\\&={}_5p_{60}-{}_{10}p_{60}+{}_5p_{65}-{}_{10}p_{65}-({}_5p_{60:65}-{}_{10}p_{60:65})\end{aligned}$$

§10.2 多生命模型的精算现值

10.2.1 多生命模型余寿随机变量的期望

对于一般状况 (u)，其余寿 $T=T(u)$，根据余寿均值的定义，有

$$\mathring{e}_u=E(T(u))=\int_0^\infty {}_tp_u dt \quad (10.2.1)$$

如 (u) 是联合生存状态 (xy)，则

$$\mathring{e}_{xy}=\int_0^\infty {}_tp_{xy} dt \quad (10.2.2)$$

对最后生存状态，则有

$$\mathring{e}_{\overline{xy}}=\int_0^\infty {}_tp_{\overline{xy}} dt \quad (10.2.3)$$

由(10.1.14d)式可以得到：

$$\mathring{e}_{\overline{xy}}=\mathring{e}_x+\mathring{e}_y-\mathring{e}_{xy} \tag{10.2.4}$$

对于整值余寿 k，随机变量 $K=K(u)$，其期望值为：

$$e_u=\sum_{k=1}^{\infty}{}_kp_u$$

对联合生存状态 (xy) 及最后生存状态 $(\overline{xy})$，分别有

$$\begin{aligned}e_{xy}&=\sum_{k=1}^{\infty}{}_kp_{xy}\\ e_{\overline{xy}}&=\sum_{k=1}^{\infty}{}_kp_{\overline{xy}}\end{aligned} \tag{10.2.5}$$

同样地，由(10.1.14d)式亦可知：

$$e_{\overline{xy}}=e_x+e_y-e_{xy} \tag{10.2.6}$$

10.2.2　多生命模型的精算现值

为方便计算，这里以状态 (u) 表示前面讨论的联合生存状态和最后生存状态中任意一种多生命模型。在多生命模型"生存"概率和"死亡"概率的基础上，可以依前面章节中对寿险和生存年金精算现值的计算方法，给出多生命模型的精算现值。

对于一般状态 (u)，A_u 代表状态 (u) 的整值余寿变量 $K=K(u)$ 在 $K+1$ 年末赔付的精算现值。$\bar{A}_u$ 代表状态 (u) 的实值余寿随机变量 $T=T(u)$"死亡"时赔付的精算现值。

对于在状态 (u)"死亡"时赔付 1 单位元的保险，保单生效时的现值随机变量和趸缴净保费分别为：

$$Z=v^T$$

$$\bar{A}_u=\int_0^{\infty}v^t\,{}_tp_u\mu_u(t)dt$$

具体地，对于联合生存状态 (xy)，有

$$\bar{A}_{xy}=\int_0^{\infty}v^t\,{}_tp_{xy}\mu_{xy}(t)dt$$

在独立性假设下，上式可写成：

$$\bar{A}_{xy}=\int_0^{\infty}v^t\,{}_tp_x\,{}_tp_x(\mu_x(t)+\mu_y(t))\,dt$$

类似地，可以给出最后生存状态的情形。

对于每年连续支付 1 单位元直至状态 (u)"死亡"的生存年金，有

$$Y=\bar{a}_{T}$$

$$\bar{a}_{u}=\int_{0}^{\infty}\bar{a}_{\overline{t|}}\ {}_{t}p_{u}\mu_{u}(t)dt=\int_{0}^{\infty}v_{t}^{t}p_{u}dt$$

同样地，对于联合生存状态(xy)， 即只有在两人同时存活时才支付年金，有

$$Y=\bar{a}_{T(xy)}$$

$$\bar{a}_{xy}=\int_{0}^{\infty}\bar{a}_{t}\left[{}_{t}p_{x\,t}p_{y}(\mu_{x}(t)+\mu_{y}(t))\right]dt$$

$$=\int_{0}^{\infty}v_{t}^{t}p_{x\,t}p_{y}dt$$

根据本章第一节的推导结果，可以得到最后生存状态与联合生存状态的年金及寿险精算现值之间的关系，即

$$v^{T(\overline{xy})}+v^{T(xy)}=v^{T(x)}+v^{T(y)} \tag{10.2.7}$$

$$\bar{a}_{\overline{T(xy)|}}+\bar{a}_{\overline{T(\overline{xy})|}}=\bar{a}_{T(x)}+\bar{a}_{T(y)} \tag{10.2.8}$$

$$v^{T(xy)}v^{T(xy)}=v^{T(x)}v^{T(y)}$$

通过对上式两边求期望，可以得出：

$$\bar{A}_{\overline{xy}}+\bar{A}_{xy}=\bar{A}_{x}+\bar{A}_{y} \tag{10.2.9}$$

$$\bar{a}_{\overline{xy}}+\bar{a}_{xy}=\bar{a}_{x}+\bar{a}_{y} \tag{10.2.10}$$

对于状态(u)的整值余寿变量$K=K(u)$，在状态“死亡”年年末1单位元支付的寿险现值随机变量为$Z=v^{K+1}$，趸缴净保费为：

$$A_{u}=E(Z)=\sum_{k=0}^{\infty}v^{K+1}P(K=k) \tag{10.2.11}$$

生存年金的精算现值也与单个生命的计算公式类似，只需用一般状态(u)的“存在”概率替换原来(x)的存活概率。例如，计算状态(u)的n年定期生存年金，有

$$Y=\begin{cases}\ddot{a}_{\overline{K+1|}}, & 0\leqslant K\leqslant n\\ \ddot{a}_{\overline{n|}}, & K\geqslant n\end{cases}$$

$$\ddot{a}_{u:n}=E(Y)=\sum_{k=1}^{n-1}\ddot{a}_{x:\overline{k+1|}\,k|}q_{n}+\ddot{a}_{\overline{n|}\,n}p_{u}$$

$$\ddot{a}_{u:\overline{n|}}=\sum_{k=1}^{n-1}{}_{t}E_{u}=\sum_{k=1}^{n-1}v^{k}{}_{k}p_{u}$$

$$\ddot{a}_{u:\overline{n|}}=\frac{1}{d}(1-A_{u:\overline{n|}})$$

对于与联合生存状态(xy)相关的每年年初支付1单位元的生存年金，在上述公式中使用${}_{k}p_{xy}$代替${}_{t}p_{u}$，在(x)与(y)独立的情况下还可以使用${}_{t}p_{x\,t}p_{y}$来代替，

即可计算出年金现值。

与连续型余寿随机变量相同，对于整值余寿随机变量来说，最后生存状态与联合生存状态的年金及趸缴净保费存在以下关系：

$$v^{K(\overline{xy})+1}+v^{K(xy)+1}=v^{K(x)+1}+v^{K(y)+1} \tag{10.2.12}$$

$$\ddot{a}_{\overline{K(\overline{xy})+1}|}+\ddot{a}_{\overline{K(xy)+1}|}=\ddot{a}_{\overline{K(x)+1}|}+\ddot{a}_{\overline{K(y)+1}|} \tag{10.2.13}$$

$$v^{K(\overline{xy})+1}v^{K(xy)+1}=v^{K(x)+1}v^{K(y)+1} \tag{10.2.14}$$

在(10.28)式及(10.29)式两端取期望值，可得：

$$A_{xy}+A_{\overline{xy}}=A_x+A_y \tag{10.2.15}$$

$$\ddot{a}_{\overline{xy}}+\ddot{a}_{xy}=\ddot{a}_x+\ddot{a}_y \tag{10.2.16}$$

例 10.2.1 对包含两个成员(x)和(y)的最后生存状态，考虑在状态“死亡”时赔付1单位元的 n 年定期人寿保险，计算此保险的趸缴净保费。

解 利用趸缴净保费的定义式，有

$$\begin{aligned}\bar{A}^{1}_{\overline{xy}:\overline{n}|}&=\int_0^n v^t\ {}_tp_{\overline{xy}}\mu_{\overline{xy}}(t)dt\\&=\int_0^n v^t\ [{}_tp_x\mu_{x+t}+{}_tp_y\mu_{y+t}-{}_tp_{xy}\mu_{xy}(t)]dt\\&=\bar{A}^{1}_{x:n}+\bar{A}^{1}_{y:n}+\bar{A}^{1}_{xy:\overline{n}|}\end{aligned}$$

其中，符号 $\bar{A}^{1}_{xy:\overline{n}|}$ 表示联合生存状态(xy)的 n 年定期寿险的趸缴净保费。

例 10.2.2 对包含两个成员(x)和(y)的联合生存状况，考虑每年连续支付1单位元的年金。其中 $T(x)$ 与 $T(y)$ 独立，计算年金的精算现值。

解 对于联合生存状况，有

$$Y=\bar{a}_{\overline{T(x,y)}|}=\frac{1-v^{T(x,y)}}{\delta}=\frac{1-Z}{\delta}$$

$$\bar{a}_{xy}=\int_0^n v^t\ {}_tp_x\,{}_tp_y dt=\frac{1-\bar{A}_{xy}}{\delta}$$

例 10.2.3 某种年金在(x)与(y)都存活时，每年连续支付1单位元，当(x)和(y)中仅有一人存活时，每年连续支付2/3单位元。假设 $T(x)$ 与 $T(y)$ 独立，试计算：

(1)年金现值随机变量。

(2)计算年金的精算现值。

解 (1)从时间上看，这一年金可以分为两部分：第一部分是当两成员都存活时的年金支付，另一部分是当只有一个成员存活时的年金支付。为便于计算，也可以将其分为以下两者的组合，其一是年支付2/3单位元，直至(x)与(y)最后一个死亡，即时间 $T(\overline{xy})$，另一个是年支付 1/3 单位元，直至(x)或(y) 至少有一个死亡，即时间 $T(xy)$。因此，所求年金的现值随机变量为：

$$Z=\frac{2}{3}\bar{a}_{\overline{T(\overline{xy})}|}+\frac{1}{3}\bar{a}_{\overline{T(xy)}|}$$

(2)计算该年金的精算现值，也就是年金现值随机变量的期望值：

$$E(Z)=\frac{2}{3}\bar{a}_{\overline{xy}}+\frac{1}{3}\bar{a}_{xy}$$

用(10.26)式替代 $\bar{a}_{\overline{xy}}$，得：

$$E(Z)=\frac{2}{3}\bar{a}_{x}+\frac{2}{3}\bar{a}_{y}-\frac{1}{3}\bar{a}_{xy}$$

直接利用年金现值的定义式，有

$$\begin{aligned}E(Z)&=\int_0^\infty v^t\ {}_tp_{xy}dt+\frac{2}{3}\int_0^\infty v^t\ {}_tp_x(1-{}_tp_y)dt+\frac{2}{3}\int_0^\infty v^t\ {}_tp_y(1-{}_tp_x)dt\\&=\frac{2}{3}\int_0^\infty v^t\ {}_tp_xdt+\frac{2}{3}\int_0^\infty v^t\ {}_tp_ydt-\frac{1}{3}\int_0^\infty v^t\ {}_tp_{xy}dt\\&=\frac{2}{3}\bar{a}_{x}+\frac{2}{3}\bar{a}_{y}-\frac{1}{3}\bar{a}_{xy}\end{aligned}$$

可见，两种方法得到的结果是一致的。

例 10.2.4　在上例中，如果规定：(1) 在最初 n 年内，每年支付 1 单位元确定年金。(2)n 年后，若(x) 与(y) 仍同时存活，每年数额为 1 单位元。(3) 若(x) 存活而(y) 已死亡时，每年支付数额为 3/4 单位元。(4) 若(y) 存活而(x) 已死亡时，每年支付数额为 1/2 单位元。试计算上述年金的精算现值。

解　情形(1)：n 年确定年金的精算现值为：

$$\bar{a}_{\overline{n}|}=\int_0^n v^t dt$$

情形(2)：n 年后，(x)与(y)仍同时存活应支付的年金精算现值为：

$$\int_n^\infty v^t\ {}_tp_{xy}dt=\int_0^\infty v^t\ {}_tp_{xy}dt-\int_0^n v^t\ {}_tp_{xy}dt=\bar{a}_{xy}-\bar{a}_{xy:\overline{n}|}$$

情形(3)：n 年后，(x) 存活而(y) 死亡应支付的年金精算现值为：

$$\frac{3}{4}\int_0^\infty v^t\ {}_tp_x(1-{}_tp_y)dt=\frac{3}{4}(\bar{a}_x-\bar{a}_{x:n})-\frac{3}{4}(\bar{a}_{xy}-\bar{a}_{xy:\overline{n}|})$$

情形(4)：n 年后，(y) 存活而(x) 死亡应支付的年金精算现值为：

$$\frac{1}{2}(\bar{a}_y-\bar{a}_{y:\overline{n}|})-\frac{1}{2}(\bar{a}_{xy}-\bar{a}_{xy:\overline{n}|})$$

加总前面 4 中情形的结果，可得到所求年金的精算现值，即

$$\bar{a}_{\overline{n}|}+\frac{3}{4}\bar{a}_x+\frac{1}{2}\bar{a}_y-\frac{1}{4}\bar{a}_{xy}-\frac{3}{4}\bar{a}_{x:\overline{n}|}-\frac{1}{2}\bar{a}_{y:\overline{n}|}+\frac{1}{4}\bar{a}_{xy:\overline{n}|}$$

可见，无论保单中规定的年金或保险的支付方式多么复杂，都可以按照精算现值的定义写出其表达式。

§10.3 特殊死亡力下的计算

在联合生存状态和最后生存状态下，相同年龄的联合投保集团成员可能有不同的死亡概率。当联合投保集团中成员人数很多时，这种分析是非常烦琐的。这里讨论在 Makeham 和 Gompertz 死亡力下，多生命模型精算现值的计算。

10.3.1 Gompertz 死亡力下的计算

假定组成联合投保集团成员的死亡率符合 Gompertz 死亡力，即

$$\mu_{x_i}=BC^{x_i},\quad i=1,2,\cdots,m$$

设某单生命(w)的死亡力与联合生存状态$(x_1x_2\cdots x_m)$的死亡力相同，即

$$\mu_{x_1x_2\cdots x_m}(s)=\mu_w(s),\quad s\geqslant 0 \tag{10.3.1}$$

由

$$\mu_{x_1x_2\cdots x_m}(s)=\mu_{x_1}(s)+\mu_{x_2}(s)+\cdots+\mu_{x_m}(s)$$

及

$$\mu_{x_i}=BC^{x_i},\quad i=1,2,\cdots,m$$

有

$$BC^{x_1+s}+BC^{x_2+s}+\cdots+BC^{x_m+s}=BC^{w+s}$$

因此，可以得到

$$C^{x_1}+C^{x_2}+\cdots+C^{x_m}=C^w \tag{10.3.2}$$

即

$$w=\frac{\log(C^{x_1}+C^{x_2}+\cdots+C^{x_m})}{\log C}$$

对 $t>0$，有

$$\begin{aligned}{}_tp_w&=\exp\left\{-\int_0^t\mu_w(s)ds\right\}\\&=\exp\left\{-\int_0^t\mu_{x_1x_2\cdots x_m}(s)ds\right\}\\&={}_tp_{x_1x_2\cdots x_m}\end{aligned}$$

可见，由(w)的概率可以得到联合生存状态的概率，从而也可以计算出期望

值。但一般 w 不一定是整数，这时需要进行插值。

当联合生存状态中只有两个成员时，可表示为 $(x, x+n)$，设 $w=x+t$，由上述公式可得：

$$C^x + C^{x+n} = C^{x+t}$$

即

$$t = \frac{\log(1+C^n)}{\log C} \tag{10.3.3}$$

也就是说，在联合生存状态 $(x, x+n)$ 下的精算变量可以用单生命 (w) 的精算变量来代替，其中 $w=x+t$。

10.3.2 Makeham 死亡力下的计算

Makeham 死亡力为 $\mu_x = A + BC^x$。此时，联合生存状态的死亡力为：

$$\begin{aligned}\mu_{x_1x_2\cdots x_m}(s) &= \mu_{x_1}(s) + \mu_{x_2}(s) + \cdots + \mu_{x_m}(s) \\ &= (A + BC^{x_1+s}) + (A + BC^{x_2+s}) + \cdots + (A + BC^{x_m+s}) \\ &= mA + BC^s(C^{x_1} + C^{x_2} + \cdots + C^{x_m})\end{aligned} \tag{10.3.4}$$

设由 m 个年龄均为 w 的人组成的联合生存状态 $(ww\cdots w)$ 的死亡力与 $\mu_{x_1x_2\cdots x_m}$ 相等，即

$$\mu_{x_1x_2\cdots x_m}(s) = \mu_{ww\cdots w}(s), \quad s \geqslant 0 \tag{10.3.5}$$

而

$$\mu_{ww\cdots w}(s) = m\mu_w(s) = m(A + BC^sC^w) \tag{10.3.6}$$

因此

$$C^{x_1} + C^{x_2} + \cdots + C^{x_m} = mC^w \tag{10.3.7}$$

$$w = \frac{\log(C^{x_1} + C^{x_2} + \cdots + C^{x_m}) - \log m}{\log C} \tag{10.3.8}$$

可见，只要求得 w，就可以用相等年龄的联合生存状态代替一般的联合生存状态。作为特例，当联合投保集团中只有两个成员 $(x, x+n)$ 时，可以用相等年龄的状态 $(x+t, x+t)$ 来代替。此时，有

$$C^x + C^{x+n} = 2C^{x+t}$$

即

$$t = \frac{\log(1+C^n) - \log 2}{\log C} \tag{10.3.9}$$

可见，在联合生存状态 $(x, x+n)$ 下的精算变量可以用相等年龄的联合生存状态 (w, w) 的精算变量来代替，其中 $w=x+t$。

需要注意的的是，在 Gompertz 死亡力和 Makeham 死亡力下的 w 是不相等

的。Gompertz 死亡力下的 w 大于 $x_1, x_2, \cdots, x_m$ 中的任一值，而 Makeham 死亡力下的 w 居于 $x_1, x_2, \cdots, x_m$ 的最大值和最小值之间。

§10.4　与死亡次序关联的多生命模型

10.4.1　死亡次序关联的条件概率

一般来说，多生命模型与联合投保集团成员的死亡顺序无关，比如 q_{xyz} 表示 (x)、(y)、(z) 中一年内发生第一个死亡的概率，而不论第一个死亡者是哪一个。如果对死亡顺序做特别规定，比如以 (x) 第一个死亡为状态的"死亡"，此时形成的分布函数就成为条件分布函数，通常以规定死亡顺序的数字标记表示。比如，${}_nq_{\overset{1}{x}y}$ 表示在 n 年内 (x) 第一个死亡的概率，x 上面的 1 表示 (x) 的死亡事件发生在 (y) 之前，n 表示事件发生在 n 年内。利用概率论的知识可以得到，${}_nq_{\overset{1}{x}y}$ 等于与 $T(y)$ 联合概率密度函数的一个二重积分，积分区域相当于 $T(x) \leqslant T(y)$ 且 $T(x) \leqslant n$。在 $T(x)$ 与 $T(y)$ 独立的假设下，有

$$
\begin{aligned}
{}_nq_{\overset{1}{x}y} &= \int_0^n \int_t^\infty {}_sp_y\mu_y(s)\,{}_tp_x\mu_x(t)dt \qquad (10.4.1)\\
&= \int_0^n {}_tp_x\mu_x(t)\left(\int_t^\infty {}_sp_y\mu_y(s)ds\right)dt\\
&= \int_0^n {}_tp_x\mu_x(t)\,{}_tp_ydt\\
&= \int_0^n {}_tp_{xy}\mu_x(t)dt \qquad (10.4.2)
\end{aligned}
$$

在上式中，${}_tp_{xy}$ 是联合生存状态 (xy) 存在时间 t 的概率，表明 (x) 的死亡事件不会发生在 (y) 之后；$\mu_x(t)dt$ 则表示 (x) 在活到 $x+t$ 岁的条件下，在未来的 dt 时间内死亡的概率，此时不考虑 (y) 的死亡发生时间；对 ${}_tp_{xy}\mu_x(t)$ 从 0 到 n 积分，则 (x) 在 n 年内并且在 (y) 之前发生死亡事件的概率。

类似地，也可以得出 (y) 的死亡时间发生在 n 年内并且在 (x) 之后的概率，记作 ${}_nq_{x\overset{2}{y}}$。此时，把 2 放在 y 的上面，表示 (y) 是第二个死亡事件。同理，可以写出 ${}_nq_{x\overset{2}{y}}$ 的二重积分表达式，其积分区域为 $\{(T(x), T(y)): 0 \leqslant T(x) \leqslant T(y) \leqslant n\}$。假设 $T(x)$ 与 $T(y)$ 独立，有

$$
\begin{aligned}
{}_nq_{x\overset{2}{y}} &= \int_0^n \int_0^t {}_sp_y\mu_y(s)\,{}_tp_x\mu_x(t)dsdt\\
&= \int_0^n (1-{}_tp_x)\,{}_tp_y\mu_y(t)dt\\
&= {}_nq_y - {}_nq_{x\overset{1}{y}} \qquad (10.4.3)
\end{aligned}
$$

若交换积分次序，${}_nq_{xy}^{2}$ 也可写成：

$$
\begin{aligned}
{}_nq_{xy}^{2} &= \int_0^n \int_s^n {}_sp_x\mu_x(s)\,{}_tp_y\mu_y(t)dtds \\
&= \int_0^n ({}_sp_y - {}_np_y)\,{}_sp_x\mu_x(s)ds \\
&= {}_nq_{xy}^{1} - {}_np_y\,{}_nq_x
\end{aligned} \tag{10.4.4}
$$

此积分可解释为：${}_nq_{xy}^{1}$ 表示（x）为第一个死亡事件，且发生在0到 n 之间，同时只限制（y）的死亡发生在（x）之后，从中减去（y）的死亡事件发生在 n 之后的概率，所得结果即所求的 ${}_nq_{xy}^{2}$。可以推出如下关系式：

$$
{}_nq_{xy}^{1} = {}_nq_{xy}^{2} + {}_np_y\,{}_nq_x
$$

有

$$
{}_nq_{xy}^{1} \geqslant {}_nq_{xy}^{2}
$$

在得到条件死亡概率后，可以利用前面介绍的方法写出趸缴净保费的表达式。

例 10.4.1 如果联合生存状态（xy）“死亡”的条件是（x）发生死亡事件但（y）存活，给出对这一状态1单位元保险金给付的趸缴净保费公式。

解 该保险的趸缴净保费记作 $\bar{A}_{xy}^{1}$，等于给付现值随机变量 Z 的期望，即

$$
Z = \begin{cases} v^{T(x)}, & T(x) \leqslant T(y) \\ 0, & T(x) > T(y) \end{cases}
$$

假设 $T(x)$ 与 $T(y)$ 独立，有

$$
\begin{aligned}
\bar{A}_{xy}^{1} &= \int_0^\infty \int_t^\infty v^t {}_sp_y\mu_y(s)\,{}_tp_x\mu_x(t)dsdt \\
&= \int_0^\infty v^t\ {}_tp_{xy}\mu_x(t)dt
\end{aligned}
$$

例 10.4.2 如果联合生存状态（xy）“死亡”的条件是在（x）死亡的前提下（y）发生死亡，并且支付为1单位元，试给出趸缴净保费的公式。

解 该保险的趸缴净保费记为

$$
\begin{aligned}
\bar{A}_{xy}^{2} &= \int_0^\infty \int_t^\infty v^t {}_sp_x\mu_x(s)\,{}_tp_y\mu_y(t)dsdt \\
&= \int_0^\infty v^t(1 - {}_tp_x)\,{}_tp_y\mu_y(t)dt \\
&= \bar{A}_y - \bar{A}_{xy}^{1}
\end{aligned}
$$

显然，该公式类似于(10.4.3)式。

改变二重积分的积分次序可得到 $\bar{A}_{xy}^{2}$ 的另外一个表达式：

$$\bar{A}_{xy}^{2}=\int_{0}^{\infty}\int_{s}^{\infty}v^{t}\ {}_{t}p_{y}\mu_{y}(t)\,{}_{s}p_{x}\mu_{x}(s)dtds$$

在内层积分中以 $r+s$ 代换 t，得：

$$\begin{aligned}\bar{A}_{xy}^{2}&=\int_{0}^{\infty}\int_{0}^{\infty}v^{r+s}\ {}_{r+s}p_{y}\mu_{y+s}(r)\,{}_{s}p_{x}\mu_{x}(s)drds\\&=\int_{0}^{\infty}v^{s}\ {}_{s}p_{y}\,{}_{s}p_{x}\mu_{x}(s)\left(\int_{0}^{\infty}v^{r}\ {}_{r}p_{y+s}\mu_{y+s}(r)dr\right)ds\\&=\int_{0}^{\infty}v^{s}\bar{A}_{y+s}\,{}_{s}p_{y}\,{}_{s}p_{x}\mu_{x}(s)ds\end{aligned}$$

最后一个积分可看作一般结果 $E(W)=E(E(W\mid V))$ 的应用，这里的 $V=T(x)$，$W=Z$。在 $T(x)=s$ 的条件下，Z 的条件期望值是趸缴净保费 ${}_{s|}\bar{A}_{xy}=V^{s}A_{y+s}\,{}_{s}p_{y}$。

10.4.2 与死亡次序关联的条件分布函数的估计

1. 在 Gompertz 死亡力下的估计

当 (x) 在 (y) 之前死亡时，赔付 1 单位元保险金的 n 年期条件保险的趸缴净保费为：

$$\bar{A}_{xy:\overline{n|}}^{1}=\int_{0}^{n}v^{t}\ {}_{t}p_{xy}\mu_{x}(t)dt$$

在 Gompertz 死亡力下，有

$$\begin{aligned}\bar{A}_{xy:\overline{n|}}^{1}&=\int_{0}^{n}v^{t}\ {}_{t}p_{xy}BC^{x}C^{t}dt\\&=\frac{C^{x}}{C^{x}+C^{y}}\int_{0}^{\infty}v^{t}\ {}_{t}p_{xy}B(C^{x}+C^{y})C^{t}dt\\&=\frac{C^{x}}{C^{x}+C^{y}}\bar{A}_{\overline{xy}:n}^{1}\end{aligned}$$

若用单生命(w)来代替二重生命状态，则有

$$\begin{aligned}\bar{A}_{\overline{xy}:\overline{n|}}^{1}&=\bar{A}_{w:\overline{n|}}^{1}\\\bar{A}_{xy:\overline{n|}}^{1}&=\frac{C^{x}}{C^{w}}\bar{A}_{w:\overline{n|}}^{1}\end{aligned}\tag{10.4.5}$$

2. 在 Makeham 死亡力下的估计

在 Makeham 死亡力下，上述条件函数的趸缴净保费为：

$$\bar{A}^{1}_{xy:\overline{n}|}=\int_0^n v^t\ {}_tp_{xy}(A+BC^xC^t)\,\mathrm{d}t$$

$$=A\int_0^n v^t\ {}_tp_{xy}\,\mathrm{d}t+\frac{C^x}{C^x+C^y}\int_0^n v^t\ {}_tp_{xy}B(C^x+C^y)C^t\,\mathrm{d}t$$

$$=A\left(1-\frac{2C^x}{C^x+C^y}\right)\int_0^n v^t\ {}_tp_{xy}\,\mathrm{d}t+\frac{C^x}{C^x+C^y}\int_0^n v^t\ {}_tp_{xy}\left[2A+B(C^x+C^y)C^t\right]\mathrm{d}t$$

$$=A\left(1-\frac{2C^x}{C^x+C^y}\right)\bar{a}_{xy:\overline{n}|}+\frac{C^x}{C^x+C^y}\bar{A}^{1}_{xy:\overline{n}|}$$

用生命状态(ww)代替联合生存状态(xy)，可得：

$$\bar{A}^{1}_{xy:\overline{n}|}=A\left(1-\frac{C^x}{C^w}\right)\bar{a}_{ww:\overline{n}|}+\frac{C^x}{2C^w}\bar{A}^{1}_{ww:\overline{n}|}\qquad(10.4.6)$$

习　题

10.1　以 ${}_nP_x$ 和 ${}_nP_y$ 表示下列概率(在独立假定下)：

(1) 状况(xy) 存活 n 年的概率；

(2) 状况(xy) 在 n 年内消亡的概率；

(3) (x) 和(y) 中之一恰好生存 n 年的概率；

(4) (x) 和(y) 中至少有一人将存活 n 年的概率；

(5) (x) 和(y) 中至少有一人在 n 年内死亡的概率；

(6) (x) 和(y) 都在 n 年内死亡的概率。

10.2　证明并解释其含义：

$${}_tp_{\overline{xy}}={}_tp_{xy}+{}_tp_x(1-{}_tp_y)+{}_tp_y(1-{}_tp_x)$$

10.3　设个体(x) 和(y) 适用的死亡力分别为：

$$\mu_x=\log\frac{9}{8},\quad x\geqslant 0$$

与

$$\mu_y=(9-x)^{-1},\quad 0\leqslant x<9$$

假设两者此时正好为 3 岁，求第一个死亡事件发生在 5～7 岁的概率。

10.4　解释 $A_{\overline{x:\overline{n}|}}$ 的含义，并证明：

$$A_{\overline{x:\overline{n}|}}=A_x-A_{x:\overline{n}|}+v^n$$

10.5　依大小顺序排列下面的年金值：

$$a_x,a_{xy},a_{yx},a_{\overline{xy}}$$

10.6　假设 n 年定期年金在(x) 和(y) 都存活时每年年末给付 1 单位元，在

(x) 死后每年末给付 (y) $\frac{1}{3}$ 单位元，在 (y) 死后每年末给付 (x) $\frac{1}{4}$ 单位元。以年金函数表述这一年金值。

10.7　某种期末年金规定，在 (x) 存活并且在 (y) 存活或是死后 n 年内向 (x) 支付 1 单位元，但从现在起最多支付 m 年 $(m > n)$。证明该年金的精算现值为：

$$a_{x:\overline{n}|} + {}_nE_x a_{x+n:\overline{m-n}|}$$

10.8　设(35)与(40)购买一个保额为 100000 元的最后生存终身寿险，保险金在第二人死亡的保单年末给付。已知：

(1) $1000\mu_x = 0.7 + 0.05\,(10^{0.04})^x$；

(2) 如果有 $A_{37:37} = 0.20321$，$A_{38:38} = 0.21181$，$A_{35} = 012872$，$A_{40} = 06132$，求趸缴净保费。

第十一章　保单现金价值与红利

§11.1　现金价值

11.1.1　现金价值的概念

按照保险法规一般条款规定，在投保人因经济或其他原因在保单有效期内终止缴费而提出退保时，保险公司应退还投保人所缴纳保费的一部分金额。这种在保单有效期内退保时保险公司退还的金额称为保单退保时具有现金价值（保单的解约退保金，Cash Value（CV））。保单现金价值与红利是十分重要的概念，为了维护投保人的经济利益，保险公司在出售保险产品时都给出保单现金价值表（退保金表）和红利计算的基本方法和红利选择权。

从责任准备金的性质和作用来看，它是为了系统解决保单理赔时出现赤字问题而提留的部分保费，也就是从投保人过去缴纳的保费扣减过去保险成本差额的累计值，是属于保单持有人的，其亦可看作保险公司对投保人的一种负债。保险法规中规定了保单的不丧失价值条款或称不丧失保单利益原则，这部分价值不因投保人的退保而丧失。因此，在投保人退保时，保险公司需支付一定的退保金，看作保单持有人的退保收益，也即保险公司偿还对投保人的负债。通常保单的现金价值的计算以保单责任净准备金为基础。

一般情况下，现金价值在投保的前几年小于责任净准备金，经过一定时间积累后，现金价值通常等于责任净准备金。这主要是因为保单初年需要花费大量的宣传、广告、佣金、核保等保险费用，当过早退保时，这些成本尚未从保费中得到补偿，从而使保险公司面临损失（赤字），这时，需要在责任净准备金的基础上进行一定的扣减，才能确定保单的退保价值。

同时还存在其他原因，主要有：

1. 财务风险。过多的退保会造成保险公司财务数据的变动，使其财务稳定性下降，财务风险相应增加。一般情况下，保险人要准备多于必要储备的流动资金用于保单持有人随时提出的退保或贷款要求，而在经济不景气时期，保单持有人更有可能退保或申请贷款。过多的流动资金必然使投保人总体收益率有所下降。

2. 死亡率风险。一般投保人认为，如果退保金太高，达到责任准备金的数额，会促使大量身体较好、风险较低的人解约，而将高风险人群留给保险人。这即造成所谓逆选择，使有利于保险公司的保单流失，而风险高的保单继续保留，从而使保险公司的承保风险增大。

3. 效益风险。保险人认为，每一个保单都能为公司带来利润，而退保会使公司丧失部分利润，因此应扣除一定数额。

4. 退保成本。投保人提出退保后，保险公司处理时需要一定的费用支出。

在实际操作中，大多数个人寿险在约定的缴费期结束前发生停缴保费而提供不丧失保单利益的现金价值时，往往同时将终止时间和终止原因作为随机变量纳入相应的保险损失模型中。根据多减因模型，可定义二减因变量，其中一个变量 1 表示死亡（或生存），另一个变量 2 表示退保。保险公司可以根据经验数据构造经验生命表和生存函数，也可以根据经验计算保单各个年度的退保率以及构造退保分布模型。

由第五章知识，(x) 在 t 年内死亡或退保的概率为

$$ {}_tq_x^{(\tau)} = {}_tq_x^{(1)} + {}_tq_x^{(2)} \tag{11.1.1} $$

$$ {}_tp_x^{(\tau)} = 1 - {}_tq_x^{(\tau)} \tag{11.1.2} $$

在 n 年内死亡和退保人数总和为

$$ {}_nd_x^{(\tau)} = {}_nd_x^{(1)} + {}_nd_x^{(2)} \tag{11.1.3} $$

$$ l_{x+n}^{(\tau)} = l_x^{(\tau)} - {}_nd_x^{(\tau)} \tag{11.1.4} $$

决定保费及责任准备金必须采纳某种指导原则。类似地，决定不会因为提前终止缴纳保费而丧失保单利益也需要一个指导原则。一般都采用一种简单地操作原则，那就是，退出的被保险人所获金额应使得用单重损失模型建立的收益、保费与责任准备金结构在二重损失模型中仍保持适宜。

决定以上原则的动机是关于两类保单持有者对等权益的一种特定概念，这两类分别是那些在保险合同期满前终止的与不中断的保单持有人。很明显，构成对等权益概念可能存在各种不同含义，从提前终止的保单持有人因未履约而不应享有不丧失保单利益的观点，到应该偿还其所有保费的精算值（当然要扣掉适当的成本费用）这类观点，应有尽有。普遍采用的原则是介于上述两个极端之间的权益概念，即退保的寿险保单持有人应享有不丧失保单利益，但这些收益不应引起其他保单持有者的定价——保险责任结构的改变。

举例来说，考虑连续型终身寿险保单，建立一个包含死亡给付与退保给付的模型。将退保引入模型后不改变死亡力，其在单因和二因损失模型中都记为 $\mu_x^{(1)}(t)$，退保力记为 $\mu_x^{(2)}(t)$，则

$$\mu_x^{(\tau)}(t)=\mu_x^{(1)}(t)+\mu_x^{(2)}(t) \tag{11.1.5}$$

${}_tV-(\bar{A}_x)$ 表示终身寿险在第 t 年年末的责任准备金；${}_tV-(\bar{A}_x)^2_-$ 表示责任准备金基于二因模型；$P(\bar{A}_x)$ 表示终身寿险的均衡保费；$P(\bar{A}_x)^2_-$ 表示保费基于二因模型。如果退保给付为责任准备金 ${}_tV-(\bar{A}_x)$，则可以推导出

$$P(\bar{A}_x)^2_-=P(\bar{A}_x) \tag{11.1.6}$$

$${}_sV-(\bar{A}_x)^2_-={}_sV-(\bar{A}_x),\quad s\geqslant 0 \tag{11.1.7}$$

因此，如果在连续型终身寿险的二因模型中退保收益是单因模型下的责任准备金，那么二因模型中的保费及责任准备金与单因模型中的保费与责任准备金相等。这个结果虽不直接应用于实际决定不丧失保单利益问题，却为如何最小化退保或不丧失保单利益（单因模型中决定的）对保费及责任准备金的影响提供了基本的思路。

11.1.2 现金价值的计算

各个国家的保险监管机构对不丧失保单利益的计算都有较详细的法律规定。规定的中心思想是限定最低现金价值的数额，以保证投保人的利益不受损害。我国的《人寿保险精算规定》中也规定了最低现金价值的计算方法。

不丧失保单利益现金价值的计算方法主要有两种：

传统现金价值决定法，即从退保时的净准备金中扣除一定的退保费用后的余额作为现金价值。计算公式为：

$${}_kCV={}_kV-{}_kSC,\quad k=1,2,3,\cdots \tag{11.1.8}$$

其中 ${}_kCV$ 表示保单签发后时间 k 时不丧失保单利益的现金价值，${}_kV$ 表示第 k 期期末责任准备金，${}_kSC$ 是退保费用。在实践中，负的 ${}_kCV$ 是不存在的，因为不可能向退保人收取任何费用，所以对于任何 k，都有 ${}_kCV\geqslant 0$。

注意：规定退保费用的最大限额相当于规定现金价值的最小额度。

调整保费法。在不丧失保单利益现金价值的法则中，一个持久的主题是直接确认数额以及费用负担。与此相符的一个思路是确定单位保险的最低现金价值

$$\begin{aligned}{}_kCV&=A(k)-P^a\ddot{a}(k)\\&=A(k)-P^a\ddot{a}(k)+P\ddot{a}(k)-P\ddot{a}(k)\\&=A(k)-P\ddot{a}(k)-(P^a-P)\ddot{a}(k)\\&={}_kV-(P^a-P)\ddot{a}(k),\quad k=1,2,3,\cdots\end{aligned} \tag{11.1.9}$$

式中，$A(k)$，$\ddot{a}(k)$ 分别是时间 k 时的 一般趸缴净保费与年金精算现值符号，${}_kV$

表示第 k 期期末责任准备金，P 是年缴均衡净保费，P^{α} 表示调整保费。这样，问题就归结为确定调整保费。

调整净保费是由用于支付保险责任的均衡净保费以及与费用有关的均衡因素组合而成。调整保费法是计算保单现金价值的最主要方法，这种方法主要受年度初费用补贴最高额的限制，各个国家都有较为详细的规定。同时，也存在其他因素影响保单现金价值的计算，主要有利率、死亡率和计算技术的改变。从现金价值法规的历史看，计算技术变动很少，而更新退保金的利率与死亡率基础的法定变化则较为频繁。美国 1980 年法规所采用的修订最高利率很大程度上依赖于保单签发前一段时期的一个平均市场利率指标。在年度初费用补贴不变的前提下，调整利率或生命表则会计算出不同的保单现金价值。

表 11－1 和表 11－2 说明了利率与死亡率对保单现金价值的影响。

表 11－1 利率对保单现金价值的影响

单位：元

保单年度	利率			
	3%	5%	7.5%	9%
1	0	0	0	0
2	0	0	0	0
3	13.33	5.78	0	0
4	27.92	16.20	6.70	2.89
5	42.79	26.97	14.04	8.81
10	121.05	86.02	56.02	43.04
15	205.63	154.21	108.01	87.82
20	295.66	231.63	171.28	143.81
25	388.53	316.33	245.01	211.21
30	482.45	407.03	329.03	290.58

说明：此表是对 35 岁男性，保额为 1000 元的终身寿险，根据美国 1980 年法则计算得出。

表 11－2 不同生命表对保单现金价值的影响

单位：元

保单年度	生命表		
	1941CSO	1958CSO	1980CSO
1	0	0	0
2	0	0	0
3	6.51	6.51	5.78
4	18.90	18.90	16.20
5	31.64	30.62	26.97
10	100.64	95.60	86.02
15	178.05	169.71	154.21
20	262.63	251.62	231.63
25	352.29	339.45	316.33
30	444.11	429.98	407.03

说明：此表是对 35 岁男性，保额为 1000 元的终身寿险，根据美国 1980 年法则当利率为 5% 时计算得出。

调整保费法的细节，以北美精算学会（SOA）和美国保险监督官协会（NAIC）关于保单现金价值的计算方法为例。

北美精算学会研究不丧失保单利益及相关事务的委员会在 1975 年的报告中确定了调整保费的两类费用：一类为保费缴纳期每年恒定的附加保费 E，另一类是投保第一年比续年多支出的附加费 E_1。这样，第一年附加保费总额为 $E+E_1$，续年的附加保费为 E。假定每年的总保费 G 由调整保费和均衡的年费用 E 组成，假定第一年的费用部分 E_1 是由调整保费提供的，于是

$$G=P^{\alpha}+E \tag{11.1.10}$$

$$G\ddot{a}=(P^{\alpha}+E)\ddot{a}=A+E_1+E\ddot{a} \tag{11.1.11}$$

从式(11.1.11)可得

$$P^{\alpha}=\frac{A+E_1}{\ddot{a}} \tag{11.1.12}$$

利用 $\ddot{a}=a+1$，式(11.1.12)可改写为

$$P^{\alpha}-E_1+P^{\alpha}a=A \tag{11.1.13}$$

式中，A 和 $\ddot{a}$ 分别表示 $A(0)$ 和 $\ddot{a}(0)$；$P^{\alpha}-E_1$ 可看作修正责任准备金制中的第一年的净保费 α；P^{α} 可看作其中的续年净保费 β，一旦每单位保险的第一年费用补偿 E_1 确定，调整保费也就随之确定。

对 E_1 的规定：1941 年美国保险监督官协会标准的不丧失保单价值条款通过了对其的特别限定，即

$$E_1=0.4\min(P^{\alpha},0.04)+0.25\min(P^{\alpha},P_x^{\alpha},0.04)+0.02$$

式中，P^{α} 为对应保单的调整保费；P 为该保单的净保险费率；P_x^{α} 为 (x) 的终身寿险保单的调整保险费率。

由此式得出的调整保费如表 11－3 所示。

表 11－3　美国 1941 年报告中的调整保费

险种	终身	调整保费范围	没单位保险的调整保费范围
终身	<0.04	<0.04	$(A_x+0.02)/(\ddot{a}_x-0.65)$
	$\geqslant 0.04$	$\geqslant 0.04$	$(A_x+0.046)/\ddot{a}_x$
其他	<0.04	<0.04 且 $\leqslant P_x^{\alpha}$	$(A+0.02)/(\ddot{a}-0.65)$
		<0.04 但 $>P_x^{\alpha}$	$(A+0.02+0.25P_x^{\alpha})/(\ddot{a}-0.4)$
	$\geqslant 0.04$	<0.04	$(A_x+0.02)/(\ddot{a}_x-0.65)$
	<0.04	$\geqslant 0.04$	$(A+0.036+0.25P_x^{\alpha})/\ddot{a}$
	$\geqslant 0.04$	$\geqslant 0.04$	$(A+0.046)/\ddot{a}$

为实施 1941 年美国保险监督官协会规则，必须先计算 P_x^{α}，根据

$$P_x^{\alpha}=\frac{A_x+E_1}{\ddot{a}_x} \tag{11.1.14}$$

以及

$$E_1=\begin{cases}0.4P_x^{\alpha}+0.25P_x^{\alpha}+0.02=0.65P_x^{\alpha}+0.02, & P_x^{\alpha}<0.04\\ 0.016+0.01+0.0.02=0.046, & P_x^{\alpha}\geqslant 0.04\end{cases} \tag{11.1.15}$$

可得出

$$P_x^{\alpha}=\begin{cases}\dfrac{A_x+0.02}{\ddot{a}_x-0.65}, & P_x^{\alpha}<0.04\\ \dfrac{A_x+0.046}{\ddot{a}_x}, & P_x^{\alpha}\geqslant 0.04\end{cases} \tag{11.1.16}$$

由于1941年的规则过于复杂，1980年，保险监督官协会对 E_1 进行了简化。由式(11.1.14)和式(11.1.15)可以看出，P_x^{α}，E_1 循环使用。而简化过程是通过去掉1941年规则中的循环定义而实现的，其中直接利用净保费而不是调整保费的百分比来确定第一年的费用补偿，即

$$E_1=1.25\min\{P,0.04\}+0.01$$

则其调整保费如表11—4所示。

表11—4 美国1980年规则中的调整保费

险种	净保费范围	调整保费公式
任何险种	<0.04 $\geqslant 0.04$	$(A+1.25P+0.01)/\ddot{a}$ $(A+0.06)/\ddot{a}$

1980年规则变得与调整保费无关了，而只与净保费有关，其大大简化了现金价值的计算。

根据1941年或1980年规则计算出调整保费后，就可以根据公式计算保单的法定最低现金价值 ${}_kCV$，而更高的现金价值是允许的。

例11.1.1 考虑(30)的20年期两全保险。假设 $P_{30:\overline{20}|}\geqslant 0.04$，利用1941年和1980年规则分别求调整保费的计算公式。

解 (1)如果 $P_{30}^{\alpha}<0.04$，$P_{30:\overline{20}|}\geqslant 0.04$

1941年规则：$P_{30:\overline{20}|}^{\alpha}=(A_{30:\overline{20}|}+0.036+0.25P_{30}^{\alpha})/\ddot{a}_{30:\overline{20}|}$

1980年规则：$P_{30:\overline{20}|}^{\alpha}=(A_{30:\overline{20}|}+0.06)/\ddot{a}_{30:\overline{20}|}$

(2)如果 $P_{30}^{\alpha}\geqslant 0.04$，$P_{30:\overline{20}|}\geqslant 0.04$

1941年规则：$P_{30:\overline{20}|}^{\alpha}=(A_{30:\overline{20}|}+0.046)/\ddot{a}_{30:\overline{20}|}$

1980年规则：$P_{30:\overline{20}|}^{\alpha}=(A_{30:\overline{20}|}+0.06)/\ddot{a}_{30:\overline{20}|}$

§11.2 保单选择权

不丧失价值不仅可以用现金方式直接支付给保单持有人,也可以用与精算现值相当的保险受益方式进行,主要是购买缴清保险和展期保险。同时,不丧失价值的存在成为保单自动垫缴保费条款的基础。

11.2.1 展期保险

展期保险是指当投保人投保某一保险后中途改变原保险险种为死亡险险种。展期保险将原保单变为与原保单保额相同的死亡保险,故保险期限相应缩短。

这种处理方法实际上是以保单现金价值作为趸缴净保费,购买与原保单保额相同的死亡保险(不管原保险为何种保险),保险期限则依保单现金价值的数额来定。原保单改为展期保险后,保险期限不能超过原保单的剩余期限。如果保单现金价值仍有剩余,则把剩余部分以现金返还投保人或购买与原保单期限相同的生存保险,生存保险的保额由剩余额决定。以死亡年末给付的定期寿险为例,在单位保额下,k 时的现金价值可以继续购买 s 年的定期寿险,则

$$ {}_kCV = A^{1}_{x+k:\,\overline{s}|} \tag{11.2.1} $$

在实际中,往往用线性插值法计算 s。

在两全保险情况下,很有可能出现展期保险的期限 s 大于原保单剩余期限 $n-k$ 的情况,一般在处理展期保险时可利用式(11.2.1)估计 s(可采用查表方法)。

如果 $s \leqslant n-k$,则用线性插值法求出 s。

如果 $s > n-k$,则展期保险的期限为 $n-k$,用于购买这一保险的趸缴保费为 $A^{1}_{x+k:\,\overline{n-k}|}$,保单现金价值为 ${}_kCV - A^{1}_{x+k:\,\overline{n-k}|}$,用这一部分余额购买期限为 $n-k$ 的生存保险,生存保险的保险金额等于

$$ \frac{{}_kCV - A^{1}_{x+k:\,\overline{n-k}|}}{A_{x+k:\,\overline{n-k}|}^{\;\;\,1}} \tag{11.2.2} $$

当保险金额为 b 时,式(11.2.1)不变,而式(11.2.2)则需要乘以系数 b 即

$$ b \cdot \frac{{}_kCV - A^{1}_{x+k:\,\overline{n-k}|}}{A_{x+k:\,\overline{n-k}|}^{\;\;\,1}} \tag{11.2.3} $$

如果保险金额为 b 的保单在解约时还欠额度为 L 的保单贷款,那么,展期保险通常提供的保险金额为 $b-L$。若无此条款,则借款 L 的保单持有人就可能通过解约使原本的死亡收益 $b-L$ 增加到 b。在未偿还保单贷款的情况下,将式(11.2.1)改写为

$$b_k CV - L = (b - L) A^{1}_{x+k:\overline{s}|} \tag{11.2.4}$$

例 11.2.1　45 岁的人购买了保额为 1000 元的 10 年两全保险保单，在第五年末的现金价值为 500 元，已知贴现率 0.95，死亡率服从 de Moivre's 法则，其中 $\omega=80$。求该现金价值可购买的展期保险及可能的纯粹生存保险。

解　可购买的展期保险，即保额为 1000 元的 5 年定期死亡保险的保费为

$$b = 1000 A^{1}_{50:\overline{5}|} = 1000 \sum_{k=0}^{4} {}_k p_{50} q_{50+k} v^{k+1} = \frac{1000}{30} \frac{v(1-v^5)}{1-v} = 143.27$$

现金价值还剩 500－143.27＝356.73(元)，其可购买的 5 年期纯粹生存保险的保额为

$$\frac{356.73}{A_{50:\overset{1}{\overline{5}|}}} = \frac{356.73}{v^5 \ {}_5 p_{50}} = 553.23 \text{ 元}$$

因此，该现金价值提供了保额为 1000 元的 5 年定期死亡保险，同时，被保险人在两全期满时仍生存，那么它还可提供保额 553.23 元的 5 年期纯粹生存保险。

例 11.2.2　(30)岁人购买的保险金额为 10000 元的终身寿险，假设为死亡年年末给付型，利率 $i=6\%$，当 $k=10$ 时，求：

(1)根据 1980 年规则求最低不丧失保单利益的现金价值。

(2)假设现金价值为 448 元，求展期保险的期限。

(3)如果原保单有 300 元的贷款，求展期保险的期限。

解：(1) $P(A_{30}) = \dfrac{A_{30}}{\ddot{a}_{30}} = \dfrac{0.0866289}{16.13622} = 0.0054$

$$E_1 = 1.25\min[0.0054, 0.04] + 0.01 = 0.017$$

$$P^{a} = P(A_{30}) + \frac{E}{\ddot{a}_{30}} = 0.0054 + \frac{0.017}{16.13622} = 0.0065$$

$$\begin{aligned} {}_{10}CV_{30} &= (A_{40} - P^{a}\ddot{a}_{40}) \times 10000 \\ &= (0.1431871 - 0.0065 \times 15.13702) \times 10000 \\ &= 447.965 \end{aligned}$$

(2)根据式(11.17)，有

$$448 = 10000 \cdot A^{1}_{40:\overline{s}|}$$

$$A^{1}_{40:\overline{s}|} = 0.0448$$

$$s \approx 20$$

(3)根据式(11.20)，有

$$448 - 300 = (10000 - 300) A^{1}_{40:\overline{s}|}$$

$$A^{1}_{40:\overline{s}|} = 0.0153$$

$$s \approx 9$$

11.2.2 缴清保险

缴清保险是指投保人退保时将退保的现金价值不是领取现金，而是将其作为趸缴净保费来购买一份与原保单其他条件相同但保额减少的保单。

这种选择对于保险公司和投保人来说都比较简单，从投保人来看，不需要继续缴费便可以维持原有保单，不过保单提供的保障水平会相应下降。对于保险公司来说，这种操作不涉及现金流动，只需修改一下保单的有关信息。缴清保险的保额根据保险收支平衡原则确定。设缴清保险的保额为 b_k，则

$$_kCV = b_k A(k)$$

$$b_k = \frac{_kCV}{A(k)} \tag{11.2.5}$$

式中，$_kCV$ 为保单在时间 k 的现金价值；$A(k)$ 为单位保额保险在时间 k 的趸缴净保费。如果保单持有人在时间 k 提出停止缴纳保费并表示愿意改买缴清保险，则其可获得 $\frac{_kCV}{A(k)}$ 的保险金额。

对于单位保额保险，如果采用 $_kCV = {}_kV$ 的特殊情形，一般用 $_kW = \frac{_kV}{A(k)}$ 表示缴清保险的保额。

以终身寿险为例，根据式 (11.2.5)，有

$$b_k = \frac{_kCV}{A_{x+k}}$$

当 $_kCV = {}_kV$ 时，有

死亡时给付模型：

$$_k\bar{W}(\bar{A}_x) = \frac{_k\bar{V}(\bar{A}_x)}{\bar{A}_{x+k}} = \frac{\bar{A}_{x+k} - \bar{P}(\bar{A}_x)\bar{A}_{x+k}}{A_{x+k}} = 1 - \frac{\bar{P}(\bar{A}_x)}{\bar{P}(\bar{A}_{x+k})}$$

死亡年年末给付模型：

$$_kW(A_k) = \frac{_kV(A_x)}{A_{x+k}} = \frac{A_{x+k} - P(A_x)\ddot{a}_{x+k}}{A_{x+k}} = 1 - \frac{P(A_x)}{P(A_{x+k})}$$

保费期初缴纳死亡时给付模型：

$$_kW(\bar{A}_x) = \frac{_kV(\bar{A}_x)}{\bar{A}_{x+k}} = \frac{\bar{A}_{x+k} - P(\bar{A}_x)\ddot{a}_{x+k}}{\bar{A}_{x+k}} = 1 - \frac{P(\bar{A}_x)}{P(\bar{A}_{x+k})}$$

对于1单位的死亡年年末给付的终身寿险，$x+k$ 岁时的年缴净保费为 P_{x+k}，于是从 $x+k$ 岁开始的年缴费 P_x 只够提供 $\frac{P_x}{P_{x+k}}$ 个单位的保险。由于 P_x 是实际

每年缴付的净保费，则 $1-\dfrac{P_x}{P_{x+k}}$ 就是在时间 k 责任准备金所提供的未来保险的保额。这一解释也适用于其他保险。

例 11.2.3　30 岁的人购买保额为 300000 元的死亡年年末给付的 30 年期两全保险，缴费期为 30 年，调整净保费为均衡净保费的 120%。已知 ${}_{10}W_{30:\overline{30|}}=0.45$，${}_{5}W_{40:\overline{20|}}=0.20$。求第 15 年年末时最低的现金价值可购买的缴清保险的保额。

解　由上述 ${}_kCV={}_kV$ 时缴清保险保额的记法，仿照终身寿险时的该类缴清保险保额公式，可推得

$$
{}_{10}W_{30:\overline{30|}}=1-\frac{P_{30:\overline{30|}}}{P_{40:\overline{20|}}},{}_{5}W_{40:\overline{20|}}=1-\frac{P_{40:\overline{20|}}}{P_{45:\overline{15|}}}
$$

所以

$$
\begin{aligned}
\frac{P_{30:\overline{30|}}}{P_{45:\overline{15|}}}&=(1-{}_{10}W_{30:\overline{30|}})(1-{}_{5}W_{40:\overline{20|}})\\
&=(1-0.45)(1-0.20)=0.44
\end{aligned}
$$

再由缴清保险的保额公式(11.21)，得

$$
b_k=\frac{{}_kCV}{A(k)}=\frac{A_{x+k:\overline{n-k|}}-P^{\alpha}_{x:\overline{n|}}\ddot{a}_{x+k:\overline{n-k|}}}{A_{x+k:\overline{n-k|}}}=1-\frac{P^{\alpha}_{x:\overline{n|}}}{P_{x+k:\overline{n-k|}}}
$$

$$
b_{15}=1-\frac{P^{\alpha}_{30:\overline{30|}}}{P_{45:\overline{15|}}}=1-1.2\frac{P_{30:\overline{30|}}}{P_{45:\overline{15|}}}=1-1.2\times0.44=0.472
$$

所以，可购买的缴清保险的保额为 $300000\times0.472=141600$(元)。

11.2.3　自动保费贷款

自动保费贷款是指投保人应按期缴纳的保费在超出宽限期仍未缴纳时，保险公司可以在保单现金价值的范围内自动为投保人办理保单贷款以缴纳保费，使保险契约继续有效的保险选择方式。

如果投保人不按期缴纳保费，但也没有提出退保申请，保险人则可以保单的现金价值垫缴保费，当保费发生拖欠时，该条款将以垫缴保费的方式使保单继续有效，直到解约金正好能够抵付垫缴保费所形成的贷款余额时为止，其中保费贷款余额因利息以及垫缴保费的加入二不断增加。因此，在垫缴保费期间，如果发生保险事故，保险人要从应给付的保险金中扣除垫缴的保费和利息，当垫缴保费利息达到保单现金价值的数额时，保险合同即行终止。

设保费发生拖欠的时间为 k，对于单位保额的完全连续保单，保费贷款期的最长时间 t 由以下方程决定：

$$G\ddot{s}_{\overline{t}|i}={}_{k+t}CV \tag{11.2.6}$$

式中，G 为单位保额保险的年毛保费；${}_{k+t}CV$ 为单位保额保险在时间 $k+t$ 时的现金价值；i 为保单贷款利率。

在实际中，t 有时取整数，满足

$$G\ddot{s}_{\overline{t}|i}\leqslant{}_{k+t}CV$$

$$G\ddot{s}_{\overline{t+1}|i}>{}_{k+t+1}CV$$

剩余的现金价值 ${}_{k+t}CV-G\ddot{s}_{\overline{t}|i}$ 用于购买展期保险。

§ 11.3 资产份额

11.3.1 资产份额的意义

资产份额是保险人对每单位有效保单预先估计的资产额，或者说是单位保额有效保单平均分配的资产额，它不是对过去已发生收支的表述。资产份额类似于一个收支账户：每年的保险费和利息作为收入记入账户贷方，死亡赔付金、生存给付金、退保金、红利、费用作为支出记入账户借方。年末根据保单保额除以年末有效保单数得出每张有效保单的账户余额就是资产份额。

人寿保险单是一项长期的契约，保险人的收益来自保费及投资收益，支出则由死亡与退保给付及费用开支组成。资产份额方法是分析寿险公司盈余状况的一种有效办法。资产份额计算并不是对过去结果的历史概括，而是一种用于预测分析的计算，目的在于把握影响保单财务状况的主要原因。

考虑公式

$$\begin{aligned}{}_{k+1}AS\cdot p_{x+k}^{(\tau)}=&[{}_{k}AS+G(1-c_k)-e_k](1+i)\\&-q_{x+k}^{(1)}-q_{x+k}^{(2)}\cdot{}_{k+1}CV,\ k=0,\ 1,2,3,\cdots\end{aligned} \tag{11.3.1}$$

式中，${}_{k}AS$ 为保单签发后 k 年、保单年度 $k+1$ 开始在即的期望资产份额；G 为毛保费；c_k 为时间 k 用于支付费用的营业保费比例；e_k 为时间 k 用于支付每份保单费用的金额；$q_{x+k}^{(1)}$ 为现年龄为 $x+k$ 岁的被保险人在达到 $x+k+1$ 之前死亡发生的概率；$q_{x+k}^{(2)}$ 为现年龄为 $x+k$ 岁的被保险人在达到 $x+k+1$ 之前退保发生的概率；${}_{k+1}CV$ 为在退休年末支付的退保金额，即现金价值。

继续整理式(11.3.1)，将其两端同时乘以 $v^{k+1}l_{x+k}^{(\tau)}$，则有

$$\begin{aligned}\Delta[l_{x+k}^{(\tau)}v^k\ {}_{k}AS]=&[G(1-c_k)-e_k]l_{x+k}^{(\tau)}v^k-(d_{x+k}^{(1)}\\&+d_{x+k}^{(2)}\cdot{}_{k+1}CV)v^{k+1},\quad k=0,1,2,3\cdots\end{aligned} \tag{11.3.2}$$

于是

$$l_{x+n}^{(\tau)}v^n {}_nAS - l_x^{(\tau)} {}_0AS = \sum_{k=0}^{n-1}\{[G(1-c_k)-e_k]l_{x+k}^{(\tau)}v^k - (d_{x+k}^{(1)} + d_{x+k}^{(2)} \cdot {}_{k+1}CV)v^{k+1}\}, \quad (11.3.3)$$

若 ${}_0AS=0$，则

$${}_nAS = \frac{1}{l_{x+n}^{(\tau)}}\sum_{k=0}^{n-1}\{[G(1-c_k)-e_k]l_{x+k}^{(\tau)}(^1+i)\,n-k-(d_{x+k}^{(1)} + d_{x+k}^{(2)} \cdot {}_{k+1}CV)(^1+i)\,n-k-1\} \quad (11.3.4)$$

对于终身寿险，令 $n=\omega-x$ 并重新整理，有

$$G\ddot{a}_x^{(\tau)} = A_x^{(1)} + \sum_{k=0}^{\omega-x-1}[Gc_k+e_k]v^k \cdot {}_kp_x^{(\tau)} + \sum_{k=0}^{\omega-x-1} {}_kp_x^{(\tau)} \cdot q_{x+k}^{(2)} \cdot v^{k+1} \cdot {}_{k+1}CV \quad (11.3.5)$$

将公式 $p_{x+k}^{(\tau)}=1-q_{x+k}^{(\tau)}=1-q_{x+k}^{(1)}-q_{x+k}^{(2)}$ 代入式(11.3.1)，可得

$${}_{k+1}AS = [{}_kAS+G(1-c_k)-e_k](1+i) - q_{x+k}^{(1)}(1-{}_{k+1}AS) - q_{x+k}^{(2)}({}_{k+1}CV-{}_{k+1}AS) \quad (11.3.6)$$

11.3.2 资产份额的作用

资产份额方法是一种非常有效的分析方法，它对固定的营业保费、费用承担额及现金价值的计算可用来核查定价与保险责任结构各种成分的平衡，计算的目的在于确定除了最初的保单年度外，是否有 ${}_kAS \geqslant {}_kV$，即盈余大于零。令

$${}_kAS = {}_kV + u(k)$$

式中，${}_kV$ 为第 k 期的期末责任准备金；$u(k)$ 为年度 k 期末每个有效保单的目标盈余。$u(k)$ 在年初有可能为负值。假设负债的一般递推公式为

$${}_kV \cdot p_{x+k-1}^{(\tau)} = ({}_{k-1}V+P)(1+i) - q_{x+k-1}^{(1)} - q_{x+k-1}^{(2)} \cdot {}_kCV \quad (11.3.7)$$

将式 (11.23)和式 (11.29)乘以 ${}_{k-1}p_x^{(\tau)}$ 并进行整理，则有

$$u(k) \cdot {}_kp_x^{(\tau)} = [u(k-1)+G(1-c_{k-1})-e_{k-1}-P](1+i) \cdot {}_{k-1}p_x^{(\tau)} \quad k=1,2,\cdots \quad (11.3.8)$$

令 $G=P+c$，且 $Gc_{k-1}+e_{k-1}=E_{k-1}$，则式(11.3.8)变为

$$u(k) \cdot {}_kp_x^{(\tau)} = [u(k-1)+c-E_{k-1}](1+i) \cdot {}_{k-1}p_x^{(\tau)} \quad (11.3.9)$$

两边乘以 v^k，整理得

$$\triangle v^{k-1} \cdot {}_kp_x^{(\tau)} \cdot u(k-1) = v^{k-1} \cdot {}_{k-1}p_x^{(\tau)}(c-E_{k-1})$$

类似可得出

$${}_kp_x^{(\tau)} \cdot u(k) = \sum_{j=1}^{k}(1+i)^{k+j-1} \cdot {}_{j-1}p_x^{(\tau)}(c-E_{j-1}) \quad (11.3.10)$$

例 11.3.1 已知 3 年期两全保险，保险金额为 1000，$G=350$，$i=15\%$，见表 11—5。

表 11—5

K	$p_{x+k}^{(\tau)}$	$q_{x+k}^{(\tau)}$	$q_{x+k}^{(1)}$	$q_{x+k}^{(2)}$	c_k	e_k	$_{k+1}CV$
0	0.5	0.5	0.1	0.4	0.2	8	230
1	0.6	0.4	0.15	0.25	0.06	2	560
2	0.5	0.5	0.5	0	0.06	2	1000

求各年的资产份额。

解 根据式 (11.23)，有

$$_{k+1}AS=\frac{1}{p_{x+k}^{(\tau)}}[_kAS+G(1-c_k)-e_k](1+i)-1000q_{x+k}^{(1)}-q_{x+k}^{(2)}\cdot{}_{k+1}CV$$

$$_0AS=0$$

$$_1AS=\frac{1}{0.5}\times\{[0+350\times(1-0.2)-0.8]\times(1+0.15)-1000\times0.1-230\times0.4\}$$
$$=241.6$$

$$_2AS=\frac{1}{0.6}\times\{[241.6+350\times(1-0.06)-2]\times(1+0.15)-1000\times0.15-560\times0.25\}=606.5$$

$$_3AS=\frac{1}{0.5}\times\{[606.5+350\times(1-0.06)-2]\times(1+0.15)-1000\times0.5\}$$
$$=1147$$

§11.4 保单红利

前面讨论盈余时假设已确定了红利的大小，实际上当红利假设为零时可先计算出分红前盈余。盈余分配的主要途径有：(1)提留准备金。此部分分配主要是为了稳定经营，降低企业风险，保证企业的偿付能力。(2)股东收益。(3)保单红利。其中保单红利是最主要的部分。

寿险业务的实践证明，寿险公司的盈余主要来源于分红性保单，因为这种保单的保费已含有这种盈余假设。分红性保单的持有人购买分红保险的主要原因是寻求公司优良的经营和投资业绩，他们与寿险公司的股东共同分享业绩成果，从所缴纳的保险费看，其费率一般非分红保单的费率更高。

计算保单红利的方法主要有两种。

11.4.1 经验调整法

在上一节中，我们主要讨论了资产份额方法，在保险实务中，预期资产份额不会恰好等于每份有效保单的经验资产额。用 ${}_{k+1}\hat{AS}$ 表示由于经验数据的改变而计算出的经验资产份额，它是由 k 年期末资产份额按经验成本要素计算得出，即

$$
{}_{k+1}\hat{AS}=[{}_kAS+G(1-\hat{c}_k)-\hat{e}_k](1+\hat{i}_{k+1})-\hat{q}_{x+k}^{(1)}(1-{}_{k+1}\hat{AS}-\hat{q}_{x+k}^{(2)}({}_{k+1}CV-{}_{k+1}\hat{AS}) \tag{11.4.1}
$$

用式 (11.4.1)减去式 (11.3.6)，得

$$
\begin{aligned}
&{}_{k+1}\hat{AS}-{}_{k+1}AS\\
&=({}_kAS+G)(\hat{i}_{k+1}-i) && ①\\
&\quad+[(Gc_k+e_k)(1+i)-G(\hat{c}_k+\hat{e}_k)1+\hat{i}_{k+1}] && ② \qquad (11.4.2)\\
&\quad+[q_{x+k}^{(1)}(1-{}_{k+1}AS)-\hat{q}_{x+k}^{(1)}(1-{}_{k+1}\hat{AS})] && ③\\
&\quad+[q_{x+k}^{(2)}({}_{k+1}CV-{}_{k+1}AS)-\hat{q}_{x+k}^{(2)}({}_{k+1}CV-{}_{k+1}\hat{AS})] && ④
\end{aligned}
$$

在式 (11.4.2)中，经验资产份额与期望资产份额之差可分解为四个部分：①是经验利率与预定的偏差；②是经验费用与预定费用之差，并按利率调整；③是预定死亡成本与经验死亡成本之差；④则是预定退保成本与经验退保成本之差。

人寿保险的组织基于以下原则：对于销售的一批保单所承诺的保险金给付及担负的费用开销，保费及其投资收入不足抵付的概率应该非常小，并据此决定保费水平。按照这个原理(代替平衡原理)，亏损变量的期望值应为负值，以便产生一个安全边际，应付可能发生的不利偏差。由于不确定性随着时间的推移而消除，原定价与保险责任结构中为应付不利偏差而设置的保障额可随之发放并返还给保单持有人，后者通过缴纳高额保费承受了风险。这些不再需要的超出应付未来风险部分的余额就是红利，式(11.4.1)的一个简化形式常被用于决定红利的分析。

对式(11.3.6)进行调整，用符号 ${}_kF$ 表示基金份额 ${}_kAS$，基金份额 ${}_kF$ 不再是期望运行结果，而是事先设定的数额，以使所考虑的一组保单的未来保费与投资收入能以较高的概率保证满足其保险责任与费用开支。于是

$$
{}_{k+1}F=[{}_kF+G(1-c_k)-e_k](1+i)-q_{x+k}^{(1)}(1-{}_{k+1}F)-q_{x+k}^{(2)}({}_{k+1}CV-{}_{k+1}F) \tag{11.4.3}
$$

式中，c_k，e_k，$q_{x+k}^{(1)}$ 与 $q_{x+k}^{(2)}$ 通常设置得比预期值高；i 的水平设置比预期值低，以便提供填补不利偏差的保障额，这种安全边际使得动用外部基金的概率较低。式

(11.4.4)描述了1单位保险的基金份额的递进关系，其中带有“帽子”的量是经验成本要素

$$
\begin{aligned}
{}_{k+1}F + {}_{k+1}D = & [{}_kF + G(1-\hat{c}_k) - \hat{e}_k](1+\hat{i}_{k+1}) \\
& - \hat{q}_{x+k}^{(1)}(1 - {}_{k+1}F - {}_{k+1}D) \\
& - \hat{q}_{x+k}^{(2)}({}_{k+1}CV - {}_{k+1}F - {}_{k+1}D)
\end{aligned} \tag{11.4.4}
$$

在式(11.4.4)中，红利 ${}_{k+1}D$ 是经验基金份额与预先设定的基金份额目标 ${}_{k+1}F$ 之差。式(11.4.4)减去式(11.4.3)，得

$$
\begin{aligned}
{}_{k+1}D = & ({}_kF + G)(\hat{i}_{k+1} - i) & ① \\
& + [(Gc_k + e_k)(1+i) - (G\hat{c}_k + \hat{e}_k)(1+\hat{i}_{k+1})] & ② \\
& + (1 - {}_{k+1}F)(q_{x+k}^{(1)} - \hat{q}_{x+k}^{(1)}) & ③ \\
& + ({}_{k+1}CV - {}_{k+1}F)(q_{x+k}^{(2)} - \hat{q}_{x+k}^{(2)}) & ④ \\
& + {}_{k+1}D(\hat{q}_{x+k}^{(1)} + \hat{q}_{x+k}^{(2)}) & ⑤
\end{aligned} \tag{11.4.5}
$$

式(11.4.5)中各部分与以下经验要素有关：①利息；② 费用；③死亡情况；④退保；⑤红利(只支付给期末生存者)。如果 ${}_{k+1}CV = {}_{k+1}F$，且红利也支付给死亡或退保的被保险人，并且将 $Gc_k + e_k$ 记为 E_k，$G\hat{c}_k + \hat{e}_k$ 记为 $\hat{E}S_k$，那么式 (11.4.5)的右端可写成三项形式

$$
\begin{aligned}
{}_{k+1}D = & ({}_kF + G)(\hat{i}_{k+1} - i) \\
& + [E_k(1+i) - \hat{E}S(1+\hat{i}_{k+1})] \\
& + (1 + {}_{k+1}F)(q_{x+k}^{(1)} - \hat{q}_{x+k}^{(1)})
\end{aligned} \tag{11.4.6}
$$

例 11.4.1 在例 11.3.1 的基础上，如果红利分配给死亡和退保的被保险人，计算 ${}_1D$ 和 ${}_2D$。假设 ${}_0F = {}_0AS = 0$，${}_1F = {}_1AS = 241.6$，${}_2F = {}_2AS = 606.5$；$\hat{i}_1 = 0.15$，$\hat{i}_2 = 0.16$；$\hat{q}_{x+k}^{(1)} = 0.1$，$\hat{q}_{x+k}^{(2)} = 0.2\hat{q}_x^{(1)} = 0.09$，$\hat{q}_x^{(2)} = 0.5$；$c_k = \hat{c}_k$ ($k = 0,1,2$)；$\hat{e}_0 = 10$，$\hat{e}_1 = 1$。

解 见表 11－6。

表 11－6

	${}_1D(k=0)$	${}_2D(k=1)$
①利息 $({}_kF+G)(\hat{i}_{k+1}-i)$	$(0+350)\times(0.15-0.15)$ $=0$	$(241.6+350)\times(0.16-0.15)$ $=5.916$
②费用 $(Gc_k+e_k)(1+i)$ $-(G\hat{c}_k+\hat{e}_k)(1+\hat{i}_{k+1})$	$(350\times0.2+8)\times1.15-$ $(350\times0.2+10)\times1.15=-2.3$	$(350\times0.06+2)\times1.15-$ $(350\times0.06+1)\times1.16=0.93$
③死亡 $(1000-{}_{k+1}F)(q_{x+k}^{(1)}-\hat{q}_{x+k}^{(1)})$	$(1000-241.6)\times(0.1-0.09)$ $=7.584$	$(1000-606.5)\times(0.15-0.1)$ $=19.675$
④退保 $({}_{k+1}CV-{}_{k+1}F)(q_{x+k}^{(2)}-\hat{q}_{x+k}^{(2)})$	$(230-241.6)\times(0.4-0.5)$ $=1.16$	$(560-606.5)\times(0.25-0.2)$ $=-2.325$

则

$${}_1D = 0 + (-2.3) + 7.584 + 1.16 = 6.444$$

$${}_2D = 5.916 + 0.93 + 19.675 - 2.325 = 24.196$$

11.4.2 三元素法

由前面分析可知，盈余（或红利）是由很多因素决定的，但是最主要的因素是利差益、死差益和费差益。三元素法就是基于这种考虑而用于计算红利的一种方法。其基本公式为

$$D_t = I_t + M_t + E_t \tag{11.4.7}$$

式中，${}_tD$ 为保单第 t 年年末的红利；I_t 为保单第 t 年的利差益因素；M_t 为保单第 t 年的死差益因素；E_t 为保单第 t 年的费差益因素。

I_t，M_t 和 E_t 可由下列公式给出

$$I_t = (i_t' - i_t)({}_{t-1}V_x + {}_tP_x) \tag{11.4.8}$$

$$M_t = (q_{x+t-1} - q_{x+t-1}')(R - {}_tV_x) \tag{11.4.9}$$

$$E_t = ({}_tG_x - {}_tP_x - {}_te_x)(1 + i_t') \tag{11.4.10}$$

式中，x 为保单签发年龄；i_t' 为保单第 t 年的红利利率；i_t 为保单第 t 年的预定利率（计算责任准备金时所采用的利率）；${}_tV_x$ 为保单第 t 年的期末责任准备金；${}_tP_x$ 为保单第 t 年的估计纯保费；q_x 为 x 岁时的预定死亡率（计算责任准备金时所采用的死亡率）；q_x' 为 x 岁时的红利死亡率；${}_tG_x$ 为保单第 t 年的营业保费；e_t 为保单第 t 年的费用支出；R 为保险金额。

例 11.4.2 保险金额为 10000 元的终身死亡保险，发行年龄为 25 岁，营业保费为 180 元，估计纯保费为 120 元，保单年度 14 和 15 的责任准备金分别为 1700 元和 1800 元。根据下述条件求 D_{15}。

解 (1)如果 $i_{15}' = 8\%$，$i = 5\%$，则

$$\begin{aligned} I_t &= (i_t' - i_t)({}_{t-1}V_x + {}_tP_x) \\ I_{15} &= (i_{15}' - i_{15})({}_{14}V_{25} + {}_{15}P_{25}) \\ &= (0.08 - 0.05) \times (1700 + 120) \\ &= 54.6 \end{aligned}$$

(2)如果 $q_{39} = 0.003$，$q_{39}' = 0.002$，则

$$\begin{aligned} M_t &= (q_{x+t-1} - q_{x+t-1}')(R - {}_tV_x) \\ M_{15} &= (q_{39} - q_{39}')(10000 - {}_{15}V_{25}) \\ &= (0.003 - 0.002) \times (10000 - 1800) \\ &= 8.2 \end{aligned}$$

(3)如果 ${}_{15}e_{25}=50$，则

$$E_t=({}_tG_x-{}_tP_x-{}_te_x)(1+i_t{}')$$
$$E_{15}=({}_{15}G_{25}-{}_{15}P_{25}-{}_{15}e_{25})(1+i_{25}{}')$$
$$=(180-120-50)\times(1+0.08)$$
$$=10.8$$

则其红利为

$$D_{15}=I_{15}+M_{15}+E_{15}$$
$$=54.6+8.2+10.8$$
$$=73.6$$

11.4.3 经验保费法

设 $\hat{G}S$ 是根据实际死亡与费用假定确定的经验保费，则

$$\hat{G}S=v_{k+1}F-{}_kF+\hat{g}+v\hat{q}_{x+k}^{(1)}(1-{}_{k+1}F) \tag{11.4.11}$$

其中，$\hat{g}=G\hat{c}_k+\hat{e}_k(k=0,1,2,\cdots)$，另外，设 ${}_{k+1}CV={}_{k+1}F(k=0,1,2,\cdots)$，在这些假设下有

$${}_{k+1}F=({}_kF+\hat{G}S-\hat{g})(1+i)-\hat{q}_{x+k}^{(1)}(1-{}_{k+1}F) \tag{11.4.12}$$

如果红利也向死亡或退保的被保险人支付，那么式(11.4.4)可写成

$${}_{k+1}F+{}_{k+1}D=[{}_kF+G-\hat{g}](1+\hat{i}_{k+1})-\hat{q}_{x+k}^{(1)}(1-{}_{k+1}F) \tag{11.4.13}$$

$${}_{k+1}D=(G-\hat{G}S)(1+\hat{i}_{k+1})+({}_kF+\hat{G}S-\hat{g})(\hat{i}_{k+1}-i) \tag{11.4.14}$$

式(11.4.14)即是计算红利的经验保费法的公式。

习　题

11.1　根据表 11—3 和表 11—4 的各种情况，计算第 1 年的费用补贴 E_1。

11.2　(x) 的单位保额完全连续终身寿险在 k 年末转为不丧失现金价值。设 ${}_kCV={}_k\bar{V}(\bar{A}_x)$，分别按缴清保险和展期保险给出刚改变后的保险的未来损失方差与原保险在时间 k 的未来损失方差之比。

11.3　已知 $A_x=0.3208$，$\ddot{a}_x=12$，$A_{x:\overline{n}|}=0.5472$，$\ddot{a}_{x:\overline{n}|}=8$。用 1941 年规则计算 $P_{x:\overline{n}|}^{a}$。

11.4　向(30)发行的 1 单位完全连续 20 年期两全保险，在第 10 年年末中止，并且那时还有一笔以 ${}_{10}CV$ 为抵押的贷款额 L 尚未清偿，用趸缴净保费表达：

(1)在保额为 $1-L$ 的展期保险可延展到原期满时的情况下，期满时的生存给

付金额 E；

(2)转为第(1)小题中展期保险与生存保险后5年时的责任准备金。

11.5 考虑 (x) 投保的缴费期为 n 的 n 年期两全保险,保险金为1单位,支付基础为完全离散的。在拖欠保费的情况下,被保险人可选择:

(1)减额缴清终身寿险;

(2)期限不超过原两全保险的展期定期保险以及 $x+n$ 岁时支付的减额生存保险。在时间 t 的解约金为 ${}_tV_{x:\overline{n}|}$,它可用来购买金额为 b 的缴清终身寿险,或用于购买金额为1的展期保险以及 $x+n$ 岁时的生存支付 f。设 $A_{x+t:\overline{n-t}|}=2A_{x+t}$,用 $b,A^{1}_{x+t:\overline{n-t}|}$ 及 ${}_{n-t}E_{x+t}$ 表示 f。

第十二章　非寿险精算选讲

§引　言

保险精算学大致上可以分为寿险精算学和非寿险精算学两大部分。我们已经学习了寿险精算学的基础知识，它是建立在完整的生命表基础上的对人的生存与死亡风险进行保障的精算数学方法，其核心内容可以概括为死亡和生存给付的精算现值的计算方法、寿险产品定价和准备金评估。

它的特点是基于人的生存规律，这一规律已经由生命表给出，因此，它的理论和方法十分成熟。

非寿险精算学泛指寿险精算以外的其他保险的精算问题研究，这些保险包括财产保险、医疗保险、健康保险、人身意外伤害保险、社会保险等。在财产保险中又包括房屋建筑物保险、车辆保险、火灾保险、海上保险、航空保险等等。在上述非寿险的保险中，保险的标的一般是相应风险造成的损失。然而，各种非寿险险种对应的损失的分布规律并非寿险中生命表那般给定，需要利用概率论和数理统计的随机不确定性方法加以探索和近似表述，这是非寿险精算与寿险精算的显著区别，也是非寿险精算相对较难的主要原因。非寿险精算的主要任务是建立风险损失的分布规律模型，通过费率厘定来制定保险保费，根据具体风险损失进行理赔额的厘定等。本章简要介绍损失模型、费率厘定原理和方法、车辆保险的奖惩系统、未决赔款准备金等内容。

§12.1　损失模型

12.1.1　随机变量及相关概念

12.1.1.1　随机变量与分布函数

随机变量是表示随机现象观察结果的变量。通常用大写字母(如 X，N 等)表示。在非寿险精算中,最常见的随机变量就是损失金额(用 X 表示)和损失次数(用 N 表示)。由于随机变量的取值是随机的,因此通常用其分布函数描述其取值规律。对于随机变量 X,其分布函数 $F(x)$ 是指随机变量 X 的取值不超过实数 x 的概率,即

$$F(x)=P(X\leqslant x)$$

分布函数可以描述随机变量的统计规律,如损失额 X 不超过 1000 元的概率可表示为 $F(1000)$,损失额在 1000 ～ 2000 元的概率可表示为 $F(2000)-F(1000)$。

随机变量可分为离散型随机变量和连续型随机变量两种。所谓离散型随机变量是指只能取有限个或可列个值的随机变量,如保单的索赔次数 N 就是一个离散型随机变量,因为它只能取有限个值。所谓连续型随机变量是指其取值布满一个区间的随机变量,如损失额 X 的取值范围是区间$(0,+\infty)$。

12.1.1.2　随机变量的数字特征

虽然随机变量的分布函数完全可以描述随机变量的分布规律,但为了描述随机变量在某一方面的特征,如平均水平,分散程度,就需要计算随机变量的一些数字特征。

1. 数学期望

数学期望描述了随机变量的平均取值,代表着其取值的平均水平。随机变量 X 的数学期望通常用 $E(X)$ 表示。如果 X 为离散型随机变量,其取值为 x_i 的概率为 p_i,$i=1,2,\cdots$,则其数学期望为:

$$E(X)=\sum_{i=1}^{\infty}x_i p_i$$

如果 X 为连续型随机变量,其取值范围为 $(-\infty,+\infty)$,$f(x)$ 为其密度函数,则其数学期望为

$$E(X)=\int_{-\infty}^{+\infty}xf(x)dx$$

密度函数 $f(x)$ 与分布函数 $F(x)$ 具有下述关系

$$F(x)=\int_{-\infty}^{x}f(x)$$

两个随机变量 X 和 Y 的数学期望具有下述关系:

(1) $E(kX)=kE(X)$,其中 k 为常数。

(2) $E(X+Y)=E(X)+E(Y)$ 。

(3)若 X 与 Y 相互独立,则 $E(XY)=E(X)\cdot E(Y)$。

2. 方差、标准差和变异系数

方差描述了随机变量取值的分散程度，通常用 $Var(X)$ 表示，可以通过数学期望表示为：

$$Var(X)=E\,(X-E(X))^2$$

两个随机变量 X 和 Y 的方差具有下述关系：

(1) $Var(kX)=k^2Var(X)$。

(2)若 X 和 Y 相互独立，则 $Var(X+Y)=Var(X)+Var(Y)$。

(3) $Var(X)=E(X^2)-(E(X))^2$。

随机变量的标准差是其方差的平方根，即

$$\sigma_X=\sqrt{Var(X)}$$

随机变量的变异系数是标准差与数学期望的比率，即

$$cv=\frac{\sqrt{Var(X)}}{E(X)}$$

n 个独立同分布的随机变量之和的变异数是单个随机变量的变异系数的 $\frac{1}{\sqrt{n}}$，即

$$\frac{\sqrt{Var(x_1+\cdots+x_n)}}{E(x_1+\cdots+x_n)}=\frac{\sqrt{n}\sigma_X}{nE(x)}=\frac{cv}{n}$$

变异系数通常用来描述一个风险的相对大小，因此，风险集合中所包含的个体风险越多，其相对风险越小。

3. 原点矩和中心矩

随机变量 X 的 k 阶原点矩是指随机变量的 k 次幂的数学期望，即

$$\mu_k=E(X^k)$$

显然，数学期望为随机变量的一阶原点矩。

随机变量的 k 阶中心矩定义为：

$$\nu_k=E\,(X-E(X))^k$$

显然，方差为随机变量的二阶中心矩。

4. 偏度系数

随机变量 X 的偏度系数定义为：

$$\gamma=\nu_3/\sigma^3$$

其中，$\nu_3=E\,(X-E(X))^3$ 是 X 的三阶中心矩；σ 为 X 的标准差，对于对称分布(如正态分布)，偏度系数为零；对于右偏分布，偏度系数大于零；对于左偏分布，偏度系数小于零。非寿险中的大多数损失分布属于右偏型的，即有较长较厚的

右尾。

n 个独立同分布的随机变量之和的偏度系数是单个随机变量的偏度系数的 $1/\sqrt{n}$ 。这是因为，n 个独立同分布的随机变量之和的三阶中心矩为：

$$\begin{aligned}\mu_3\left(\sum X_i\right) &= E\left(\sum X_i - E\left(\sum X_i\right)\right)^3 \\ &= E\left(\sum (X_i - E(X_i))\right)^3 \\ &= \sum E(X_i - E(X_i))^3 \\ &= n\mu_3\end{aligned}$$

其中 $\sum$ 表示从 1 到 n 求和。

在 $E\left(\sum (X_i - E(X_i))\right)^3$ 的展开式中，除三次方项 $E(X_i - E(X_i))^3$ 以外，其余各项的期望值为零。因此 n 个独立同分布的随机变量之和的偏度系数为：

$$\gamma_n = \frac{n\mu_3}{\left(\sqrt{Var\left(\sum X_i\right)}\right)^3} = \frac{n\mu_3}{\sigma^3 n\sqrt{n}} = \frac{\gamma}{\sqrt{n}}$$

由此可见，n 个独立同分布的随机变量之和的偏度系数随着 n 的变化呈反方向变化，这一结果与变异系数是类似的。这就说明，风险集合包含的相互独立的个体风险越多，其损失分布的变异性和非对称性就越小，少数巨灾风险对风险集合的影响也就越小，从而对保险公司的经营稳定性就越有利。

12.1.1.3 条件期望和条件方差

对于二维随机变量 (X,Y)，当 Y 给定时计算 X 的数学期望即得 X 的条件期望 $E(X \mid Y)$。

当 Y 给定时计算 X 的方差即得 X 的条件方差为

$$Var(X \mid Y) - E(X^2 \mid Y) - (E(X \mid Y))^2$$

上述条件期望和条件方差的计算公式中，如果允许 Y 可以随机取值而不是给定取值，则 $E(X \mid Y)$ 和 $Var(X \mid Y)$ 都是随机变量。这两个随机变量具有下述性质：

(1) $E(X) = E(E(X \mid Y))$。

(2) $Var(X) = E(Var(X \mid Y)) + Var(E(X \mid Y))$。

12.1.2 损失次数模型

当统计数据十分充足时，大多数问题都可以通过经验分布得到解决。但通常的情况是，精算师难以得到如此丰富的统计数据，尤其是精算师最为关心的高额损失数据更是有限。因此，精算师必须根据有限的统计数据拟合损失次数模型或损失金额模型。事实上，即使在统计数据十分充足的情况下，理论分布也有其用武之地，因为理论分布有许多便于应用的著名性质（如中心极限定理、独立同分布、泊松随机变量的可加性等），这些性质有助于简化对实际问题的分析。

在保险风险的研究中，常见的损失次数模型有泊松分布、二项分布、负二项分布和几何分布。以下我们简单介绍它们的定义和性质。

12.1.2.1　泊松分布

假设损失次数 N 服从参数为 λ 的泊松分布，则发生 k 次损失的概率为：

$$p_k = \frac{e^{-\lambda}\lambda^k}{k!}, \quad k = 0, 1, 2, \cdots$$

泊松分布的均值和方差相等，都等于泊松分布的参数，即

$$E(N) = Var(N) = \lambda$$

泊松分布具有下述性质：

1. 可加性。如果 N_1 和 N_2 分别是参数为 λ_1 和 λ_2 的独立泊松随机变量，则 $N = N_1 + N_2$ 是参数为 $\lambda_1 + \lambda_2$ 的泊松随机变量。

2. 可分解性。假设两种保险责任的总索赔次数 N 服从参数为 λ 的泊松分布，而两种保险责任发生的概率分别为 a_1 和 a_2，且 $a_1 + a_2 = 1$，则这两种保险责任的索赔次数 N_1 和 N_2 是相互独立的泊松随机变量，参数分别为 λa_1 和 λa_2。泊松分布的可分解性在保险风险的建模过程中非常有用。譬如，假设某险种的索赔次数服从泊松分布，那么在引入免赔额 d 以后，索赔次数仍将服从泊松分布，只是泊松分布的参数不同而已。

3. 泊松分布的众数为 int(λ)，int 表示取整数。如果参数 λ 为整数，则其众数也等于 $\lambda - 1$，此时泊松分布具有双众数。

4. 当参数 λ 很小时，泊松分布可以近似二项分布。

5. 如果保险事故发生的时间间隔服从指数分布，则在一个固定的时间区间内发生的保险事故次数服从泊松分布。

6. 当参数 λ 较大时，泊松分布可以用正态分布近似。

12.1.2.2　负二项分布

假设损失次数 N 服从参数为 r 和 β 的负二项分布，则发生 k 次损失的概率为：

$$p_k = \frac{\Gamma(k+r)}{\Gamma(r)\Gamma(k+1)} \left(\frac{1}{1+\beta}\right)^r \left(\frac{\beta}{1+\beta}\right)^k, \quad k = 0, 1, 2, \cdots$$

负二项分布的均值和方差分别为：

$$E(N) = r\beta$$

$$Var(N) = r\beta(1+\beta)$$

负二项分布具有下述性质：

1. 方差大于均值。这是与泊松分布的根本区别。这就意味着，如果观察值的方差大于均值，负二项分布比泊松分布可以更好地拟合数据。

2. 负二项分布是一种混合泊松分布。即如果假设泊松分布的参数服从伽玛分布，由此得到的混合泊松分布即为负二项分布。

3. 负二项分布的众数为 $\text{int}[(r-1)\beta]$，int 表示取整数。如果 $[(r-1)\beta-1]$ 是整数，则其众数等于 $[(r-1)\beta-1]$，此时负二项分布具有双众数。

12.1.2.3　二项分布

假设损失次数 N 服从参数为 m 和 q 的二项分布，则发生 k 次损失的概率为：

$$p_k=\binom{m}{k}q^k(1-q)^{m-k},\quad k=0,1,2,\cdots,m,m\text{ 为正整数},0<q<1$$

二项分布的均值和方差分别为：

$$E(N)=mq$$
$$Var(N)=mq(1-q)$$

二项分布具有下述性质：

1. 二项分布的方差小于其均值。这是它与泊松分布和负二项分布在实际应用中的主要区别。泊松分布的方差等于其均值，而负二项分布的方差大于其均值。

2. 假设每个风险发生损失的概率均为 q，则二项分布可以描述 m 个独立同分布的风险所组成的风险集合的损失次数。

3. 如果用二项分布描述损失次数，则意味着损失次数存在一个最大值，这就是二项分布的参数 m。这种情况也是实际存在的，如一次交通事故造成的伤亡人数，一辆汽车在一年内发生的保险事故次数等。这些随机变量都不会超过某个最大值。

4. 二项分布的众数 $\text{int}[q(m+1)]$，int 表示取整数。如果 $q(m+1)$ 为整数，则其众数也等于 $q(m+1)-1$。

12.1.2.4　几何分布

假设损失次数 N 服从参数为 β 的几何分布，则发生 k 次损失的概率为：

$$p_k=\frac{\beta^k}{(1+\beta)^{k+1}},\quad k=0,1,2\cdots$$

几何分布的均值和方差分别为：

$$E(N)=\beta$$
$$Var(N)=\beta(1+\beta)$$

几何分布具有下述性质：

1. 几何分布是负二项分布当 $r=1$ 时的特例。

2. 几何分布具有指数形式的衰减概率函数，因此具有无记忆性。如果用几何分布描述损失次数，则在给定发生了 m 次损失的情况下，以后的损失次数分布与 m 无关。换言之，如果损失次数服从几何分布，则未来损失次数的分布不受已经发生损失次数的影响。

3. 几何分布的众数恒为零。

12.1.3 损失金额模型

常用的损失金额分布函数有指数分布、对数正态分布、伽玛分布、帕累托分布和威布尔分布。

12.1.3.1 指数分布

假设损失金额 X 服从参数为 θ 的指数分布，则其分布函数和密度函数分别为：

$$F(x)=1-\exp(-\theta x)$$
$$f(x)=\theta\exp(-\theta x)$$

其中 $\theta>0, x>0$。

指数分布的均值和方差分别为

$$E(X)=1/\theta$$
$$Var(X)=1/\theta^2$$

指数分布具有下述性质：

1. 如果在单位时间内损失次数服从参数为 θ 的泊松分布，则相邻损失之间的时间间隔服从参数为 θ 的指数分布。因此，如果单位时间内平均发生 θ 次损失（泊松分布的均值）则相邻损失之间的平均时间间隔为 $1/\theta$（指数分布的均值）。

2. 指数分布具有无记忆性。如果用指数分布描述损失金额分布，则免赔额 d 的使用不会影响每次事故的期望损失金额，它始终是一个与 d 无关的常数，但期望损失次数会减少。

12.1.3.2 对数正态分布

假设损失金额 X 服从参数为 (μ,σ) 的对数正态分布，则其分布函数和密度函数分别为：

$$F(x)=\Phi(z)$$

其中，Φ 为标准正态分布的分布函数。

$$f(x)=\frac{1}{x\sigma\sqrt{2\pi}}\exp(-z^2/2)$$
$$=\varphi(z)/(\sigma x)$$

其中，$z=\frac{\ln(x)-\mu}{\sigma}$，$-\infty<\mu<+\infty$，$\sigma>0$，$x>0$，$\varphi$ 表示标准正态分布的密度函数。

对数正态分布的均值和方差分别为：

$$E(X)=\exp(\mu+0.5\sigma^2)$$
$$Var(X)=\exp(2\mu+2\sigma^2)-\exp(2\mu+\sigma^2)$$

对数正态分布具有下述性质：

1. 正态分布经指数变换后即为对数正态分布；对数正态分布经对数变换后即为正态分布。

2. 设 r，t 为正实数，X 是参数为 (μ,σ) 的对数正态分布，则 $Y=rX^t$ 仍是对数正态分布，参数为 $(t\mu+\ln(r),t\sigma)$。

3. 对数正态分布总是右偏的。

4. 对数正态分布的均值和方差是其参数 (μ,σ) 的增函数。

5. 对给定的参数 μ，当 σ 趋于零时，对数正态分布的均值趋于 $\exp(\mu)$，方差趋于零。

12.1.3.3　伽玛分布

假设损失金额 X 服从参数为(α,θ)的伽玛分布，其密度函数分别为：

$$f(x)=\frac{\theta^{\alpha}x^{\alpha-1}}{\Gamma(\alpha)}e^{-\theta x}$$

其中，$\alpha>0$，$\theta>0$，$x>0$。

伽玛分布的均值和方差分别为：

$$E(X)=\alpha/\theta$$
$$Var(X)=\alpha/\theta^2$$

伽玛分布具有下述性质：

1. 当固定尺度参数 θ 时，改变形状参数 α 的取值会改变伽玛密度函数的形状。

2. 当 α 趋于无穷大时，伽玛分布近似于正态分布。

3. 当 $\alpha=1$ 时，伽玛分布就是参数为 θ 的指数分布。

4. 当尺度参数 θ 相同时，伽玛分布具有可加性。即如果 X_1 服从参数为 (α_1,θ) 的伽玛分布，X_2 服从参数为 (α_2,θ) 的伽玛分布，则 (X_1+X_2) 服从参数为 $(\alpha_1+\alpha_2,\theta)$ 的伽玛分布。

5. 伽玛分布乘以正常数 r 以后，仍然是伽玛分布，参数变为$(\alpha,\theta/r)$。

12.1.3.4 帕累托分布

假设损失金额 X 服从参数为(α,θ)的帕累托分布，则其分布函数和密度函数分别为：

$$F(x)=1-\left(\frac{\theta}{x+\theta}\right)^{\alpha}$$

$$f(x)=\frac{\alpha\theta^{\alpha}}{(x+\theta)^{\alpha+1}}$$

其中，$\alpha>0,\theta>0,x>0$。

帕累分布的均值和方差分为：

$$E(X)=\frac{\theta}{\alpha-1},\quad \alpha>1$$

$$Var(X)=\frac{\alpha\theta^{2}}{(\alpha-1)^{2}(\alpha-2)},\quad \alpha>2$$

帕累托分布具有下述性质：

1. 帕累托分布总是右偏的，众数恒为 0。

2. 帕累托分布乘以正常数 r 以后，仍然是帕累托分布，参数变为$(\alpha,r\theta)$。

3. 如果均值 $\mu=E(X)$ 保持不变，当 $\alpha\to\infty$ 时，帕累托分布收敛到参数为 $1/\mu$ 的指数分布。

12.1.3.5 威布尔分布

假设损失金额 X 服从参数为(α,θ)的威布尔分布，则其分布函数和密度函数分别为：

$$F(x)=1-\exp\{-\alpha x^{\theta}\}$$

$$f(x)=\alpha\theta x^{\theta-1}\exp(-\alpha x^{\theta})$$

其中，$\alpha>0,\theta>0,x>0$。

威布尔分布的均值为：

$$E(X)=\alpha^{-1/\theta}\Gamma\left(\frac{1}{\theta}+1\right)$$

威布尔分布具有下述性质：

1. 当 $\theta=1$ 时，威布尔分布就是参数为 α 的指数分布。

2. 威布尔分布乘以正常数 r 以后，仍然是威布尔分布，参数变为$(\alpha/r^{\theta},\theta)$。

3. 如果 $X=\theta Y^{\alpha}$ 服从标准指数分布（即参数为 1），则 Y 服从威布尔分布。

4. 威布尔分布在 $\theta=3.6$ 附近呈现大致对称的形状。当 θ 小于此值时，威布尔分布将呈现左偏形状；当 θ 大于此值时，威布尔分布将呈现右偏形状。

注意:实践中还通常考虑通货膨胀率、通货紧缩率、经济政策调整等对损失金额模型的影响。

12.1.4 累积损失模型

前面介绍了损失次数分布和损失金额分布,下面我们分析累积损失的分布,即由损失次数分布与损失金额分布所合成的分布。

累积损失的分布模型有两种不同的表现形式,一种是个体风险模型,另一种是集体风险模型。在个体风险模型中,假设保单组合包含 n 份保单,每份保单相互独立,其中第 i 份保单在保险期间的损失金额是一个随机变量 X_i,则整个保单组合在保险期间的累积损失 S 可以表示为:

$$S = X_1 + X_2 + \cdots + X_n$$

在集体风险中,将整个保单组合视为一个整体,考虑其在保险期间发生的累积损失。集体风险模型假设保单组合在保险期间的损失次数是一个随机变量 N,而第 i 次损失的金额是另一个随机变量 X_i,其中每次的损失金额 X_i 独立同分布,则整个保单组合的累积损失可以表示为:

$$S = X_1 + X_2 + \cdots + X_N$$

在集体风险中,累积损失 S 的均值和方差分别为:

$$E(S) = E(N)E(X)$$

$$Var(S) = E(N)Var(X) + Var(N)[E(X)]^2$$

在集体风险中,我们通常把 S 的分布称作复合分布,相应的复合分布名称采用损失次数分布的名称。

累积损失分布往往涉及大量计算,而且计算过程比较复杂,不属本教材讨论范围。因此,仅通过一个简单的例子说明累积损失分布的计算问题。

例 12.1.1 假设某保险人签发了两份保单 A 和 B,每份保单可能发生的损失额及相应的概率如表 12-1 所示。

表 12-1 个体保单的损失额及其概率

A		B	
损失额	概率	损失额	概率
0	0.60	0	0.70
2000	0.30	200	0.20
20000	0.10	2000	0.06
		20000	0.04

根据表 12－1 可以求出保险公司在这两份保单上的累积损失及其相应的概率，如表 12－2 所示。

表 12－2　保险公司的累积损失及其概率

累积损失			概率		
A	B	A+B	A	B	A+B
0	0	0	0.60	0.70	0.42
0	200	200	0.60	0.20	0.12
0	2000	2000	0.60	0.06	0.036
0	20000	20000	0.60	0.04	0.024
2000	0	2000	0.30	0.70	0.21
2000	200	2200	0.30	0.20	0.06
2000	2000	4000	0.30	0.06	0.018
2000	20000	22000	0.30	0.04	0.012
20000	0	20000	0.10	0.70	0.07
20000	200	20000	0.10	0.20	0.02
20000	2000	22000	0.10	0.06	0.006
20000	20000	40000	0.10	0.04	0.004

将表 12－2 中相同的累积损失所对应的概率相加即可得到累积损失的分布，如表 12－3 所示。

表 12－3　累积损失的分布

累积损失	概率	累积概率
0	0.420	0.420
200	0.120	0.540
2000	0.246	0.786
2200	0.060	0.846
4000	0.018	0.864
20000	0.094	0.958
20200	0.020	0.978
22000	0.018	0.996
140000	0.004	1.000

本例采用的方法事实上就是直接计算两个损失分布的卷积，从而得到累积损

失的分布。从本例可以看出，卷积的运算过程十分复杂，当保单组合较大时，进行卷积运算往往是不现实的。

对累积损失的一种最简单的近似计算是正态近似。如果损失次数足够大，且个体风险的损失金额分布存在有限的各阶矩，则由中心极限定理可知：

$$P\left(\frac{S-E(S)}{\sqrt{Var(S)}}\leqslant x\right)\approx\Phi(x)$$

其中，Φ 是标准正态分布的分布函数。

如果累积损失 S 服从复合泊松分布，且泊松分布的参数为 λ，则

$$P\left(\frac{S-\lambda m}{\sqrt{\lambda\alpha_2}}\leqslant x\right)\approx\Phi(x),\quad \lambda\to\infty$$

其中，m 与 α_2 分别为个体损失金额 X 的均值和二阶原点矩，即 $m=E(X)$，$\alpha_2=E(X^2)$。

上述近似公式在均值的一个标准差附近效果最佳。此外，累积损失分布的偏度系数越接近于零，近似效果越好。

§12.2　费率厘定的原理与方法

12.2.1　费率厘定的概念与相关术语

在非寿险精算中，保险险种的费率厘定过程就是根据保险表的经验损失数据和其他相关信息建立模型，并对其未来的保险成本进行预测的过程。其中，保险公司实际使用的价格会受到市场供求关系和公司自身发展战略等方面的制约。

非寿险产品的费率由三个部分构成：纯保费、费用附加和利润附加（或安全附加）。纯保费用于补偿保险公司在未来的期望赔款成本；费用附加用于补偿保险公司经营相关保险业务的各种必要的费用支出；利润附加是保险公司经营保险业务所得到的收益，可以看作是经营过程中保险所使用的资本金的成本。

为不致引起误解，下面首先对本教材中出现的一些重要的术语进行解释。

风险单位：它是对风险进行度量的基本单位，也是费率厘定的基本单位。不同险种有不同的风险单位。以汽车保险为例，一个风险单位通常被确定为“一个车年”，为一辆汽车提供 1 年期保险的汽车保险单就是一个风险单位，而为 5 辆汽车提供半年期保险的汽车保险单就是 2.5 个风险单位。与风险单位相关的另一个概念是风险单位数，有时也称为风险基础，它描述了一个风险的规模大小。譬如，如果一份一年期保单同时也承保一个由 200 辆汽车所组成的车队，那么该保

单的风险单位数就是200个车年。

索赔频率：它是指在一定时期内每个风险单位的索赔次数，通常用索赔总次数和风险单位数之比进行估计。譬如一个汽车保单组合在2004年有5000个车年的风险单位数，而在改年发生的索赔次数为800次，那么在2004年每个风险单位的索赔频率为800/5000=16%。索赔频率既可以用于一组保单，如上例所示，也可以用于一份保单。譬如一份汽车保险单在5年内发生了6次索赔，那么这份保单的索赔频率估计值为1.2，即每年发生1.2次索赔。

索赔强度：它是指一个风险单位每次索赔的金额，通常用赔款总额与索赔次数之比进行估计。在计算索赔强度时，可以不包括各种理赔费用而仅以赔款为基础，也可以包括直接理赔费用。赔款可以是已付的、已报案的或预测的最终赔款；相应地，索赔次数也可是已付的、已报案的或预测的最终索赔次数。

纯保费：它是指保险公司对每一风险单位的平均赔款金额，可以表示为每个风险单位的索赔频率与索赔强度的乘积。

赔付率：它是赔款与保费之比。由于赔款可以是已付的、已报案的或预测的最终赔款，保费可以是承保保费或已赚保费，因此对于保费和赔款的不同选择将会导致不同的赔付率计算结果。例如，基于已付赔款和承保保费的赔付率，与一个基于最终赔款和已赚保费的赔付率，就有着极大的区别，尽管这两者都可以简称为赔付率。

12.2.2 纯保费

理论上讲的纯保费是指期望索赔频率 $E(N)$ 与期望索赔强度 $E(X)$ 的乘积。但在实务中，要考虑免赔额和赔偿限额以及通货膨胀的影响等，期望索赔频率与期望索赔强度的计算并不简单。

12.2.2.1 有限期望函数

令 X 表示一个非负的随机变量，其密度函数与分布函数分别为 $f(x)$ 和 $F(x)$，对给定的实数 $d>0$，有限期望函数定义为：

$$E(X \wedge d)=\int_0^d xf(x)dx+d[1-F(d)]$$

一些常见损失分布的有限期望函数如下：

1. 伽玛分布有限期望函数为：

$$E(X \wedge d)=\frac{\alpha}{\beta}\Gamma(\alpha+1,\beta x)+x[1-\Gamma(\alpha,\beta x)]$$

其中，$\Gamma(\alpha,x)=\dfrac{1}{\Gamma(\alpha)}\int_0^x t^{\alpha-1}e^{-t}dt$。

2. 对数正态分布的有限期望函数

$$E(X \wedge d)=\exp\left\{\mu+\frac{\sigma^2}{2}\right\}\Phi\left(\frac{\ln x-\mu-\sigma^2}{\sigma}\right)+x\left[1-\Phi\left(\frac{\ln x-\mu}{\sigma}\right)\right]$$

3. 帕累托分布的有限期望函数为：

$$E(X \wedge d)=\frac{\beta}{\alpha-1}\left[1-\alpha\left(\frac{\beta}{\beta+x}\right)^{\alpha-1}+(\alpha-1)\left(\frac{\beta}{\beta+x}\right)^{\alpha}\right]+x\left(\frac{\beta}{\beta+x}\right)^{\alpha}$$

4. 威布尔分布的有限期望函数为：

$$E(X \wedge d)=\frac{\Gamma(1+1/\tau)}{e^{1/\tau}}\Gamma\left(1+\frac{1}{\tau},cx^{\tau}\right)+x\exp\{-cx^{\tau}\}$$

12.2.2.2　免赔额对纯保费的影响

保险人为了减少小额索赔带来的琐碎工作，同时增强被保险人防灾防损的意识，在险种设计时往往会使用免赔额，要求被保险人自行负担在某一金额以下的损失。当然，免赔额的使用对被保险人也是有好处的，至少可以减少部分保费支出。

如果用 d 表示免赔额时，则当损失金额不超过 d 时，保险公司没有任何赔款支出；当损失金额超过 d 时，保险公司的期望赔款将为 $(x-d)$。

如果 X 服从连续型分布函数，则保险公司的非零赔额 W 的分布函数 $F_W(x)$ 和密度函数 $f_W(x)$ 分别为：

$$F_W(x)=\begin{cases}0, & x\leqslant 0\\ \dfrac{F_X(x+d)-F_X(d)}{1-F_X(d)}, & x>0\end{cases}$$

$$f_W(x)=\begin{cases}0, & x\leqslant 0\\ \dfrac{f_X(x+d)}{1-f_X(d)}, & x>0\end{cases}$$

因此，当免赔额为 d 时，保险公司的期望赔款将为：

$$E(W)=\frac{E(X)-E(X\wedge d)}{1-F_X(d)}$$

如果在应用免赔额之前的期望索赔频率为 n，则当免赔额为 d 时，期望索赔频率将变为 $n[1-F_X(d)]$，从而纯保费成为：

$$n[E(X)-E(X\wedge d)]$$

如果进一步假设通货膨胀率为 r，免赔额 d 保持不变，则保险公司的实际赔款支出为：

$$V=\begin{cases}(1+r)X-d, & x>\dfrac{d}{1+r}\\ 0, & \text{其他}\end{cases}$$

此时,保险公司的期望索赔频率为:

$$n\left[1-F_X\left(\frac{d}{1+r}\right)\right]$$

期望赔款为:

$$E(V)=\frac{(1+r)\left[E(X)-E(X\wedge\dfrac{d}{1+r})\right]}{1-F_X\left(\dfrac{d}{1+r}\right)}$$

从而纯保费为:

$$n(1+r)\left[E(X)-E\left(X\wedge\frac{d}{1+r}\right)\right]$$

12.2.2.3　赔偿限额对纯保费的影响

赔偿限额是保险人可以赔偿的最高限额,超过该限额的损失由被保险人自己负担,在非寿险实务中,赔偿限额的使用是比较普遍的。譬如,我国的机动车辆第三者责任保险就是一种限额责任保险。

若令 X 为实际损失,u 为赔偿限额,Y 为保险公司的实际赔款支出,则有

$$Y=\begin{cases}X, & X\leqslant u\\ u, & X>u\end{cases}$$

因此当赔偿额为 u 时,保险人的期望赔款为:

$$E(Y)=\int_0^u xf_X(x)dx+u[1-F_X(u)]=E(X\wedge u)$$

赔偿限额的使用并不影响被保险人的期望索赔频率 n,因此在在赔偿限额 u 下的纯保费为 $nE(X\wedge u)$。

如果进一步假设通货膨胀率为 r,赔偿限额 u 保持不变,则保险公司的赔款成为:

$$Z=\begin{cases}(1+r)X, & X\leqslant u/(1+r)\\ u, & \text{其他}\end{cases}$$

因此在赔偿限额 u 下的期望赔款为:

$$E(Z)=\int_0^u zf_Z(z)dz+u[1-F_Z(u)]$$

$$=(1+r)E\left(X\wedge\frac{u}{1+r}\right)$$

由于赔偿限额与通货膨胀并不影响期望索赔频率的大小，所以当通货膨胀率为 r，赔偿限额 u 保持不变时，纯保费为：

$$n(1+r)E\left(X \wedge \frac{u}{1+r}\right)$$

12.2.2.4　免赔额与赔偿限额对纯保费的综合影响

如果保单规定，赔偿限额 u，免赔额为 d，则对每一次损失 X，保险公司的实际赔款支出为：

$$R=\begin{cases}u-d, & X>u \\ X-d, & d<X\leqslant u \\ 0, & X\leqslant d\end{cases}$$

因此包括零赔款（即在免赔额以下的损失）在内的期望赔款为：

$$E(X \wedge u)-E(X \wedge d)$$

注意：这里假设首先应用赔偿限额 u，然后用免赔额为 d，从而保险公司的最大赔款为 $u-d$。

由于包括零赔款在内的期望索赔额为 n，所以当赔偿限额为 u，免赔额为 d 时的纯保费为：

$$n[E(X \wedge u)-E(X \wedge d)]$$

如果通货膨胀率为 r，免赔额 d 和赔偿限额 u 保持不变，则保险公司的实际赔款支出为：

$$Z=\begin{cases}u-d, & Z>u \\ Z-d, & d<Z\leqslant u \\ 0, & Z\leqslant d\end{cases}$$

其中，$Z=(1+r)X$。

包括零赔款在内的期望赔款为：

$$(1+r)\left[E\left(X \wedge \frac{u+d}{1+r}\right)-E\left(X \wedge \frac{d}{1+r}\right)\right]$$

从而纯保费为：

$$n(1+r)\left[E\left(X \wedge \frac{u+d}{1+r}\right)-E\left(X \wedge \frac{d}{1+r}\right)\right]$$

例 12.2.1　某险种的期望索赔率为 0.08，损失额（单位：万元）服从伽玛分布，参数为 $\alpha=5$，$\beta=20$，试求：

(1)该保险的纯保费；

(2)当免赔额为 0.05 万元时的纯保费；

(3)当赔偿限额为 0.05 万元时的纯保费；

(4)当免赔额为 0.05 万元,且保险公司的最高赔款不超过 0.45 万元时的纯保费。

解 (1)在本例中,损失金额服从伽玛分布。因此,在不考虑免赔额和赔偿限额的条件下,期望赔款为伽玛分布的均值,即 $\alpha/\beta=0.25$ 万元。因此,纯保费为期望索赔频率与期望赔付额的乘积,即为 0.02 万元。

(2)当免赔额 $d=0.05$ 万元时,伽玛分布的有限期望函数为:

$$\begin{aligned}E(X\wedge d)&=\frac{\alpha}{\beta}\Gamma(\alpha+1,\beta d)+d[1-\Gamma(\alpha,\beta d)]\\&=0.25\Gamma(6,0.1)+0.05[1-\Gamma(5,0.1)]\\&=0.04997\end{aligned}$$

因此,当免赔额为 $d=0.05$ 时的纯保费为:

$$0.8\times(0.25-0.04997)=0.016\ (万元)$$

(3)赔偿限额的使用并不影响被保险人的期望索赔频率。当赔偿限额为 0.5 万元时,有

$$\begin{aligned}E(X\wedge 0.5)&=0.25\Gamma(6,10)+0.5[1-\Gamma(5,10)]\\&=0.2479\end{aligned}$$

因此纯保费为:

$$0.2479\times0.08=0.0198\ (万元)$$

(4)当免赔额为 0.05 万元,且保险公司的最高赔款不超过 0.45 万元时,纯保费为:

$$\begin{aligned}0.08\times[E(X\wedge 0.5)-E(X\wedge 0.05)]&=0.08\times[0.2479-0.04997]\\&=0.01583(万元)\end{aligned}$$

12.2.3 毛保费

毛保费应为纯保费、费用附加以及利润附加三者之和。毛保费厘定的基本方法主要有两种:纯保费法和赔付率法。

12.2.3.1 纯保费法

用纯保费法厘定的毛保险费率不仅能够满足预期的赔款和费用支出,而且能够提供预期的收益,其计算公式如下:

$$R=\frac{P+F}{1-V-Q}$$

其中,R 表示每个风险单位的毛保险费率;P 表示每个风险单位的纯保费;F 表示每个风险单位的固定费用;V 表示变动费用附加系数,即单位毛保费中的变动费用;Q 表示单位毛保费中的利润附加系数;公式中的纯保费取决于最终赔款与

风险单位数之比。

上述公式经过变形可得：

$$R = P + (F + RV) + RQ$$

此式表明，毛保费 R 等于纯保费 P 加上费用附加 $(F + RV)$ 和利润附加 RQ。

例 12.2.2　假设每个风险单位的纯保费、固定费用、变动费用附加系数和利润附加系数如下：

纯保费	700 元
每个风险单位的固定费用	100 元
变动费用附加系数	15％
利润附加系数	5％

根据以上条件，可以计算出每个风险单位的毛保险费率为：

$$R = \frac{700+100}{1-15\%-5\%} = 1000$$

容易验证，该费率的各个组成部分如下：

单位：元

纯保费 (P)	700
固定费用 (F)	100
变动费用(1000×15％)	150
利润附加(1000×5.0％)	50
毛保费	1000

12.2.3.2　赔付率法

赔付率法的毛保险费率计算公式如下：

$$R = AR_0 = \frac{W}{T} \cdot R_0$$

其中，R 表示新厘定的毛保费率；R_0 表示当前的毛保险费率；A 表示费率调整因子 (W/T)；W 表示经验赔付率；T 表示目标赔付率。

不难看出，应用赔付率法的关键在于计算经验赔付率和目标赔付率。经验赔付率是经验期的最终赔款与等水平已赚保费(on-level earned premium)的比率，等水平已赚保费是指用当前费率水平计算的经验期的已赚保费。经验赔付率可以表示为：

$$W=\frac{L}{ER_0}$$

上式中的分子 L 为经验期的最终赔款(和直接理赔费用),分母为经验期的等水平已赚保费。等水平已赚保费等于经验期的风险单位数 E 与当前费率 R_0 的乘积。

类似地,目标赔付率可以表示为:

$$T=\frac{L}{ER}$$

其中,上式的分子是经验期的最终赔款,而分母是按新毛保费率 R 计算的已赚保费,因此上式可以解释为新费率所要实现的目标赔付率。又由于经验期的最终赔款 L 与风险单位数 E 之比就是纯保费 P,因此目标赔付率可变形为:

$$T=\frac{P}{R}$$

将纯保费法的费率计算公式代入上式,即可得到目标赔付率的另一种表达式为:

$$T=\frac{1-V-Q}{1+F/P}=\frac{1-V-Q}{1+G}$$

其中,V 表示变动费用附加系数;Q 表示利润附加系数;G 表示每个风险单位的固定费用 F 与纯保费 P 之比。

根据经验赔付率和目标赔付率的上述计算结果,即可应用赔付率法的公式对当前的费率进行调整。

可以证明,赔付率法是纯保费法的另一种表现形式,它们在本质上是等价的,只是对数据的要求不同而已。

在给定数据相同的条件下,上述两种计算方法会得出完全相同的结果,但在实际应用中,由于可获得的数据会受到一定限制,因此需要根据它们的下列特点选择适当的方法。

1. 纯保费法基于每个风险单位的赔款(即纯保费)计算毛保费,因此,如果风险单位的确定比较困难或者风险单位在不同的风险之间难以保持一致(如商业火灾保险),就不宜使用纯保费法。

2. 赔付率法不适用于新业务的费率厘定,因为应用赔付率法需要已知当前的费率水平。

3. 在等水平已赚保费很难计算时,纯保费法更为适用。某些险种要对个体保单的费率分别进行调整,此时就很难计算赔付率法中的等水平已赚保费。譬如在汽车保险中,保险公司通常使用奖惩系统,即根据保单持有人的索赔经验调整其保险费,因而不同保单的当前费率 R_0 是不同的,在这种情况下计算等水平已赚保费就比较困难,又由于汽车保险的风险单位数比较容易确定,因此采用纯保费法更为方便。

12.2.4　费率厘定中的一致性原则

无论使用哪一种费率的厘定方法，都要保证赔款、风险单位和保费之间的一致性。这是各种费率厘定方法的基本原则。这就要求对观察数据中出现的不一致性进行调整，以便顺利进行费率厘定，最终赔款预测并进行趋势分析。

12.2.4.1　等水平已赚保费的计算

通常来说，如果经验期包括若干年，则经验期初的费率与经验期末的费率一般不会相同。此时，如果应用赔付率法厘定保险费率，就需要计算等水平已赚保费，即将整个经验期的费率都调整为当前费率，并在此基础上计算已赚保费。计算等水平已赚保费的最精确方法是将每一份保单的费率都调整到当前的费率水平，但如果没有相应的计算软件，这种方法不可能通过手工完成。但作为这种方法的一种替代，可以使用所谓平行四边形方法进行近似估计。平行四边形方法假设风险单位在经验期内是均匀分布的，并根据简单的几何关系，将经验期的已赚保费调整到当前的保费水平。具体做法由于篇幅所限，在此从略。感兴趣的读者可参考相关教材和文献。

12.2.4.2　最终赔款

最终赔款是已付赔款和未付赔款之和。由于报案延迟和理赔延迟，最终赔款通常需要经过多年以后才能确定。但是，为了厘定保险费率，精算师通常需要根据已付赔款等数据对最终赔款进行预测。无论是采用纯保费法还是赔付率法，对最终赔款预测的准确性都将影响到费率厘定结果的合理性和可行性。

在最终赔款预测中，精算师首先需要确定是要在自己已付赔款的基础上进行预测，还是在已付赔款加直接理赔费用的基础上进行预测。尽管对直接理赔费用的处理方法通常取决于是否可以获得必要的数据，但在某些情况下，必须把赔款和直接理赔费用合并在一起处理。譬如在某些责任保险中，保单的责任限额是同时适用于赔款和直接理赔费用的，在这种情况下，厘定保险费率必须把赔款和直接理赔费用合并在一起。

预测最终赔款最常用的方法是损失进展法(loss development)。损失进展法的假设条件如下：保险事故发生以后，索赔将经历“未报告→已报告但未赔付→已赔付”这一顺序发展，而且这一过程在一定时期内是平稳的，因此可以基于历史索赔数据的统计分析，对未来的损失进展情况和最终赔款进行预测。

如果把已付赔款分别按事故年和进展年进行排列，观察数据将形成一个流量三角形。表12－4是应用某险种的已付赔款数据所形成的流量三角形。在该表中，从左到右表示某年发生的保险事故，随着时间的推移，已付赔款在不断增加，譬如，2002 年发生的保险事故，在当年末累积已付赔款为 1024；而 1 年以后，即第个进展年末，累积已付赔款增加到 2350。从上到下表示各事故年的累积已付赔款。譬如在进展年为 0 时，2000 年发生的保险事故赔付了 1024，而 2001 年发生保险事故赔付了 1460。这种差异一方面来源于单位数的不同，另一方面是由于随机因素的影响而产生。

表 12－4　累积已付赔款的流量三角形

事故年	进展年					
	0	1	2	3	4	5
2000	1024	2350	3264	4112	4516	4939
2001	1469	3190	4520	5185	5676	
2002	1421	2960	4278	5718		
2003	1248	2768	4113			
2004	1540	3152				
2005	2405					

根据上述流量三角形，可以计算出相邻两个进展年之间已付赔款的增长情况。譬如，用第 1 个进展年的累积已付赔款除以第 0 个进展年的累积已付赔款，就可以得到已付赔款在 1 年内的增长比率，这个增长比率被称为进展因子。进展因子计算结果如表 12－5 所示。

表 12－5　累积已付赔款的进展因子

事故年	进展因子				
	0－1	1－2	2－3	3－4	4－5
2000	2.2949	1.3889	1.2629	1.0956	1.0937
2001	2.1715	1.4167	1.1471	1.0947	
2002	2.0830	1.4453	1.3366		
2003	2.2179	1.4859			
2004	2.0468				
加权平均值	2.1516	1.4355	1.2456	1.0951	1.0937
选定值	2.15	1.44	1.25	1.10	1.10

注意：在上述表中，平均值不是各年进展因子的简单平均，而是一种加权平均。譬如第一个平均值 2.1516 不是表中第一列进展因子的简单算术平均数，而

是以第 0 个进展年的累积已付赔款为权数的加权平均数，即

$$\frac{2.2949\times 1024+2.1715\times 1469+\cdots+2.0468\times 1540}{1024+1469+1421+1248+1540}=2.1516$$

上述加权平均数事实上是第 1 个进展年的累积已付赔款之和与第 0 个进展年的累积已付赔款之和的比率，即

$$\frac{2350+3190+2768+3152}{1024+1469+1421+1248+1540}=2.1516$$

注意：在上式中，分子和分母包含相等的项数。其他各年平均进展因子的计算方法与此类似。

在计算进展因子的平均值时，除了应用上述的加权平均方法外，还可以根据具体情况采用所有年度的简单平均、近几年的简单平均、剔除最大最小值后的简单平均、所有年度的几何平均等方法。

表 12－5 中的最后一行进展因子是根据倒数第二行的平均值选定的，它同时考虑了已付赔款和经济环境在未来的变化。这一行数据将用于对未来已付赔款进行预测。对累积已付赔款的预测值如表 12－6 所示。譬如，2002 事故年在当前的累积已付赔款是 5718，而 3－4 的进展因子为 1.10，4－5 的进展因子为 1.10，所以 3－5 的进展因子为 $1.1\times 1.1=1.21$，因此在第 5 个进展年末的累积已付赔款为：

$$5718\times 1.21=6919$$

其他计算结果如表 12－6 所示，其中黑体字为预测值。

表 12－6 累积已付赔款的预测值

事故年	进展年					
	0	1	2	3	4	5
2000	1024	2350	3264	4122	4516	4939
2001	1469	3190	4520	5185	5676	6244
2002	1421	2960	4278	5718	6290	6919
2003	1248	2768	4113	5141	5655	6221
2004	1540	3152	4539	5674	6241	6865
2005	2405	5171	7446	9307	10238	11261

12.2.4.3 趋势分析

一旦获得最终赔款的预测值，还需要分析期望赔款从经验期到新费率应用期的变化趋势，并应用这种变化趋势对上述预测值进行调整。这是因为，上述预测

值是根据经验期的数据对新费率应用期的最终赔款从事故发生到最终结案的预测值，并没有考虑从经验期到新费率应用期的变化趋势。因此，用期望赔款的变化趋势对上述预测值进行调整不会造成重复计算问题。

在一般情况下，需要把期望赔款（即纯保费）分解为索赔强度和索赔频率的乘积，并对索赔强度和索赔频率的变动趋势分别进行分析，这有助于获得更多的信息。

除了索赔频率和索赔强度的变化趋势外，在费率厘定过程中，还需要考虑风险基础可能存在的变化趋势，这种变化趋势对费率厘定结果也会产生一定影响。譬如在汽车车损风险中，保险费等于保险费率乘以保险金额（通常等于汽车的实际价值），这就意味着，即使汽车的保费率没有任何变化，但是当汽车价格发生变化时，保险费也会随之变化。因此在应用赔付率法厘定汽车保险费率时，必须考虑到这种趋势变化对保费水平的影响。

在费率厘定过程中，预测索赔频率或索赔强度趋势的两个常用模型是线性模型和指数模型，它们具有下述表现形式：

1. 线性模型：

$$y = at + b$$

2. 指数模型

$$y = be^{at}$$

指数模型还可以表示为：

$$\ln(y) = at + \ln(b)$$

若令

$$Y = \ln(y)$$
$$B = \ln(b)$$

则有

$$Y = at + B$$

可见，这两个模型都可以表示成线性函数的形式，并用标准的最小二乘法估计未知参数。

无论是线性模型还是指数模型都适用于上升的趋势。然而，如果观察到的趋势是下降的，那么使用线性模型将在未来出现负值。由于索赔频率、索赔强度和纯保费都是非零的，所以在这种情况下，一般不宜使用线性模型，而应该使用指数模型或其他模型。

此外，如果经验损失数据受到赔偿责任的影响，就必须在索赔强度的趋势分析中予以考虑。下面，我们通过一个简例来说明索赔强度的趋势变化与赔偿责任的关系。

假设某风险的损失金额在 50 万元以内波动，现有三份保险合同为此风险提供保障。对于每次损失，第一份合同负责赔偿 0～10 万元的损失；第二份合同负责赔偿 10～25 万元的损失；第三份合同负责赔偿 25～50 万元的损失。假设该风险在保险期间发生了 3 次损失，损失金额分别为 5 万、20 万和 40 万，则每份保险合同承担的赔款如表 12－7 所示。

表 12－7 每份保险合同承担的赔款

单位：万元

损失金额	第一份合同(0～10)	第二份合同(10～25)	第三份合同(25～50)
5	5	—	—
20	10	10	—
40	10	15	15
合计	25	25	15

如果所有损失金额由于通胀的影响，平均上升了 10%，则每份保险合同承担的赔款如表 12－8 所示。

表 12－8 每份保险合同承担的赔款(损失金额上升 10%以后)

单位：万元

损失金额	第一份合同(0～10)	第二份合同(10～25)	第三份合同(25～50)
5.5	5.5	—	—
22	10	12	—
44	10	15	19
合计	25.5	27	19
赔款增长幅度	2%	8%	26.67%

可见，尽管损失金额平均上升了 10%，但每份合同承担赔款的上升幅度并不相同。承担的损失层次越高，索赔强度的变化幅度越大。其实这是很好理解的，因为对于承担较低层次损失的保单，它所承担的责任已经接近饱和，所以损失金额上升对它的影响较小。

§12.3 分类费率与经验费率下的车辆保险

车辆保险属于非寿险的财产保险险种，它的保险标的自然是车辆损失(车损)

和第三方人身伤害及财产损失。除此之外，还可有附加的标的，如全车盗抢、玻璃单独破碎、车身划痕、冰雪灾害、地陷、增加新设备损失等。车辆保险是我国财产保险业务中占比最大的保险险种，是保险公司的重点发展领域。产品制度和费率制度是制约车辆保险业发展的两个主要因素。车辆保险的费率制度一般实行分类费率。同时也结合经验费率。以下我们分别结合车辆保险介绍分类费率和经验费率。

12.3.1 分类费率

12.3.1.1 分类变量

分类变量是指个体风险的一些基本风险特征，根据这些特征，可以将风险集合区分为若干风险子集，属于同一个风险子集的个体风险具有近似相同的潜在损失。分类变量可以是数量的，也可以是属性指标。在汽车保险中，可根据投保人的性别、驾驶年龄、汽车的行驶区域、车辆类型、使用性质等对投保人进行分类。当估计个体费率的有效数据不足时，就需要对个体进行分类，将具有近似相同期望损失成本的个体归为一组，而后去厘定该组的费率，并假设厘定出的费率适用于该组的全体成员。风险分类在个体风险数量庞大且近似特征较多的险种中十分有用，特别在汽车保险和家庭财产保险领域有用。应注意的是分类的类别数不能过大。

1. 分类变量的选择

在选择分类变量时，需要考虑精算、经营、社会和法律等不同的影响因素。

(1)精算因素

保险成本受赔付成本、理赔费用、投资收益等各种因素的影响。赔付成本是索赔频率和索赔强度的函数，不同的索赔频率或索赔强度都会导致赔付成本出现差异，而影响索赔频率或索赔强度的因素显然是非常多的。理赔费用的高低和投资收益的大小与险种的性质密切相关。譬如，在机器设备保险中，通常会发生大量的检测费用，因此涉及机器设备的保险项目往往具有较高的理赔费用；而在医疗责任保险中，相对于其他医生而言，外科医生的医疗责任很容易认定，理赔延迟较短，因此相应保费的投资收益较低。总之，保险成本的高低与许多因素有关，分类变量的选择必须与保险成本相关。

恰当选择分类变量是市场机制和公平性的必然要求。在市场经济中，能够精确地厘定保险费率的公司，其成功的可能性也最大。不妨假设保险公司承保 A 组被保险人的成本是 100 元，承保 B 组被保险人的成本是 200 元。如果某家保险公司对这两组被保险人都收取相同的保险费 150 元，那么 A 组的被保险人将会因为保费太高而退出这家保险公司，而B组的被保险人将因为保费便宜而保留在这家保险公司。最后的结果是，保险公司因收取的保险费不足以弥补其实际成本，从而经营出现亏损。这是一个简单的逆选择示例，但足以说明精确的保险费率对保险公司是何等重要。

此外，精确的保险费率也能体现公平性。从上例中，为例体现公平性，保险公司应该将A组和B组的被保险人区分开来，分别收取不同的保险费，让A组的被保险人缴纳100元的保险费，而让B组的被保险人缴纳200元的保险费。此时，被保险人缴纳的保险费就是公平的。

(2)经营因素

分类变量满足精算要求仅仅是一种理想状态，事实上的分类变量还得考虑其现实可行性，至少应该能够进行客观度量。换言之，分类变量应该清晰明了，避免模棱两可，便于实际使用。譬如，在汽车保险中，承包人通常会用“责任心”和“成熟”等词汇描述被保险人的风险状况，但这些变量都是无法成为客观变量的，因此很难作为分类变量使用；承包人只能使用其他一些易于度量的变量，如被保险人的性别、年龄、婚姻状况等，尽管这些变量在反映被保险人的风险水平方面可能不是最有效的。

此外，某些变量虽然可以精确度量，但度量它们的费用可能会超出保险人愿意承受的水平。换言之，当使用这些变量所能带来的收益小于度量它们的费用支出时，使用这些变量对保险人是没有意义的。譬如，在汽车保险中，“行驶里程数”是度量被保险人风险水平的一个非常好的变量，但保险人要获得这一变量的准确数值需要支出的费用往往太高，因此很多保险人并不使用这一变量厘定保险费率。假设将驾驶员根据其年行驶里程数划分成三组，第一组的年行驶里程数在7500公里以内，第二组在7501～12000公里，第三组的在12000公里以上。再假设三个组的期望损失分别为800元、1000元和1200元，而保险人获取并处理年行驶里程数数据的费用是每个被保险人200元。那么在应用年行驶里程数的场合，这三组的保费支出分别为：

第一组：1000元（期望损失800元＋额外费用200元）

第二组：1200元（期望损失1000元＋额外费用200元）

第三组：1400元（期望损失1200元＋额外费用200元）

如果不使用年行驶里程数变量，这三组的期望损失将被认为是相同的，因此他们都按平均损失支付保险费。此时，他们的保费支出都是1000元。如果使用某些分类变量的成本太高，保险人和被保险人都有可能得不偿失。

保险人在选择分类变量时，需要考虑的另一个实际问题是如何证实被保险人所提供的数据是真实的。如果被保险人得知,某些变量的取值与其保费支出有关,那么总会有一部分被保险人蓄意欺骗保险人,试图减少保费支出。其结果是损害了诚实被保险人的利益。如果保险人选择的分类变量仅仅用于保险之目的,那么这些变量会更多地受到人为操纵,并且证实起来更加困难。为了克服这一困难,保险人应该尽可能选择用于其他目的的变量。譬如,工资额和销售额是纳税的基本依据,一般不会受到人为操纵,因此保险人选择这类变量用于厘定保险费率,通常无须一一证实。

保险人在使用分类变量时应该避免不同类别之间的费率差异过分悬殊。如果A组的费率是100元,而B组的费率是300元。那么B组的被保险人就会有十分强烈的动机欺骗保险人,试图证明他属于A组,应该缴纳A组的保险费。

(3)社会因素

一个好的分类变量还应得到社会的认可。在选择分类变量方面,社会公众所关心的问题包括"个人隐私"、"被保险人是否可以控制"等各个方面。下面择其要点进行简单介绍。

个人隐私是社会公众所普遍关心的问题。人们一般不太愿意向外界透露个人隐私。如果分类变量涉及被保险人的个人隐私,其精确性就会大打折扣,保险公司的管理费用也会有所增加。譬如在汽车保险中,被保险人的心理或行为习惯与其风险水平高度相关,但要获得这些变量的取值却十分困难。即使有一家保险公司在厘定保险费率时采用这种变量,从而使其保险费率更加精确,但它的业务量可能会因此而减少。这是因为,许多被保险人为了保护自己的隐私不被泄露,宁可支付相对较高的保险费。

可控性是分类变量的一个理想特征。所谓可控性,是指分类变量的取值取决于被保险人本身的主观努力。譬如在汽车保险中,被保险人是否安装防盗设施,是他自己可以控制的事情。因此,安装防盗设施的被保险人应该享受费率上的优惠。选择可控性的分类变量可以在一定程度上预防保险事故的发生。选择分类变量还应该注意公众的承受能力。

(4)法律因素

分类变量的选择不能违背宪法、法律和法规。一般而言,宪法的规定比较笼统,对分类变量的选择影响不大,而有关保险的法律和法规却可以明显限制保险人把某些变量作为厘定保险费率的依据。譬如在许多国家,保险人不能根据被保险人的种族厘定其保险费率,因为这会被认为是一种种族歧视行为。

2. 分类变量举例

在所有的非寿险业务中,机动车辆保险所使用的分类变量最多。下面是许多保险公司常用的一些分类变量：

(1)车辆使用性质，如果分为营业车辆和非营业车辆。

(2)车辆种类，如分为客车、货车、拖拉机、特种车和挂车等。

(3)投保方式，如分为代理业务、直接业务、电话销售和网络销售等。

(4)承包数量，如分为承包车辆数≤5台、5台<承包车辆数≤20台、20台<承包车辆数≤50台，承包车辆数>50台。

(5)指定驾驶人，如分为指定一名驾驶人、指定两名驾驶人、未指定驾驶人。

(6)驾驶人年龄，如分为年龄<25岁，25岁≤年龄<30岁，30岁≤年龄<40岁，40岁≤年龄<60岁，年龄≥60岁。

(7)驾驶人性别，如分为男、女。

(8)驾驶人驾龄，如分为驾龄≤1年，1年<驾龄≤3年，驾龄>3年。

(9)投保年度，如分为首年投保、续保。

(10)车型，如分为奥迪A4、奥拓、大众桑塔纳，大众捷达、夏利等。

(11)行驶区域，如分为中国境内、本省内单程500公里以内。

(12)防盗装置，如分为有GPS防盗装置和无GPS防盗装置。

(13)装载货物，如分为化工易燃易爆品、建筑材料、其他。

(14)年行驶里程数，如分为平均年行驶里程数≤10000公里，10000公里<平均年行驶里程数≤30000公里，30000公里<平均年行驶里程数≤50000公里，平均年行驶里程数>50000公里。

在机动车辆保险中，各个保险公司使用的分类变量会有所不同。即使是同一保险公司，在车损险、第三者责任险和盗抢险等不同的险别中，也会使用不同的分类变量。

3. 风险分类与其他定价因素的关系

保险定价是一个复杂的过程，而风险分类仅仅是保险定价过程中的一个环节。因此，在风险分类的过程中，必须综合考虑风险单位、经验费率系统、市场营销和承包等各个方面的情况。

(1)风险单位

风险单位是费率厘定中最基本的单位。风险单位的选择应尽可能地与保险成本成比例。譬如，劳工补偿保险既包括对医疗费用的补偿，也包括对收入的补偿。收入补偿通常是工资的一定比例(如2/3)，但不超过最高补偿限额。譬如，假设最高补偿限额每月2000元，那么当雇员的月工资超过3000元，他可以获得每月2000元的补偿，当雇员的月工资为2100元时，他可以获得每月1400元的补偿。在劳工补偿保险中，对医疗费用补偿来说，最恰当的风险单位应该是每一小时的工作时间。

但是，选择一个恰当的风险单位并不能解决被保险人之间的所有风险差异，而剩余的这些风险差异只能通过风险分类或其他方法加以解决。

(2)经验费率

保险定价的前提是准确地估算潜在的保险成本。如果个体风险足够大，且能够获得可以信赖的索赔经验数据时，就可以用个体风险的索赔经验对分类费率进行修正。根据个体风险的索赔经验调整分类费率的系统被称为经验费率系统。如果分类费率体系比较简单，个体风险的索赔经验就具有较高的可信度；反之，如果分类费率体系比较精细，个体风险的索赔经验就不会有太高的可信度。在一个比较简单的分类费率体系中，大量被保险人将支付相同的保险费率，这就意味着在每一个类别中，个体风险之间的成本差异通常都很明显。

在通常情况下，相对于经验费率系统而言，一个精确的分类体系更有利于改善整体定价的准确性。这是因为，一个有效的分类变量有 100%的可信度，而几乎没有任何一个被保险人的损失经验具有 100%的可信度。譬如，如果被保险人的某种特征将导致其保险成本降低 10%，那么将该特征引入分类体系，将使每个具有该特征的被保险人降低 10%的费率；但是，如果该特征未被引入分类体系，那么具有该特征的被保险人虽然具有降低平均成本 10%的历史损失经验，但因其经验数据的可信度达不到 100%，所以就不能获得 10%的费率折扣。

(3)市场营销和承包

在非寿险产品定价过程中，许多与成本有着潜在联系的因素是很难对其进行客观定义的，因此也就难以在费率厘定中使用。取而代之的是，保险人可能会调整他们的市场营销策略或承包策略。这两个常用的策略是：①根据个体风险的潜在成本调整其价格；②只承包适用于现行价格的个体风险。

12.3.1.2　单项分析法

在一个风险分类体系中，各个类别的费率通常表示为相对比率的形式，即假设一个类别的费率为 1，而其他类别的费率也按比例调整为相对数的形式。这种分类费率也被称为相对费率。厘定分类费率最简单的方法是单项分析法，即只根据一个变量对风险进行分类，并计算各个分类的相对费率。

在相对费率的厘定中，最基本的两种分析法是赔付率法和纯保费法，下面分别予以介绍。

1. 赔付率法

假设汽车保险中使用两个分类变量，即车型和地区。其中，车型分别为 A、B 和 C 三个水平，地区分为 1 和 2 两个水平。假设已经确定需要将汽车保险费率的总水平提高 5%，现在的问题是要对车型和地区的相对费率进行适当调整，使得调整后的相对费率可以达到费率总水平上升 5%目的。

首先分析如何对车型的费率进行调整。假设可以获得的数据是各车型在过去两年的已赚保费和赔款。在过去的两年，车型之间的相对费率是不同的，当前的费率水平也不同于历史水平，有关数据可见表 12—9。

表 12—9 车型的相对费率(赔付率法)

车　型	A	B	C	合计或平均
第一年的已赚保费(1)	75000	25000	15000	115000
第一年的费率(2)	100	80	60	
第二年的已赚保费(3)	85000	26000	24000	135000
第二年的费率(4)	120	90	70	
当前业务的已赚保费(5)	88000	29000	27000	144000
当前的费率(6)	130	90	80	
按当前费率折算的前两年的已赚保费(7)	189583	54125	47429	291137
前两年的赔款(8)	110106	32527	27353	169986
前两年的索赔次数(9)	150	51	48	249
经验赔付率(10)	0.5808	0.6010	0.5767	0.5839
初步的调整系数(11)	0.9947	1.0293	0.9877	
可信度(12)	0.3723	0.2171	0.2106	
可信调整系数(13)	0.9980	1.0064	0.9974	
当前业务经(13)调整后的已赚保费(14)	87824	29186	26930	143940
平衡后的可信调整系数(15)	0.9984	1.0068	0.9978	
当前的相对费率(16)	1	0.6923	0.6154	
调整后的相对费率(17)	1	0.6981	0.6150	

说明：

$(7)=(1)\times\dfrac{(6)}{(2)}+(3)\times\dfrac{(6)}{(4)}$；　　$(10)=\dfrac{(8)}{(7)}$；

$(11)=\dfrac{(10)}{(10)\text{平均项}}$；　　$(12)=\min\left(\left[\dfrac{(9)}{1082}\right]^{0.5},1\right)$；

$(13)=(12)\times[(11)-1]+1$；　　$(14)=(5)\times(13)$；

$(15)=(13)\times[(5)\text{的合计项}/(14)\text{的合计项}]$；　　$(16)=(6)/\text{车型 A 的费率}$；

$(17)=(16)\times(15)/(15)\text{的第一项}$。

应用赔付率法的第一步是对过去两年的已赚保费按当前费率水平进行调整。这里假设已知每种车型在过去两年的费率，然后根据费率的变化幅度把每种车型在过去两年的已赚保费折算为当前费率的水平下的已赚保费。显然，如果在过去两年除了车型以外，还有其他分类变量的相对费率发生了变化，而且其他分类变量的水平在各个车型之间的分布不相等，这种调整是会产生误差的。

第二步是根据经验赔付率计算初步的费率调整系数。一般而言，如果某个车型的经验赔付率高于平均水平（即大于1），那么这个车型的相对费率就需要提高。

第三步是计算经验数据的可信度，并应用可信度对上述的调整系数进行修正。在很多情况下，经验数据是有限的，因此其可信度达不到100%。在下表的计算中，达到100%的可信度要求索赔次数达到1082次。如果索赔次数达不到1082，经验数据的可信度将根据平方根原则计算，即用实际索赔次数除以1082后再开方得到经验数据的可信度。如在本例中，车型B的索赔次数为51，所以其经验数据的可信度为$(51/1082)^{0.5}=0.2171$。

初步的调整系数是根据经验赔付率计算的，但由于经验数据的可信度达不到100%，因此需要对此调整系数用可信度进行修正。以车型B为例，初步的调整系数表明，其费率水平应该提高2.93%，但由于其可信度只有0.2171，所以经可信度修正后的提高幅度为$0.2171\times0.0293=0.64\%$，即可信调整系数应为1.0064。其他车型的可信调整系数参见表12－10。

第四步是对可信调整系数进行平衡处理，以保证费率总水平的调整幅度不变。如果直接把可信调整系数应用于当前业务，则当前业务的保费收入将成为143940，小于实际的144000，为了保证调整后的保费收入等于当前的实际保费收入，需要对可信调整系数进行平衡处理，即给它们分别乘以$\frac{144000}{143940}=1.0004$，得到平衡的可信调整系数。

现在回到前面的假设，如果费率总水平需要提高5%，则车型A的相对费率需要提高$1.05\times0.9984-1=4.83\%$，车型B的相对费率需要提高$1.05\times1.0068-1=5.71\%$，车型C的相对费率需要提高$1.05\times0.9978-1=4.77\%$。

各车型经调整以后的相对费率见表12－9的最后一行。对地区的相对费率也可做类似的调整，参见表12－10，这里不再赘述。调整前、调整后各组的相对费率见表12－11和表12－12所示。

表 12—10　地区的相对费率(赔付法)

车　型	甲	乙	合计或平均
第一年的已赚保费(1)	45000	70000	115000
第一年的费率(2)	100	120	
第二年的已赚保费(3)	51000	84000	135000
第二年的费率(4)	120	130	
当前业务的已赚保费(5)	96000	154000	250000
当前的费率(6)	130	140	
按当前费率折算的前两年的已赚保费(7)	113750	172128	285878
前两年的赔款(8)	75643	94343	169986
前两年的索赔次数(9)	100	149	249
经验赔付率(10)	0.6650	0.5481	0.5946
初步的调整系数(11)	1.1184	0.9218	
可信度(12)	0.3040	0.3711	
可信调整系数(13)	1.0360	0.9710	
当前业务经(13)调整后的已赚保费(14)	99456	149534	248990
平衡后的可信调整系数(15)	1.0402	0.9749	
当前的相对费率(16)	1.0000	1.0769	
调整后的相对费率(17)	1.0000	1.0093	

说明：

$(7)=(1)\times\frac{(6)}{(2)}+(3)\times\frac{(6)}{(4)}$；　　$(10)=\frac{(8)}{(7)}$；

$(11)=\frac{(10)}{(10)\text{平均项}}$；　　$(12)=\min\left(\left[\frac{(9)}{1082}\right]^{0.5},1\right)$；

$(13)=(12)\times[(11)-1]+1$；　　$(14)=(5)\times(13)$；

$(15)=(13)\times[(5)\text{的合计项}/(14)\text{的合计项}]$；　　$(16)=(6)/\text{甲地区的费率}$；

$(17)=(16)\times(15)/(15)\text{的第一项}$。

表 12—11　调整前各组的相对费率

	A 车型	B 车型	C 车型
甲地区	1	0.6923	0.6154
乙地区	1.0769	0.7455	0.6627

表 12－12　调整后各组的相对费率

	A车型	B车型	C车型
甲地区	1	0.6981	0.6150
乙地区	1.0093	0.7046	0.6207

一旦获得调整以后的相对费率，计算费率的调整就很容易。譬如，如果需要将费率总水平提高 5%，那么车型 A 在甲地区的费率应从当前的 130 调整为 130×1.05＝136.5；车型 A 在乙地区的费率应从当前的 130×1.0769＝140 调整为 130×1.05×1.0093＝137.77。

2. 纯保费法

纯保费法与赔付率法的根本区别是，赔付率法基于已赚保费计算，而纯保费法基于风险单位计算。如果数据的获得性没有问题，这两种方法将产生完全相同的结果。

在纯保费法中，一个十分重要的概念是"基本风险单位"，它等于保险公司的风险单位数（如车年）乘以每个分类变量的相对费率。譬如在表 12－11 中，车型 A 在甲地区的一个车年就等于一个基本风险单位数，因为车型 A 和甲地区的相对率都是 1；而车型 B（相对费率为 0.6923）在乙地区（相对费率为 1.0769）的一个车年等于 0.6923×1.0769＝0.7455 个基本风险单位数。之所以要把风险单位数折合为基本风险单位数，目的之一是为了消除不同被保险人之间在保险成本上的差异，从而为纯保费在同一个数量级上进行比较创造条件；目的之二是便于通过迭代运算获得更加精确的相对费率。

在纯保费中，初步的调整系数是根据纯保费的相对大小确定的，而在赔付率法中，初步的调整系数是是根据赔付率的相对大小确定的。纯保费是赔款与基本风险单位数的比率。可信度的计算及其对调整系数的修正与赔付率法没有任何区别。在对可信调整系数进行平衡处理时，使用的是当前业务的基本风险单位数，而不是经验期的风险单位数。

表 12－13 和表 12－14 是用纯保费法对车型和地区的相对费率的调整结果。其中，纯保费的计算结果不同于赔付率法。其原因是，赔付率法需要估计当前保费水平下前两年的已赚保费，这会产生一些估计误差。如果在赔付率法中，各个类别的风险单位是已知的，从而无须对已赚保费进行估计，那么赔付率法和纯保费法将会产生完全相同的结果。

表 12－13 车型的相对费率(纯保费法,第一次迭代)

车 型	A	B	C	合计或平均
甲地区前两年的风险单位数(1)	600	200	100	900
乙地区前两年的风险单位数(2)	650	300	450	1400
前两年的风险单位数合计(3)	1250	500	550	2300
甲地区的相对费率(4)	1	0.6923	0.6154	
乙地区的相对费率(5)	1.0769	0.7455	0.6627	
前两年的基本风险单位数(6)	1300	362	360	2022
前两年的赔款(7)	110106	32527	27353	169986
前两年的索赔次数(8)	150	51	48	249
经验纯保费(9)	84.7	89.85	75.98	84.07
当前业务的基本风险单位数(10)	600	300	240	1140
初步的调整系数(11)	1.0075	1.0688	0.9038	
可信度(12)	0.3723	0.2171	0.2106	
可信调整系数(13)	1.0028	1.0149	0.9797	
经(13)调整的当前业务的基本风险单位数(14)	602	304	235	1141
平衡后的可信调整系数(15)	1.0019	1.0141	0.9789	
当前的相对费率(16)	1	0.6923	0.6154	
调整后的相对费率(17)	1.0000	0.7007	0.6013	

说明：

(6)＝(1)×(4)＋(2)×(5)；　(9)＝(7)/(6)；

(11)＝(9)/(9)的平均项；　(12) ＝ min([(8)/1082]$^{0.5}$,1)；

(13)＝(12)×[(11)－1]＋1；　(14)＝(10)×(13)；

(15)＝(13)×(10)的合计项/(14)的合计项；　(17)＝(15)×(16)/(15)的第一项。

表 12－14 地区的相对费率(纯保费,第一次迭代)

车 型	A	B	合计或平均
车型 A 前两年的风险单位数(1)	600	650	1250
车型 B 前两年的风险单位数(2)	200	300	500
车型 C 前两年的风险单位数(3)	100	450	550
前两年的风险单位数合计(4)	900	1400	2300
车型 A 的相对费率(5)	1	1.0769	
车型 B 的相对费率(6)	0.6923	0.7455	

续表

车　型	A	B	合计或平均
车型C的相对费率(7)	0.6154	0.6627	
前两年的基本风险单位数(8)	800	1222	2022
前两年的赔款(9)	75643	94343	169986
前两年的索赔次数(10)	100	149	249
经验纯保费(11)	94.55	77.21	84.07
当前业务的基本风险单位数(12)	459	690	1140
初步的调整系数(13)	1.1246	0.9184	
可信度(14)	0.3040	0.3711	
可信调整系数(15)	1.0379	0.9697	
经(13)调整的当前业务的基本风险单位数(16)	467	669	1136
平衡后的可信调整系数(17)	1.0415	0.9731	
当前的相对费率(18)	1.0000	1.0769	
调整后的相对费率(19)	1.0000	1.0062	

说明：

(8)＝(1)×(5)＋(2)×(6)＋(3)×(7)；　(11)＝(9)/(8)；

(13)＝(11)/(11)的平均项；　(14) ＝ $\min([(10)/1082]^{0.5},1)$；

(53)＝(14)×[(13)－1]＋1；　(16)＝(12)×(15)；

(17)＝(15)×(12)的合计项/(16)的合计项；　(19)＝(17)×(18)/(17)的第一项。

在纯保费中，如果用第一次迭代求得的相对费率代替当前的相对费率，并重新计算基本风险单位数，则可以获得又一个新的相对费率。再用新的相对费率代替原来的相对费率计算基本风险单位数，不断重复这个过程，最终可以获得一个收敛的相对费率。与第一次迭代得的结果相比，这个相对费率将是一个更加精确的结果。

仍以前例说明迭代过程。在地区的相对费率调整过程中，把车型的当前相对费率用新的相对费率代替，即可求得地区的又一个新的相对费率。在车型的相对费率调整过程中，用地区的新的相对费率代替原来的相对费率，即可求得车型的又一个新的相对费率。如此不断交叉进行，初步的调整系数、可信度调整系数、可信调整系数和平衡后的可信调整系数都将接近于1。因此，调整后的相对费率最终将收敛到一个确定值。

上述迭代方法只适用于存在两个以上分类变量的情形，此时可以交替重新计算基本风险单位数。如果已知每个类别的已赚保费，上述迭代方法也可以在赔付率法中应用。表12－15和表12－16是纯保费法的最终迭代结果(可用Excel实现)。

表 12—15　车型的相对费率(纯保费法,最后一次迭代)

车　　型	A	B	C	合计或平均
甲地区前两年的风险单位数(1)	600	200	100	900
乙地区前两年的风险单位数(2)	650	300	450	1400
前两年的风险单位数合计(3)	1250	500	550	2300
甲地区的相对费率(4)	1	0.74575	0.58584	
乙地区的相对费率(5)	0.8858	0.6606	0.5189	
前两年的基本风险单位数(6)	1176	347	292	1815
前两年的赔款(7)	110106	32527	27353	169986
前两年的索赔次数(8)	150	51	48	249
经验纯保费(9)	93.65	93.65	93.64	93.65
当前业务的基本风险单位数(10)	600	300	240	1140
初步的调整系数(11)	1.0000	1.0000	1.0000	
可信度(12)	0.3723	0.2171	0.2106	
可信调整系数(13)	1.0000	1.0000	1.0000	
经(13)调整的当前业务的基本风险单位数(14)	600	300	240	1140
平衡后的可信调整系数(15)	1.0000	1.0000	1.0000	
当前的相对费率(16)	1	0.74575	0.58584	
调整后的相对费率(17)	1.00000	0.74576	0.58583	

表 12—16　地区的相对费率(纯保费法,最后一次迭代的结果)

车　　型	A	B	合计或平均
车型 A 前两年的风险单位数(1)	600	650	1250
车型 B 前两年的风险单位数(2)	200	300	500
车型 C 前两年的风险单位数(3)	100	450	550
前两年的风险单位数合计(4)	900	1400	2300
车型 A 的相对费率(5)	1.0000	0.8858	
车型 B 的相对费率(6)	0.7457	0.6605	
车型 C 的相对费率(7)	0.5858	0.5189	
前两年的基本风险单位数(8)	808	1007	1815
前两年的赔款(9)	75643	94343	169986
前两年的索赔次数(10)	100	149	249
经验纯保费(11)	93.65	93.65	93.65
当前业务的基本风险单位数(12)	450	690	1140
初步的调整系数(13)	1.0000	1.0000	
可信度(14)	0.3040	0.3711	
可信调整系数(15)	1.0000	1.0000	
经(13)调整的当前业务的基本风险单位数(16)	450	690	1140
平衡后的可信调整系数(17)	1.0000	1.0000	
当前的相对费率(18)	1.0000	0.8858	
调整后的相对费率(19)	1.00000	0.88577	

3.两个需要注意的问题

(1)分布不均匀的风险单位数

在很多情况下,风险单位数在各个类别的分布是不均匀的,这就容易给分类费率的估计和调整带来误差。表 12－17 和表 12－18 是汽车保险的风险单位数和纯保费数据。从风险单位数的分布情况可以看出,其中 40%的风险单位数分布在"甲 A"组,另有 40%分布在"乙 B"组,这就意味着绝大多数风险单位数分布在最高风险组(甲 A 组)和最低风险组(乙 B 组),风险单位数的分布极不均匀。以"甲地区"和"乙地区"为例,甲地区有 80%的 A 型车,只有 20%的 B 型车;而乙地区正好相反,有 20%的 A 型车,只有 80%的 B 型车。

表 12－17　风险单位数

	A 型车	B 型车	C 型车
甲地区	400	100	500
乙地区	100	400	500
合计	500	500	1000

表 12－18　纯保费

	A 型车	B 型车
甲地区	20	10
乙地区	10	5

由于风险单位数在各组的分布不均匀,尽管 A 型车的纯保费是 B 型车的 2 倍,甲地区的纯保费是乙地区的 2 倍,但保险赔款所表现出来的相对费率与纯保费有很大差别,如 A 型车与 B 型车的相对费率之比是 3∶1,甲地区和乙地区的相对费率之比也是 3∶1,见表 12－19。

表 12－19　赔款和经验纯保费

	A 型车	B 型车	合计	风险单位数	经验纯保费	相对费率
甲地区	8000	1000	9000	500	18	3
乙地区	1000	2000	3000	500	6	1
合计	9000	3000	12000			
风险单位数	500	500				
经验纯保费	18	6				
相对费率	3	1				

在本例中，我们假设纯保费是已知的，但事实上，我们通常观察到的数据是赔款数据，需要根据赔款估计纯保费。很显然，如果直接根据赔款的比例关系估计相对费率，结果必然出现误差。因此，在相对费率的估计或调整过程中，要特别重视风险单位数的作用。

在纯保费方法中，计算基本风险单位数的目的之一就是为了消除风险单位数分布不均匀的影响。在前面的例子中，如果在计算基本风险单位数的基础上，再计算相对费率，结果将于纯保费一致。表12－2假设甲地区的相对费率是乙地区的2倍，A型车的相对费率是B型车的2倍，并假设索赔次数足够多（超过1082），经验数据的可信度达到100％。如果应用前面的纯保费法，在计算基本风险单位数的基础上，再计算经验纯保费和调整系数，我们可以发现，调整系数为1。这就以为着无须对相对费率进行调整。换言之，根据经验数据计算的相对费率与当前的相对费率是一致的。

表12－20　根据基本单位数计算的调整系数

地　　区	甲	乙	合计或平均
车型A的风险单位数(1)	400	100	500
车型B的风险单位数(2)	100	400	500
车型A的相对费率(3)	1.0000	0.5000	
车型B的相对费率(4)	0.5000	0.2500	
基本风险单位数(5)	450	150	600
赔款(6)	9000	3000	12000
经验纯保费(7)	20.00	20.00	20.00
调整系数(8)	1		

说明：

(3)和(4)根据表12－18计算；　　(5)＝(1)×(3)＋(2)×(4)；

(7)＝(6)÷(5)；　　(8)＝(7)÷(7)的平均值。

(2)数据的可信度

激烈的市场竞争迫使保险人不断细化其风险分类体系，直至可获得数据的可信度降至很低。在分类费率体系中，可信度事实上是一个风险类别的损失数据与另一个对照组的损失数据进行比较的问题。譬如，若果A型车的经验损失数据很充足，那么直接应用A型车的经验损失数据就可以对其保险成本进行估计。但是，当A型车的经验损失数据不多时，将A型车的经验损失数据与其对照组的经验损失数据进行对比就是有意义的。由于A型车的经验数据不足，其可信度达不到100％，所以即使经验数据表明A型车的保险成本是其对照组的2倍，但精算师可能会认为其保险成本仅仅比其对照组高处 50%。

因此,在讨论数据的可信度时,有两个问题十分重要:①如何提高数据的可信度?②如何选择对照组?提高数据的可信度可以通过不同的途径,如使用较长时期的数据或者使用更大范围的数据。当然,这些更长时期或更大范围的数据必须是适用的,否则可能会使问题变得更糟。此外,还可以给比较稳定的现象赋予较高的权重,如在估计相对费率时更多地采用索赔次数数据,而不是赔付额数据;在估计纯保费时,把更多的可信度赋予财产损失数据,而不是人身损害数据等。

12.3.1.3 边际总和法

一般而言,一个理想的费率结构应该具有这样的特点,即对于那些保单数量很大的类别,其纯保费应该等于该组实际的经验赔付成本。所谓边际总和法,就是在分类体系中,要求根据每一个分类变量的不同水平所计算的纯保费之和等于相对应的经验赔付成本之和,即估计值的边际总和与观察值的边际总和相等。

为简化起见,假设只有 2 个分类变量,每个分类变量的相对费率分别为 α_i 和 β_j,$i=1,2,\cdots,m$,$j=1,2,\cdots,n$,令 μ 为整个风险集合的平均纯保费,C_{ij} 为各个类别的经验赔付成本,n_{ij} 为各个类别的风险单位数。为了使纯保费的边际总和等于经验赔付成本的边际总和,可令

$$\sum_{i=1}^{m} C_{ij} = \mu \sum_{i=1}^{m} n_{ij}\alpha_i\beta_j$$

$$\sum_{j=1}^{n} C_{ij} = \mu \sum_{j=1}^{n} n_{ij}\alpha_i\beta_j$$

在上式中,第一个等式表示观察值(经验赔付成本)的列和等于估计值(纯保费)的列和,第二个方程组表示观察值的行和等于估计值的行和。对于上述方程组进行简单的变形,即可得到求解相对费率的下述递推公式:

$$\beta_j = \frac{\sum_{i=1}^{m} C_{ij}}{\mu \sum_{i=1}^{m} n_{ij}\alpha_i}, \quad \alpha_i = \frac{\sum_{j=1}^{n} C_{ij}}{\mu \sum_{j=1}^{n} n_{ij}\beta_j}$$

在上述迭代公式中,可以令 μ 等于经验赔付成本的平均值,即

$$\mu = \frac{\sum_{i,j} C_{ij}}{\sum_{i,j} n_{ij}}$$

再令任一个变量的相对费率为 1,如 $\alpha_1=\alpha_2=\cdots=\alpha_m=1$,并将其代入第一个方程组求解 β_j;把得到的 β_j 代入第二个方程,可以求得一组新的 α_i;然后将其再次

代入第一个方程组求解 β_j，如此不断进行下去，最后可以得到收敛的结果。

例 12.3.1　假设某保险公司承包的 40000 份汽车保险单根据两个变量“地区”和“车型”分组统计的有关损失数据如表 12－21 和表 12－22 所示。下面，我们用边际总和法拟合各组的纯保费。

表 12－21　各组的风险单位数(保单年数)

类　别	地区 A	地区 B	地区 C	合计
车型 1	8000	5200	2000	15200
车型 2	13600	6000	2400	22000
车型 3	400	800	1600	2800
合计	22000	12000	6000	40000

表 12－22　各组的赔付成本

单位：千元

类　别	地区 A	地区 B	地区 C	合计
车型 1	8400	7020	3600	19020
车型 2	17340	7200	4590	29130
车型 3	825	1140	2640	4605
合计	26565	15360	10830	52755

在边际总和法模型中，令

$$\mu=\frac{52755}{40000}=1.318875 \quad \beta_1=\beta_2=\beta_3=1$$

则第一次迭代结果为：

$$\alpha_1=\frac{26565}{1.318875\times(8000\times1+13600\times1+400\times1)}=0.91555$$

$$\alpha_2=\frac{15360}{1.318875\times(5200\times1+6000\times1+800\times1)}=0.97052$$

$$\alpha_3=\frac{10830}{1.318875\times(2000\times1+2400\times1+1600\times1)}=1,36859$$

$$\beta_1=\frac{19020}{1.31875\times(8000\times0.91555+5200\times0.97052+2000\times1.36859)}=0.95453$$

$$\beta_2=\frac{29130}{1.31875\times(13600\times0.91555+6000\times0.97052+2400\times1.36859)}=1.02448$$

$$\beta_3=\frac{4605}{1.31875\times(400\times0.91555+800\times0.97052+1600\times1.36859)}=1.04778$$

以后各次的迭代结果如表 12－23 所示。

表 12－23　边际总和法的各次迭代结果

	第一次	第二次	第三次	第四次	第五次
β_1	1.00000	0.95453	0.95418	0.95417	0.95417
β_2	1.00000	1.02448	1.02412	1.02405	1.02405
β_3	1.00000	1.04778	1.05173	1.05222	1.05228
α_1	0.91555	0.91604	0.91630	0.91633	0.91633
α_2	0.97052	0.97469	0.97476	0.97477	0.97477
α_3	1.36859	1.35857	1.35750	1.35737	1.35735

可以看出，迭代四次即可获得比较满意的结果。因此，"车型"和"地区"这两个分类变量的相对费率为：

$$\mu=1.3189$$

$$\alpha_1=0.9613\quad\alpha_2=0.9748\quad\alpha_3=1.3574$$

$$\beta_1=0.9542\quad\beta_2=1.0241\quad\beta_3=1.0523$$

由此可得各组纯保费的拟合值如表 12－24 所示，如"地区 A"与"车型 1"所对应类别的纯保费为：

$$1.3189\times0.9163\times0.9542=1.1532(\text{千元})$$

表 12－24　边际总和法拟合的纯保费

单位：元

类　别	地区 A	地区 B	地区 C	合计
车型 1	1153.2	1226.8	1708.3	4088.3
车型 2	1237.6	1316.6	1833.4	4387.6
车型 3	1271.7	1352.9	1883.9	4508.5

边际总和法应用很简单，但并不能对特定分类变量的显著性进行统计检验，也不能确定参数估计的置信区间。因此，边际总和法的主要缺陷是缺乏一个完整的统计分析框架对建模结果进行评价。

12.3.2　经验费率

经验费率是根据个体风险的损失经验和其他有关信息所计算的个体风险的

费率。信度模型和奖惩系统是最为常见的两种经验费率模型。信度模型用于确定在费率厘定过程中给个体风险的损失经验赋予多大的权重。奖惩系统是一种根据个体风险的历史损失经验调整其续期保费的精算模型，在汽车保险中的应用比较普遍。

12.3.2.1 信度模型

在费率厘定中，精算师通常需要根据被保险人的历史损失数据预测其未来的保险成本，而损失数据又来源于随机发生的保险事故，因此应用历史损失的平均值估计被保险人未来的保险成本，未必就可以得到一个准确的估计值。事实上，用历史平均值估计保险成本的准确性如何，与损失数据中的随机波动有很大关系。譬如在汽车保险中，保险人通常会有一个很大的保单组合，该保单组合的损失经验表明，平均每份保单的索赔频率为每年 0.2 次，即一般的汽车被保险人平均每 5 年发生一次索赔。假设有一份保单在过去的 5 年发生了 3 次保险事故，即被保险人的经验索赔频率为 0.6。现在的问题是，应该如何估计该被保险人在未来的索赔频率？是 0.2？还是 0.6？或者是其他？

毫无疑问，如果没有被保险人的任何信息，则对其索赔频率的估计只能是 0.2。现在，我们已知保单的经验索赔频率为 0.6，这就在一定程度上表明 0.2 低估了该保单的索赔频率。但是，直接用 0.6 估计该保单在未来的索赔频率，似乎也有不妥之处，因为保单的经验索赔频率会受到随机因素的影响，一个真实索赔频率很低的被保险人也会发生事故保险，而一个真实索赔频率较高的被保险人也可能在某个保险期内不会发生任何保险事故。因此，对上述保单索赔频率的最好估计值应该是 0.2 和 0.6 的加权平均。那如何确定权数呢？对经验数据 0.6 的权数应该是它对保单未来索赔频率的预测能力，在信度理论中通常用 Z 表示，称为经验数据的可信度或信度因子，在 0 到 1 之间取值；而对 0.2 的权数就是 $(1-Z)$。在本例中，0.6 反映了保单自身的索赔经验，被称为保单的经验数据，而 0.2 来源于一个保单组合，被称为信度补项，因此对该保单索赔频率的估计值可以表示为：

$$
\begin{aligned}
\text{估计值} &= Z \times \text{经验数据} + (1-Z) \times \text{信度补项} \\
&= Z \times 0.6 + (1-Z) \times 0.2
\end{aligned}
$$

显然，上述估计值的关键在于确定经验数据的信度因子。

本节介绍计算信度因子 Z 的两种方法，即古典信度模型和 Biihlmann 信度模型。

1. 古典信度模型

在古典信度模型中，需要确定当经验数据达到多大规模时，才可以给其赋予 100% 的可信度，而这个数据规模也被称为完全可信度标准。

(1)索赔频率的完全可信度标准

完全可信度标准换言之就是给个体风险的经验数据赋予的权重为1时,对经验数据规模的最低要求。假设个体风险的索赔频率为 N,其均值为 μ,标准差为 σ,则 N 落在区间 $[\mu - r\mu, \mu + r\mu]$ 的概率为:

$$p = P(\mu - r\mu \leqslant N \leqslant \mu + r\mu)$$
$$= P\left(-\frac{r\mu}{\sigma} \leqslant U \leqslant \frac{r\mu}{\sigma}\right)$$

当索赔频率 N 足够大时,$U = (N - \mu)/\sigma$ 近似服从标准正态分布。

如果假设索赔频率 N 服从均值为 n 的泊松分布,标准差为 $\sqrt{n}$,则上述的概率为:

$$p = P(-r\sqrt{n} \leqslant U \leqslant r\sqrt{n})$$

如果要求上述概率不小于 $1-\alpha$,则应有 $r\sqrt{n} \geqslant U_{1-\alpha/2}$,即

$$n \geqslant \left(\frac{U_{1-\alpha/2}}{r}\right)^2$$

其中,$U_{1-\alpha/2}$ 是标准正态分布的 $1-\alpha/2$ 分位数。

由此可见,如果假设索赔频率服从泊松分布,并且要求索赔频率的观察值落在 $[\mu - r\mu, \mu + r\mu]$ 的概率不小于 $1-\alpha$,则索赔频率的期望值 n 应该满足上式给定的条件,这个条件也就是索赔频率的完全可信度标准。

该完全可信度标准不是唯一的,它依赖于 α 和 r 的取值,而对 α 和 r 的实际选择只能依赖于个人主观判断。尽管如此,这并没有妨碍完全可信度标准在实际中的应用。

如果实际的索赔频率并非服从泊松分布,而是服从二项分布或负二项分布等其他分布,则完全可信度标准为:

$$n \geqslant \left(\frac{U_{1-\alpha/2}}{r}\right)^2 \times \frac{\sigma_f^2}{\mu_f}$$

其中,μ_f 和 σ_f 分别为索赔频率的均值和标准差。对于泊松分布,其均值和方差相等,因此上式的后一项为1。

(2)索赔强度的完全可信度标准

假设个体风险(一份保单)只包含一个风险单位,在保险期发生了 n 次索赔,每次索赔的赔付额分别为 $X_1, X_2, \cdots, X_n$,它们独立同分布,均值为 μ_X,方差为 σ_X^2,则索赔强度(即平均赔付额)的观察值为:

$$\bar{X} = (X_1 + X_2 + \cdots + X_n)/n$$

上述观察值的方差为:

$$Var(\bar{X})=Var\left(\frac{X_1+X_2+\cdots+X_n}{n}\right)=\frac{\sigma_X^2}{n}$$

索赔强度的观察值 $\bar{X}$ 落入$[\mu_X-r\mu_X,\mu_X+r\mu_X]$的概率为：

$$\begin{aligned}p&=P(\mu_X-r\mu_X\leqslant\bar{X}\leqslant\mu_X+r\mu_X)\\&=P(-\frac{r\sqrt{n}\mu_X}{\sigma_X}\leqslant\frac{\bar{X}-\mu_X}{\sigma_X/\sqrt{n}}\leqslant\frac{r\sqrt{n}\mu_X}{\sigma_X})\end{aligned}$$

根据中心极限定理，当索赔次数足够大时，索赔强度的观察值 $\bar{X}$ 将近似服从正态分布。因此，如果要求上述概率不小于 $1-\alpha$，则应有

$$r\sqrt{n}\mu_X/\sigma_X\geqslant U_{1-\alpha/2}$$

即

$$n\geqslant\left(\frac{U_{1-\alpha/2}}{r}\right)^2\times\left(\frac{\sigma_X}{\mu_X}\right)^2$$

此即索赔强度的完全可信度标准。

例 12.3.2　假设个体风险每次索赔额的变异系数为 2，$\alpha=10\%$，$r=5\%$，当个体风险的索赔次数为多大时，用样本赔付额数据估计索赔强度的可信度为 100%？

解　当 $\alpha=10\%$，$r=5\%$ 时，索赔频率的完全可信度标准为 1082，因此索赔强度的完全可信度标准为：

$$1082\times2^2=4328$$

即当个体风险的索赔次数大于 4328 时，用样本赔付额数据估计索赔强度的可信度为 100%。

(3)纯保费的完全可信度标准

纯保费是赔款与单位数之比。譬如，50 辆汽车在一年内发生了 25000 元的赔款，则纯保费的观察值为每车年 500(＝25000/50)元。纯保费也可以表示为索赔频率与索赔强度的乘积。由于纯保费受到索赔次数和赔付额的共同影响，所以其波动性更大。对于给定的个体保单，由于随机波动的影响所造成的纯保费的方差被称为过程方差。

假设一份保单在一个保险期间发生了 N 次索赔，每次索赔的赔付额为 X_1，X_2，…，X_N，则该保单纯保费的观察值可以表示为：

$$P=X_1,X_2,\cdots,X_N$$

如果假设索赔次数和赔付额相互独立，用 μ_f 和 σ_f^2 分别表示索赔次数的均值和方差，用 μ_X 和 σ_f^2 分别表示赔付额的均值和方差，则 P 的均值为：

$$\mu_P=E(P)=\mu_f\mu_X$$

方差为：

$$\begin{aligned}\sigma_P^2 &= Var(P)\\ &= E_N(Var_P(P \mid N)) + Var_N(E(P \mid N))\\ &= E_N(N\sigma_X^2) + Var_N(\mu_X N)\\ &= \mu_f\sigma_X^2 + \mu_X^2\sigma_f^2\end{aligned}$$

如果假设个体风险的索赔频率服从泊松分布，其均值 μ_f 等于方差 σ_f^2，则上述纯保费观察值的方差可以简化为：

$$Var(P) = \mu_f(\sigma_X^2 + \mu_X^2)$$

其中，上式右边括号内是赔付额的二阶原点矩。

因此，P 落入 $[\mu_P - r\mu_P, \mu_P + r\mu_P]$ 的概率为：

$$\begin{aligned}P &= \Pr(\mu_P - r\mu_P \leqslant P \leqslant \mu_P + r\mu_P)\\ &= \Pr\left(\frac{-r\mu_P}{\sigma_P} \leqslant \frac{P-\mu_P}{\sigma_P} \leqslant \frac{r\mu_P}{\sigma_P}\right)\end{aligned}$$

当个体风险索赔次数足够大时，P 将近似服从正态分布。因此，如果要求上述概率不小于 $1-\alpha$，则应有

$$\frac{r\mu_P}{\sigma_P} \geqslant U_{1-\alpha/2}$$

如果进一步假设索赔频率服从均值为 n 的泊松分布，则有

$$\mu_P = n\mu_X$$

$$\sigma_P = [n(\sigma_X^2 + \mu_X^2)]^{0.5}$$

将它们代入前述的不等式，并经适当整理可得：

$$n \geqslant \left(\frac{U_{1-\alpha/2}}{r}\right)^2 \times \left[1 + \left(\frac{\sigma_X}{\mu_X}\right)^2\right]$$

此即纯保费的完全可信度标准，其中等式右边的第一项是索赔频率的完全可信度标准，方括号内的第二项是赔付额变异系数的平方。因此，上式也表明，纯保费的完全可信度标准等于索赔频率的完全可信度标准乘以索赔强度的完全可信度标准。

如果索赔次数并不服从前面假设的泊松分布，则纯保费的完全可信度标准为：

$$n \geqslant \left(\frac{U_{1-\alpha/2}}{r}\right)^2 \left[\frac{\sigma_f}{\mu_f} + \left(\frac{\sigma_X}{\mu_X}\right)^2\right]$$

(4)部分可信度

如果我们掌握的数据规模达不到完全可信度的标准时，就可以给其赋予部分可信度。部分可信度通过平方根原则确定，即令 n 为已知数据的（期望）索赔次数，n_F 是完全可信度所要求的最小索赔次数（完全可信度）。若 $n < n_F$，则部分可

信度为：

$$Z=\sqrt{n/n_F}$$

譬如，当完全可信度标准为 1082 时，部分可信度如图 13—1 所示。

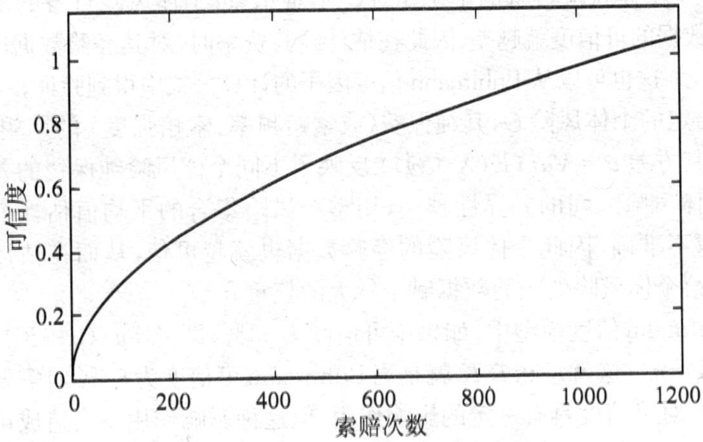

图 13—1　部分可信度的图示

在计算部分可信度，最好使用期望索赔次数。如果无法得到期望索赔次数，也可以用实际观察到的索赔次数近似。

2. Bühlmann 信度模型

如前所述，古典信度模型的完全可信度标准和信度因子都不是唯一的，下面将要介绍的 Bühlmann 信度模型可以克服这些缺陷。Bühlmann 信度模型也被称为最小二乘信度模型。在 Bühlmann 信度模型中，信度补项是个体保单所属的保单组合的均值，可信度的计算公式为：

$$Z=\frac{n}{n+K}$$

其中，n 为观察到的索赔次数。当观察到的索赔次数 n 不断增加时，可信度 Z 将趋于 1，但永远不会等于 1。K 为 Bühlmann 参数，它是过程方差的均值（用 v 表示）和假设均值的方差（用 a 表示）之比，即

$$K=\frac{v}{a}$$

过程方差的均值 v 和假设均值的方差 a 是对总方差的分解，即任何一个随机变量（如索赔频率、索赔强度或纯保费）的总方差可以分解为：

$$Var(X)=v+a+E(Var(X\mid\Theta))+Var(E(x\mid\Theta))$$

上述假设在一个风险集合中，不同的个体风险之间存在差异，这种差异用随机

变量Θ表示。对于给定的个体风险Θ,其索赔频率、索赔强度或纯保费的观察值也会随机波动,这种波动就是过程方差$Var(X \mid \Theta)$。如果把所有个体风险的过程方差进行平均,即可得到整个风险集合的过程方差的均值$v = E(Var(X \mid \Theta))$。过程方差的均值反映了个体风险自身的不确定性。不难想象,个体风险自身的不确定性越大,其经验数据的可信度就越差,因此在估计经验费率时,对其经验数据所赋予的权重也就越小。这也可以从Bühlmann信度因子的计算公式中得到验证。

对于给定的个体风险Θ,其纯保费(或索赔频率、索赔强度)的期望值为$E(X \mid \Theta)$,因此其方差$a = Var(E(X \mid \Theta))$反映了不同个体风险纯保费的差异性。显然,不同个体风险之间的差异性越大,用整个风险集合的平均值估计个体风险的纯保费就越不准确,因此个体风险的经验数据也就越可信,从而在估计经验费率时,就应该给个体风险的经验数据赋予较大的权重。

在Bühlmann信度模型中,如果令可信度为50%,即$Z = n/(n+K) = 50\%$,则可以求出$K = n$。这就意味着K就是当Bühlmann可信度为50%时需要的观察次数。参数K对可信度具有一定的影响作用,但这种影响作用不会造成可信度的巨大差异。譬如,图13-2是当K的取值上下增减20%时($K = 1000, 1200, 800$),可信度的变化幅度。从此图可以看出,K值得增减变化对可信度的影响不是很大。基于这种原因,在某些情况下,精算师会根据其经验判断选择K的取值。

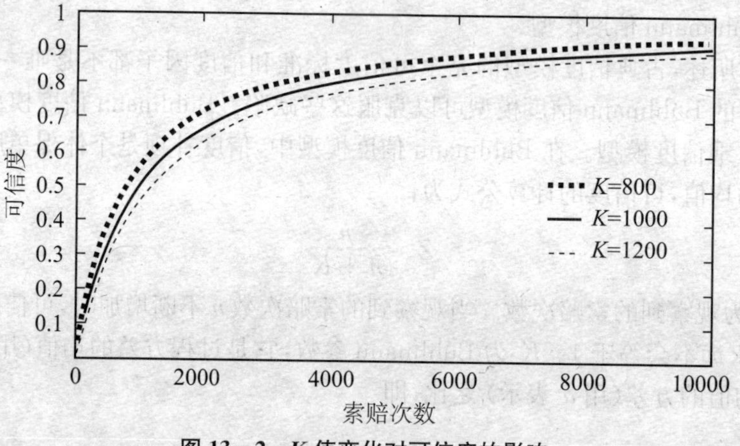

图13-2　K值变化对可信度的影响

例12.3.3　假设一个保单组合包含三类风险,每个类别的索赔频率服从伯努利分布(即要么发生索赔,要么不发生索赔),索赔服从伽玛分布,且对每一份给定的保单而言,索赔频率与赔付额相互独立(注意,在本例中,整个保单组合的索赔频率与赔付额并不独立,索赔频率较高的类别C具有较小的赔付额),有关参数如

表 12－25 所示。下面应用这些数据计算纯保费的方差，并将其分解为过程方差的均值和假设均值的方差。

表 12－25　各风险类别的参数

风险类别	各类别所占比例	伯努利分布的参数	伽玛分布的参数
A	50%	40%	$\alpha=3,\beta=0.01$
B	30%	60%	$\alpha=2,\beta=0.01$
C	20%	80%	$\alpha=1,\beta=0.01$

对于参数为 p 的伯努利分布，其均值和方差分别为 p 和 $p(1-p)$。对于参数为(α,β)的伽玛分布，其均值和方差分别为 $\alpha/\beta,\alpha/\beta^2$。对于表 12－25 中的数据，可以计算出每个风险类别的索赔频率和赔付额的均值和方差如表 12－26 所示。

表 12－26　过程方差（纯保费）

风险类别	各类别所占比例 (1)	索赔频率的均值 (2)	索赔频率的方差 (3)	赔付额的均值 (4)	赔付额的方差 (5)	过程方差 (6)－(2)(5)＋(4)^2(3)
A	50%	40%	24%	300	30000	33600
B	30%	60%	24%	200	20000	21600
C	20%	80%	16%	100	10000	9600

各组纯保费的过程方差可如下计算：

$$\sigma_p^2=\mu_f\sigma_X^2+\mu_X\sigma_f^2$$

以 A 组为例，其纯保费的过程方差为：

$$(0.40)(30000)+(300)^2(0.24)=33600$$

其他各组的过程方差如表 12－26 最后一列所示。

过程方差的均值是各组过程方差的加权平均，权数为各组保单在整个保单组合所占比例，即纯保费的过程方差的均值为：

$$\begin{aligned}v&=33600\times50\%+21600\times30\%+9600\times20\%\\&=25200\end{aligned}$$

表 12－27　假设均值（纯保费）

风险类别	各类别所占比例 (1)	索赔频率的均值 (2)	赔付额的均值 (4)	纯保费的假设均值 (4)＝(2)×(3)
A	50%	40%	300	120
B	30%	60%	200	120
C	20%	80%	100	80
均值	—	—	—	112

下面再计算假设均值的方差。各组纯保费的均值如表 12－27 所示，它等于各组索赔频率均值与赔付额均值的乘积。整个保单组合的纯保费的均值为各组纯保费的加权平均，权数为各组保单在整个保单组合中所占比例。

假设均值的方差是各组纯保费的均值方差，权数为各组保单在整个保单组合中所占比例，即假设均值的方差可以通过下述方法进行估计：

$$\alpha = (120-112)^2 \times 50\% + (120-112)^2 \times 30\% + (80-112)^2 \times 20\%$$
$$= 256$$

由此可得 Bühlmann 参数为：

$$K = v/a = 25200/256 = 98.44$$

Bühlmann 参数确定以后，可信度 Z 将取决于索赔次数 n 的大小。当 n 趋于无穷大时，可信度将越来越接近 1。

现在假设从上述保单组合中随机抽取一份保单，且所属的风险类别是未知的。请注意，如果保单所属的保险类别是已知的，则可以直接用该风险类别的纯保费作为该保单的纯保费。进一步假设该保单在 4 年的观察期内发生了 3 次索赔，赔款总额为 410。下面，应用 Bühlmann 信度模型估计该保单在未来的纯保费。

在估计纯保费时，分母是风险单位数(保单年数)，即 $n=4$，所以 Bühlmann 信度因子为：

$$Z = 4/(4+98.44) = 3.9\%$$

根据该保单的经验数据计算出的纯保费为：

$$410/4 = 102.5$$

而根据保单组合计算出的纯保费为 112，因此应用 Bühlmann 信度模型对该保单未来纯保费的估计值为：

$$0.039 \times 102.5 + (1-0.039) \times 112 = 111.63$$

应用与纯保费类似的方法，可以分别计算索赔频率和索赔强度的可信度以及对未来索赔频率和索赔强度的预测值，参见表 12－28。在估计索赔频率时，分母是风险单位数(在本例中即是保单年数)，因此 $n=4$；但在估计索赔强度时，分母是索赔次数，因此 $n=3$。值得注意的是，在通常情况下，如果分别对索赔频率与索赔强度进行预测，它们的乘积并不等于纯保费的预测值。譬如在本例中，索赔频率和索赔强度的预测值之积为 104.35，小于纯保费的预测值 111.63。

表 12－28 Bühlmann 模型的预测值

	索赔频率	索赔强度	纯保费
过程方差的均值(v)	22.4%	20740.74	25200
假设均值的方差(a)	2.44%	6612.10	256
总方差	24.84%	27352.84	25456
参数(K)	9.18	3.14	98.44
索赔次数或风险单位数(n)	4	3	4
Bühlmann 信度因子(Z)	0.3035	0.4886	0.039
保单组合的平均值	54%	207.41	112
该保单的观察值	75%	136.67	102.5
对未来的预测值	60.37%	172.85	111.63

如果将 Bühlmann 模型直接应用于纯保费，由于纯保费掩盖了索赔频率和索赔强度上存在的差异，对个体保单的经验数据赋予了较小的可信度，从而对纯保费的预测值主要取决于保单组合的平均值。但是，如果将 Bühlmann 模型分别应用于索赔频率和索赔强度，则个体保单之间的差异得到了更加充分的反映。因此，对纯保费的预测结果更加接近个体保单的经验数据，表 12－28 的结果也说明了这一点。

12.3.2.2 奖惩系统

1. 奖惩系统的含义

在汽车保险中，世界上绝大多数的保险公司都实行了奖惩系统，即对上一保险年度没有发生索赔的投保人，在下一年度续保时给予保费上的优待，而对于上一保险年度发生索赔的投保人，则在下一保险年度提高其保费。

在汽车保险中应用奖惩系统的目地主要包括下述几个方面：①可以使被保险人缴纳的保险费反映其真实的风险水平；②被保险人为了获得续期保费折扣，将自付一些小额赔案，这就降低了保险公司受理小额赔案的费用，从而可以进一步降低保险费率；③可以鼓励被保险人在驾车时更加谨慎小心。

应该注意的是，尽管保险人在应用奖惩系统时有许多美好的愿望，但实际应用中的奖惩系统并非总能实现这些目标。事实上，经分析发现，大多数保险人实际应用中的奖惩系统在区分不同风险水平的被保险人方面效果不佳。譬如，如果被保险人 A 的索赔频率是 10%，被保险人 B 的索赔频率是 20%，那么被保险人 B 的保费应该是被保险人 A 的两倍，但大多数奖惩系统只能使被保险人 B 比被保险人 A 多缴很小比例的保险费。

对奖惩系统的批评主要有：

(1)破坏了被保险人的经济稳定性。被保险人购买保险的初衷是通过缴纳固定的保险费将其不确定的随机风险转嫁给保险人，但在应用奖惩系统的条件下，被保险人还得承担续期保费的变异性。

(2)被保险人之间的互助合作被削弱了，即幸运的被保险人(没有发生保险事故的被保险人)对不幸的被保险人在保费缴付上的帮助被减弱了。

(3)违背了大数定律。保险公司在计算保险费率时所依据的是大量保单的索赔经验，而不是个体保单的索赔经验。奖惩系统通过个体保单的索赔经验调整被保险人的续期保费，显然是违背了大数定律。因此，有人认为奖惩系统是“有组织地摒弃了保险原则”。

尽管如此，奖惩系统在实践中仍然得到了广泛的应用。

若用数学的语言，可以把奖惩系统描述如下：

(1)把所有的被保险人划分成有限各等级，每个等级用 C_i 表示，$i=1,2,\cdots,s$，被保险人的保费只依赖于他所属的等级(其中，s 表示等级总数)。

(2) 新投保的被保险人缴纳初始等级 C_0 的保险费。

(3)被保险人的续期保费取决于他在上一个保险年度所属的等级和索赔次数。

由此可见，奖惩系统由下述三个要素组成：各个等级的保费水平、初始等级和转移规则。其中，转移规则是在已知被保险人的索赔次数时，决定被保险人从原等级转移到新等级的规则。

例 12.3.4 中国保险行业协会 2006 年制定的机动车辆商业保险条款(A 款)规定的奖惩系统如表 12－29 所示。该系统的奖惩规则如下：(1)初次投保车辆的保费等级为第 4 级；(2)上一保险年度没有发生赔款的，下降一个等级；(3)上一保险年度发生的赔款次数在两次(含两次)以内的，等级不变；(4)上一保险年度发生的赔款次数超过两次的，每超过一次，上升一个等级。

表 12－29　A 款的奖惩系统

保费等级	奖惩系统	保费等级	奖惩系统
1	0.7	6	1.2
2	0.8	7	1.4
3	0.9	8	1.6
4	1.0	9	1.8
5	1.1	10	2.0

从此表可以看出，A 款的奖惩系统有 10 个保费等级，其中最低保费折扣为初始保费的 70%，最高惩罚为初始保费的 2 倍。次年的奖惩系数取决于上年的奖惩系数和索赔次数。譬如，如果保单持有人在上年的奖惩系数为 0.8，且在上年发生了 3 次索赔，则其在次年的奖惩系数将为 0.9；如果在上年发生了 1 次或 2 次索赔，则其在次年的奖惩系数仍为 0.8。

2. 稳定概率分布

对于一个给定的个体保单，如果假设其索赔频率为常数，则经过若干年以后，它属于各个保费等级的概率将趋于稳定。对于一个固定的保单组合，经过若干年以后，它们在各个保费等级的分布也将趋于稳定。

为了方便分析，特做如下假设：

(1)给定个体保单的索赔频率不会随时间发生变化，且索赔次数服从泊松分布。

(2)保单组合中不会有新增保单，也不会有退保保单。

(3)在初次投保时，该保单组合中的每份保单缴纳完全相同的保险费，奖惩系数为 1。

假设某保险公司的奖惩系统(无赔款优待条款)规定如下：上一保险年度未享受无赔款保险费优待的，续保时优待比例为 10%；上一保险年度已享受保险费优待的，续保时优待比例在上一保险年度优待比例外增加 10%；保险费优待比例最高不超过 30%。上一保险年度享受保险费优待的车辆发生本保险及其附加险赔款，续保时保险费优待比例按以下公式计算，直至保险费优待比例为零时止。续保时保险费优待比例为上一保险年度保险费优待比例减去 $n\times10\%$。n 为续保时上一保险年度发生的赔款次数。

可见，该奖惩系统只有奖励等级，没有惩罚等级，四个等级的惩罚系数分别为：在上述奖惩系统中，被保险人的续期保费等级只取决于他在当年的奖惩系数和索赔次数，因此上述奖惩系统形成一个马尔可夫过程。如果假设被保险人的索赔频率在时间上是稳定的，即不随时间而变化，那么这个马尔可夫过程就是齐次的。如果用 $M(\lambda)$ 表示马尔可夫过程的转移概率矩阵，则有

$$M(\lambda)=\begin{bmatrix} p_{11} & p_{12} & \cdots & p_{1s} \\ p_{21} & p_{22} & \cdots & p_{2s} \\ p_{s1} & p_{s2} & \cdots & p_{ss} \end{bmatrix}$$

其中，p_{ij} 表示从状态 i 转移到状态 j 的概率。在奖惩系统中，就是从第 i 个奖惩等级转移到第 j 个奖惩系统的概率。

根据上述条款，该奖惩系统的转移概率矩阵具有表 12－30 所示的形式。在

该表中，p_0 表示保单在一个保险年度内不发生索赔的概率，p_1 表示发生 1 次索赔的概率，p_2 表示发生 2 次索赔的概率。

表 12—30　奖惩系统的转移概率矩阵 $M(\lambda)$

	$c_1=0.7$	$c_2=0.8$	$c_3=0.9$	$c_4=1$
$c_1=0.7$	p_0	p_1	p_2	$1-p_0-p_1-p_2$
$c_2=0.8$	p_0		p_1	$1-p_0-p_1$
$c_3=0.9$		p_0		$1-p_0$
$c_4=1$			p_0	$1-p_0$

下面计算上述奖惩系统的稳态概率分布，即从长期来看，索赔频率为 λ 的被保险人将属于各个等级的概率。

如果用 p_k 表示索赔频率为 λ 的保单在一个保险年度发生 k 次索赔的概率，用 M 表示表 12—30 的转移概率矩阵，并令 $a(\lambda)=[a_1(\lambda),a_2(\lambda),a_3(\lambda),a_4(\lambda)]$ 为转移概率矩阵 M 的稳态概率分布，则 $a(\lambda)$ 是下述方程组的解：

$$\begin{cases} a(\lambda)M=a(\lambda) \\ a(\lambda)e=1 \end{cases}$$

其中，$e=[1,1,\cdots,1]^T$，T 表示对矩阵进行转置。

若令 E 是一个所有元素均为 1 的 4×4 的矩阵，I 为 4×4 的单位矩阵，则可以证明，上述稳态概率可以表示为：

$$a(\lambda)=e^T[1-M(\lambda)+E]^{-1}$$

由此可得，当给定保单的索赔次数服从参数为 λ 的泊松分布时，它属于各个保费等级的稳态概率为：

$$a_1(\lambda)=p_0^3/(1-2p_0p_1-p_2p_0^2)$$

$$a_2(\lambda)=p_0^2/(1-p_0)/(1-2p_0p_1-p_2p_0^2)$$

$$a_3(\lambda)=p_0/(1-p_0-p_0p_1)/(1-2p_0p_1-p_2p_0^2)$$

$$a_4(\lambda)=(1-p_0-2p_0p_1-p_2p_0^2+p_1p_0^2)/(1-2p_0p_1-p_2p_0^2)$$

其中，$a_i(\lambda)$ 表示在稳定状态下，索赔频率为 λ 的保单属于第 i 个保费等级的概率；p_0 表示索赔频率为 λ 的保单在一个保险年度不发生索赔的概率，p_1 表示发生 1 次索赔的概率，p_2 表示发生 2 次索赔的概率。

经过若干年以后，一组固定的保单在奖惩系统各个等级之间的分布也将趋于稳定。稳态概率描述了这组保单在奖惩系统各个等级的分布比率。

假设给定个体保单的索赔频率服从参数为 λ 的泊松分布，概率分布函数为：

$$p_k=\frac{e^{-\lambda}\lambda^k}{k!},\quad k=0,1,2,\cdots$$

而在一个给定的保单组合中，不同保单的索赔频率 λ 服从参数为(α,β)的伽玛分布，其密度函数为：

$$\mu(\lambda)=\frac{\beta^{\alpha}e^{-\beta\lambda}\lambda^{\alpha-1}}{\Gamma(\alpha)},\quad \alpha,\beta>0$$

当奖惩系统进入稳定状态时，保单组合在各个保费等级的分布概率为：

$$a_i=\int_0^{\infty}a_i(\lambda)\mu(\lambda)d\lambda$$

下面，我们应用 Lemaire(1995)中的一个保单组合，讨论在上述奖惩系统中给定个体保单的稳态概率分布和保单组合的稳态概率分布。该保单组合的索赔次数及其负二项分布的拟合值如表 12－31 所示。

表 12－31 保单组合的索赔次数

索赔次数	保单数	负二项分布的拟合值(极大似然估计)
0	96978	96980.8
1	9240	9230.9
2	704	708.6
3	43	50.1
4	9	3.4
>4	0	0.2
合计	106974	106974.0

该表的索赔次数用负二项分布拟合效果较好，相应的伽玛分布的参数为(1.6131,16.1384)索赔次数的均值为 0.1，方差为 0.1061。将有关数据代入上式可以求得保单组合的稳态概率分布如表 12－32 所示。

表 12－32 奖惩系统的稳态概率分布

保费系数	稳态概率(%)	保单数
$c_1=0.7$	88.53	94704
$c_2=0.8$	8.70	9307
$c_3=0.9$	2.08	2225
$c_4=1$	0.69	738

3.平均保费水平

(1)保单组合的平均保费水平

由于奖惩系统的调整作用,保单组合的平均保费水平在最初的若干年会不断发生变化,直至奖惩系统进入稳定状态。

上述奖惩系统只有 4 个等级,因此可以令 $I=[0,0,0,1]$,它表示新保单的奖惩系数为 1。经过 1 年以后,奖惩系数将根据保单在第 1 年的索赔记录进行调整,用 I 乘以上述转移矩阵概率 $M(\lambda)$,即可得到索赔频率为 λ 的保单第 2 年在各个奖惩等级的分布,即 $p_i(\lambda,t)=I\times M(\lambda)$。以此类推,在第 t 年,索赔频率为 λ 的保单在各个奖惩等级的分布为:

$$p_i(\lambda,t)=I\times[M(\lambda)]^{t-1}$$

令 $c=[0.7,0.8,0.9,1]^T$,其中 T 表示对矩阵进行转置,则索赔频率为 λ 的保单在第 t 年的期望保费水平(即平均奖惩系数)为:

$$p_i(\lambda,t)=I\times[M(\lambda)]^{t-1}\times c$$

由于保单组合的结构函数为 $u(\lambda)$,因此保单组合在第 t 年的平均保费水平为:

$$C(t)=\int_0^{\infty} I\times[M(\lambda)]^{t-1}\times c\times u(\lambda)d\lambda$$

当 t 足够大时,上述奖惩系统将进入稳定状态,即保单组的平均保费水平将收敛到一个稳定值。譬如在上例中,假设新保单的平均保费水平(即奖惩系数)为 1,那么经过若干年后,当奖惩系统进入稳定状态时,这组保单的平均保费水平为:

$$0.7\times 88.53\%+0.8\times 8.70\%+0.9\times 2.08\%+1\times 0.69\%=0.7149$$

即当奖惩系统进入稳定状态时,这组保单缴纳的平均保费是其初始保费的 71.49%。

(2)个体保单的平均保费水平

对于不同索赔频率的保单,其平均保费水平在稳定状态下也是不同的。假设给定保单的索赔次数服从参数为 λ 的泊松分布,则当上述奖惩系统进入稳定状态时,索赔频率为 λ 的保单的平均保费水平为:

$$P(\lambda)=\sum_{i=1}^{4}a_i(\lambda)c_i=\frac{0.2(e^{2\lambda}+e^{\lambda}-\lambda+1)}{\lambda^2+4\lambda e^{\lambda}-2e^{3\lambda}}+1$$

§12.4 未决赔款准备金

12.4.1 非寿险准备金简介

保险公司的非寿险业务是指除人寿保险业务以外的保险业务,包括财产保险、责任保险、信用保险、短期健康保险和意外伤害保险等业务。非寿险准备金是保险公司履行非寿险业务保单责任所需要提取的专项资金额度。

非寿险准备金并非是一个固定值，通常情况下，对准备金评估的结果是一个合理的区间，但为了使财务报表能基本准确地反映保险公司的财务状况和经营业绩，就必须根据相关会计准则的要求在估计区间内选择一个合理的点估计，从而使财务报表和评估报告中的准备金呈现为一个确定值。

在任一时点上，对于保险公司的非寿险业务，按有效保单约定的保险事故是否已经发生，可以将保单责任分为两部分，即为到期责任和未决赔款责任。未到期责任是指将来仍可能发生保险事故的保单责任，需要提前未到期责任准备金；未决赔款责任是指已经发生保险事故但尚未结案的保单责任，需要提取未决赔款准备金。

未到期责任准备金是指在准备金评估日尚未终止的保险责任而提取的准备金。未决赔款准备金是指保险公司对尚未结案的赔案而提取的准备金，包括已发送已报案未决赔款准备金、已发送未报案未决赔款准备金和理赔费用准备金。已发送已报案未决赔款准备金是指为保险事故已经发生并已向保险公司提出索赔，但保险公司尚未结案的赔案而提取的准备金。已发生未报案未决赔款准备金是指为保险事故已经发生，但尚未向保险公司提出索赔的赔案而提取的准备金。理赔费用准备金是指为尚未结案的赔案可能发生的费用而提取的准备金，其中针对直接发生于具体赔案的专家费、律师费、损失检验费等而提取的为直接理赔费用准备金，针对非直接发生于具体赔案的费用而提取的为间接理赔费用准备金。

合理评估非寿险准备金，对保险公司、监管部门和保单持有人都具有重要意义。首先非寿险业务的风险存在于整个保险期内，而与风险对应的保费一般是一次性收取的，对于跨年度的保单，会计年度结束时不能对收取的保费全部确认。因此，保险公司应评估未到期责任准备金，在资产负债表的负债科目中加以体现，用以承担未到期的保险责任。其次，一个完整的索赔周期包括事故发生、报告、理算、赔付结案等环节，因而从赔付责任产生到赔款支付完毕存在着各种延迟。根据权责发生制原则，对于已发生的赔付责任，必须在当期确定。因此，保险公司应评估未决赔款准备金，在资产负债表的负债科目中加以体现，用以承担尚未结案的赔款责任。最后，从监管的角度看，如果由于少提取准备金而使保险公司的当年利润虚增，多缴纳的所得税和股东分红的过多流出会削弱公司的偿付能力进而可能损害保单持有人的利益。同时，保险公司少提取准备金，会使保险公司账目上对保单持有人的负债金额减少，但实际上对被保险人承担的保险责任并不因此而减少，这样也削弱了保险公司的偿付能力。可见，如果保险公司不能准确提取非寿险准备金，会给监管部门客观评估保险公司的偿付能力带来不利影响。

以下我们只简单介绍未决赔款准备金的基本评估方法，对未到期责任准备金等内容从略。感兴趣的读者可参阅相关教材及文献。

12.4.2 未决赔款准备金评估

12.4.2.1 未决赔款准备金原理

未决赔款准备金是指保险公司为尚未结案的赔案的提取的准备金，包括已发生已报案未决赔款准备金、已发生未报案未决赔款准备金。

已发生已报案未决赔款准备金是指为保险事故已经发生并已向保险公司提出索赔，但保险公司尚未结案的赔案而提取的准备金。已发生已报案未决赔款准备金的数据主要来源于理赔部门，反映了理赔部门关于理赔模式、通货膨胀、零赔案、大赔案、已发生已报案未决赔款准备金的充足性以及评估一致性等问题的经验和判断。

已发生未报案未决赔款准备金（IBNR）狭义上是指为保险事故已经发生，但尚未向保险公司提出索赔的赔案而提取的准备金。实际上，广义的 IBNR 准备金还包括已报案但尚未进入理赔程序的准备金、重立赔案的准备金以及已发生已报案未决赔款准备金在未来的发展变化。

如果保险公司没有及时将已报案索赔转入理赔程序，就必须为这种赔案提取准备金，这种准备金就是已报案但尚未进入理赔程序的准备金。

在某些情况下，已结案索赔还可能被重新提起，且要求进行额外赔付，保险公司为这种赔案提取的准备金就是重立案件准备金。

一般来说，在报案的初期，对已发生已报案未决赔款准备金的估计不可能做到完全准确，但随着时间的推移，可获得的信息将会越来越多，从而对已发生已报案未决赔款准备金的估计值也就越来越准确。这样就可以将针对这种准备金在未来的发展变化而计提的准备金也包含在 IBNR 准备金中。

在保险实务中，常用的未决赔款准备金评估方法主要有链梯法、案均赔款法、准备金进展法和 B—F 法等。我们只介绍其中最基本的链梯法。

12.4.2.2 链梯法

链梯法通过对历史数据的进展趋势进行分析，选定赔款的进展因子，进而预测赔款的进展趋势和最终赔款，是评估未决赔款准备金最基本的方法。在链梯法中，其基本假设是每个事故年的赔款支出具有相同的进展模式。换言之，在预测未决赔款时，每个事故年使用的进展因子相同。这种方法间接地考虑了通货膨胀率，即假设将来的通货膨胀率是过去通货膨胀率的加权平均数。在根据链梯法评估未决赔款准备金时，即可以使用已付赔款数据，也可以使用已报案赔款数据；相应地，这两种链梯法被称为已付赔款链梯法和已报案赔款链梯法。下面仅介绍已付赔款链梯法，已报案赔款链梯法的基本原理与此相同。

已付赔款链梯法根据累积已付赔款的流量三角形对未决赔款准备金进行估计。流量三角形是一种将赔款数据按照事故发生年和赔款支出年交叉分组而形成的数据表格。在应用链梯法之前，首先需要将已付赔款数据用流量三角形表示。假设按照事故年整理的某保险公司累积已付赔款的流量三角形数据如表12—33所示。在该表中，事故年表示保险事故发生的年度，进展年表示赔款支出延迟的年数。事故年与进展年相加就是日历年。譬如，2000事故年和进展年1交叉对应的累积已付赔款300.4万元，事实上就是2000年发生的保险事故延迟一年以后(即截止2001日历年年末)的累积已付赔款。

表12—33　累积已付赔款

单位：万元

事故年	进展年						
	0	1	2	3	4	5	6
2000	2131	3004	3716	4206	4565	4789	4967
2001	2104	3120	3947	4592	4978	5065	
2002	2009	3155	3675	4021	4321		
2003	1980	3203	3678	4323			
2004	1923	3321	4123				
2005	2013	2989					
2006	1998						

根据表12—33的累积已付赔款数据就可以计算出各个进展年的进展因子，即相邻两个进展年的累积已付赔款之比，结果如表12—34所示。

表12—34中的进展因子揭示了每个事故年的累积已付赔款在各个进展年的变化情况。进展因子是进展年的累积已付赔款与前一个进展年的累积已付赔款之比。譬如，2005事故年的0—1进展因子是第1个进展年的累积已付赔款除以第0个进展年的累积已付赔款，即为1.4848(＝2989/2013)，其他进展因子的计算类似。

从表12—34中的进展因子可以看出，对于同一个进展年，进展因子的变动范围较大，因此较难对进展因子的选择做出判断。在这种情况下，通常需要计算进展因子的平均值，并辅以精算师和理赔人员的经验判断来选定进展因子。

表 12－34 累积已付赔款的进展因子

事故年	进展年						
	0－1	1－2	2－3	3－4	4－5	5－6	6－最终
2000	1.4097	1.2370	1.1319	1.0854	1.0491	1.0372	
2001	1.4829	1.2651	1.1634	1.0841	1.0175		
2002	1.5704	1.1648	1.0941	1.0746			
2003	1.6177	1.1483	1.1754				
2004	1.7270	1.2415					
2005	1.4848						
加权平均值	1.5454	1.2111	1.1416	1.0815	1.0326	1.0372	—
选定值	1.5400	1.2100	1.1400	1.0800	1.0300	1.0400	1.0500

在计算进展因子的平均值时，可以采用简单平均、加权平均和几何平均等计算平均数的方法。此外，还可以根据需要，在计算平均数时剔除最大值和最小值的影响，或者仅使用最近几年的进展因子计算平均值。譬如，根据上表中累积已付赔款的进展因子计算的加权平均值如表 12－34 所示。以 0－1 进展年为例，其进展因子加权平均值的计算过程如下：

$$\frac{2131\times1.4097+2104\times1.4829+\cdots+2013\times1.4848}{2131+2104+\cdots+2013}=1.5454$$

在实际应用时，加权平均进展因子可以采用下述更加简单的方式进行计算（以 0－1 进展年为例）：

$$\frac{3004+3120+3155+3203+3321+2989}{2131+2104+2009+1980+1923+2013}=1.5454$$

请注意，在上式中，分子和分母具有相等的项数，都是 2000－2005 事故年的累积已付赔款。分母中不包含 2006 事故年的已付赔款数据。

在根据平均值确定进展因子的选定值时，应当重点关注最近几个日历年的进展状况，这主要是因为最近日历年的数据与未来的相关性最强，但由于时间较短，仅仅根据最近几个日历年的数据选定进展因子，其结果的稳定性较差，这就需要在结果的稳定性和数据的相关性之间进行权衡。下面，假设精算师根据各种平均值及其经验判断选定的进展因子如表 12－34 的最后一行所示。

在很多情况下，进展因子的选定值并不等于平均值，计算平均值的目的主要是为选定进展因子提供参考依据。在选定进展因子时，不能只看平均值，还需要注意各个事故年的进展因子是否比较接近。从表 12－34 可以看出，2004 事故年的 0－1 进展因子为 1.7270，明显大于以前事故年的 0－1 进展因子。这就要求精算师通过搜集更多的信息分析其原因，并根据分析结果选定进展因子。

不妨假设 2004 事故年的 0—1 进展因子之所以高于以前事故年，主要是因为 2004 年在安装一种新型的信息系统时没有按时完成，影响了当年的理赔进程，造成 2004 年的某些结案延迟。如果是这种原因造成了 2004 事故年的 0—1 进展因子比以前年度高，那么在选择 0—1 进展因子时就不能受 2004 事故年的影响过多，因为这种现象在未来预期不会重现。一般而言，如果数据中存在明显的趋势变化，或者某个事故年的数据扭曲了平均值，就不宜根据所有事故年的平均值选定进展因子。

反之，如果 2004 事故年的 0—1 进展因子较高，并不是因为安装信息系统造成的，而是由于几次异常高额的索赔事故导致了理赔延迟，那么在选定 0—1 进展因子时就应该考虑到 2004 事故年的现象在未来仍然可能出现，因此在选择进展因子时就不能忽略 2004 事故年的影响。当然，如果在后来安排了再保险或设置了赔偿限额，那么这种异常赔款也不好重现。

表 12—35 是累积进展因子，它是根据进展因子的选定值计算的。以 2002 事故年为例，累积进展因子的计算过程如下：

$$1.0300\times1.0400\times1.0500=1.1248$$

表 12—35 已付赔款的累积进展因子

事故年	进展年							累积进展因子
	0—1	1—2	2—3	3—4	4—5	5—6	6—最终	
2000							1.0500	1.0500
2001						1.0400	1.0500	1.0920
2002					1.0300	1.0400	1.0500	1.1248
2003				1.0800	1.0300	1.0400	1.0500	1.2147
2004			1.1400	1.0800	1.0300	1.0400	1.0500	1.3848
2005		1.2100	1.1400	1.0800	1.0300	1.0400	1.0500	1.6756
2006	1.5400	1.2100	1.1400	1.0800	1.0300	1.0400	1.0500	2.5804

从前面的讨论中可以看出，在确定进展因子的过程中，精算师必须考虑到三个方面的影响因素，即随机波动、异常波动和趋势变化。此外，为了估计最终赔款，还必须确定尾部进展因子，即表 12—35 中从第 6 个进展年到最终完全结案时的进展因子。由于尾部数据很少，所以尾部进展因子的选择比较困难。在本例中，精算师根据自己的经验判断和某些行业数据的尾部进展因子为 1.0500。

用表 12—34 中的进展因子，分布乘以每个事故年在最近日历年的累积已付赔款，就可以得到每个事故年在各个进展年的累积已付赔款和最终赔款的估计值。以 2002 事故年为例，它在第 5 个进展年末的累积已付赔款估计值为：

$$4321\times1.0300=4451$$

在第 6 个进展年末的累积已付赔款估计值为：

$$4321\times1.0300\times1.0400=4629$$

最终赔款的估计值为：

$$4321\times1.0300\times1.0400\times1.0500=4860$$

最终赔款的估计值也可以直接用当前日历年的累积已付赔款(如 2002 事故年的 4321)乘以事故年的累积进展因子(如 2000 事故年的 1.1248，见表 12－35)求得，计算结果如表 12－36 所示。

表 12－36　最终赔款的估计值

单位：千元

事故年	进展年							最终赔款
	0	1	2	3	4	5	6	
2000	2131	3004	3716	4206	4565	4789	4967	5215
2001	2104	3120	3947	4592	4978	5065	5268	5531
2002	2009	3155	3675	4021	4321	4451	4629	4860
2003	1980	3203	3678	4323	4669	4809	5001	5251
2004	1923	3321	4123	4700	5076	5229	5438	5710
2005	2013	2989	3617	4123	4453	4586	4770	5008
2006	1998	3077	3723	4244	4584	4721	4910	5156

计算出最终赔款以后，从最终赔款中减去已付赔款，即得未决赔款准备金的估计值，计算结果如表 12－37 所示。

表 12－37　未决赔款准备金的估计值

单位：千元

事故年	最终赔款	已付赔款	未决赔款准备金
2000	5215	4967	248
2001	5531	5065	466
2002	4860	4321	539
2003	5251	4323	928
2004	5710	4123	1587
2005	5008	2989	2019
2006	5156	1998	3158
合计	—	—	8945

已付赔款数据可以通过理赔部门直接获得,这些数据一般都比较客观。因此,根据这种数据进行未决赔款准备金的评估是很自然的事情。但是,建立在已付赔款数据基础之上的准备金评估方法往往忽略了其他的一些重要信息,特别是已发生已报案未决赔款准备金的信息。已发生已报案未决赔款准备金数据的客观性尽管不是很好,但对于估计未决赔款准备金仍然具有较高的参考价值。因此,如果在已付赔款的流量三角形,增加已发生已报案未决赔款准备金数据,即可得到已报案赔款流量三角形。从此流量三角形出发,也可以应用链梯法估计最终赔款和未决赔款准备金。由于已报案赔款链梯法的基本原理与已付赔款链梯法完全相同,故此处不再赘述。

利用链梯法对准备金的评估过程可总结如下:

(1)构造赔款(已付赔款或已报案赔款)的流量三角形。

(2)计算赔款的进展因子和累积进展因子。

(3)用各个事故年的累积赔款乘以相应的累积进展因子,预测各个事故年的最终赔款。

(4)从最终赔款中减去累积已付赔款,即可求得准备金的预测值。

习　题

12.1　哪些指标可以描述一个风险的离散程度?

12.2　假设一个保单组合的损失次数服从参数为 2 的泊松分布,每次损失的金额如下表所示。请计算该保单组合的累积损失小于或等于 5000 元的概率。

损失额(元)	概率
1000	0.2
2000	0.5
3000	0.2
4000	0.1

12.3　假设某保险的损失次数服从参数为 0.2 的泊松分布,对于一次保险事故,损失为 5000 元的概率是 80%,损失为 10000 元的概率是 20%。请计算保险公司的累积损失的分布。

12.4　非寿险保费由哪些部分构成?分别受哪些因素的影响?

12.5　在保单中设置免额赔款和赔款限额的意义何在?

12.6　纯保费法和赔付率法有何区别与联系?分别适用于何种场合?

12.7 请根据下表的增量赔款数据，应用损失进展法预测各个事故年的最终赔款(假设在第5个进展年以后不会再有赔款支出)。

事故年	进展年					
	0	1	2	3	4	5
2000	525	287	91	78	48	31
2001	622	362	116	82	53	
2002	721	411	110	85		
2003	861	412	110			
2004	970	534				
2005	1289					

12.8 汽车保险中常见的分类变量有哪些?

12.9 某汽车保险业务在前两年的有关损失数据如下表所示，请根据该表的数据，应用纯保费法计算甲、乙两个地区新的相对费率。其中，车型A、B和C在当前的相对费率为1∶0.75 ∶ 0.65，甲地区和乙地区在当前的相对费率为1∶0.85。

	甲地区	乙地区
车型A的风险单位数	1000	1500
车型B的风险单位数	2000	3000
车型C的风险单位数	1200	2500
前两年的赔款	75000	95000
前两年的索赔次数	100	150

12.10 某汽车保险业务在前两年的有关损失数据如下表所示，请根据该表的数据，应用赔付率法计算甲、乙两个地区新的相对费率。

	甲	乙
第一年的已赚保费	50000	70000
第一年的基础费率	100	120
第二年的已赚保费	60000	80000
第二年的费率	120	130
当前的费率	130	140
前两年的赔款	75643	94343
前两年的索赔次数	100	149

12.11　信度模型在费率厘定中有何作用？

12.12　在Bühlmann信度模型中，哪些因素影响信度因子的大小？

12.13　保险公司在汽车保险中应用奖惩系统的目的何在？

12.14　已知风险A和风险B的损失金额服从下述分布：

损失额	风险A的概率分布	风险B的概率分布
300	0.5	0.6
3000	0.3	0.3
70000	0.2	0.1

风险A发生损失的概率是风险B的两种。如果已知某个风险在某次事故中的损失额为300，求该风险下次损失额的Bühlmann信度估计值。

12.15　某保险公司的汽车保单组合共有5000份保单，其奖惩系统共有4个等级，保费折扣分别为0%，5%，10%，15%。该奖惩系统的转移规则如下：

(1)若在一年中无索赔发生，保单持有人上升一个等级或停留在最高折扣等级；

(2)若在一年中发生一次索赔，保单持有人停留在原等级；

(3)若在一年中发生一次以上索赔，保单持有人下降到最低折扣等级。

假设每份保单的初始保费为1000元，每份保单在每年发生索赔的概率分布如下：$P(n=0)=0.9$，$P(n=1)=0.05$，$P(n>2)=0.05$。请计算当奖惩系统到达稳定状态以后，保险公司每年在此保单组合上的保费收入。

12.16　应用链梯法的基本假设前提是什么？

12.17　假设各个事故年的累积赔款流量三角形数据如下表所示，且第一个事故年的最终赔款估计值为160。请计算下列各项：

(1)用加权平均法计算进展因子；

(2)计算各个事故年的未决赔款准备金。

事故年	进展年			
	1	2	3	4
1	30	80	120	150
2	44	110	170	
3	65	160		
4	70			

附　　录

表 1　中国人寿保险业经验生命表(1990—1993 年)(男)

年龄	死亡率	生存人数	死亡人数	生存人年数		期望人数
(x)	q_x	l_x	d_x	L_x	T_x	$\mathring{e}_x$
0	0.003037	1000000	3037	998482	73641337	73.64
1	0.002157	996963	2150	995888	72642855	72.86
2	0.001611	994813	1603	994011	71646967	72.02
3	0.001250	993210	1242	992589	70652956	71.14
4	0.001000	991968	992	991472	69660367	70.22
5	0.000821	990976	814	990570	68668894	69.29
6	0.000690	990163	683	989821	67678325	68.35
7	0.000593	989480	587	989186	66688504	67.40
8	0.000520	988893	514	988636	65699317	66.44
9	0.000468	988379	463	988147	64710682	65.47
10	0.000437	987916	432	987700	63722534	64.50
11	0.000432	987484	427	987271	62734834	63.53
12	0.000458	987058	452	986832	61747563	62.56
13	0.000516	986606	509	986351	60760731	61.59
14	0.000603	986097	595	985799	59774380	60.62
15	0.000706	985502	696	985154	58788581	59.65
16	0.000812	984806	800	984406	57803427	58.70
17	0.000907	984007	892	983560	56819020	57.74
18	0.000981	983114	964	982632	55835460	56.79
19	0.001028	982150	1010	981645	54852828	55.85
20	0.001049	981140	1029	980625	53871183	54.91
21	0.001048	980111	1027	979597	52890558	53.96
22	0.001030	979084	1008	978579	51910961	53.02
23	0.001003	978075	981	977585	50932381	52.07
24	0.000972	977094	950	976619	49954797	51.13
25	0.000945	976144	922	975683	48978178	50.18
26	0.000925	975222	902	974771	48002494	49.22
27	0.000915	974320	892	973874	47027723	48.27
28	0.000918	973428	894	972982	46053849	47.31
29	0.000933	972535	907	972081	45080868	46.35
30	0.000963	971627	936	971160	44108788	45.40
31	0.001007	970692	977	970203	43137627	44.44
32	0.001064	969714	1032	969198	42167424	43.48
33	0.001136	968682	1100	968132	41198226	42.53

续表1

年龄	死亡率	生存人数	死亡人数	生存人年数		期望人数
(x)	q_x	l_x	d_x	L_x	T_x	$\mathring{e}_x$
34	0.001222	967582	1182	966991	40230094	41.58
35	0.001321	966400	1277	965761	39263103	40.63
36	0.001436	965123	1386	964430	38297341	39.68
37	0.001565	963737	1508	962983	37332911	38.74
38	0.001710	962229	1645	961406	36369928	37.80
39	0.001872	960583	1798	959684	35408522	36.86
40	0.002051	958785	1966	957802	34448838	35.93
41	0.002250	956819	2153	955742	33491036	35.00
42	0.002470	954666	2358	953487	32535294	34.08
43	0.002713	952308	2584	951016	31581807	33.16
44	0.002981	949724	2831	948309	30630791	32.25
45	0.003276	946893	3102	945342	29682482	31.35
46	0.003601	943791	3399	942092	28737140	30.45
47	0.003958	940393	3722	938532	27795048	29.56
48	0.004352	936670	4076	934632	26856516	28.67
49	0.004784	932594	4462	930363	25921884	27.80
50	0.005260	928133	4882	925692	24991521	26.93
51	0.005783	923251	5339	920581	24065829	26.07
52	0.006358	917911	5836	914993	23145248	25.22
53	0.006991	912075	6376	908887	22230255	24.37
54	0.007686	905699	6961	902218	21321368	23.54
55	0.008449	898738	7593	894941	20419149	22.72
56	0.009288	891144	8277	887006	19524208	21.91
57	0.010210	882867	9014	878360	18637202	21.11
58	0.011222	873853	9806	868950	17758842	20.32
59	0.012333	864047	10656	858719	16889892	19.55
60	0.013553	853391	11566	847608	16031173	18.79
61	0.014892	841825	12536	835556	15183565	18.04
62	0.016361	829288	13568	822504	14348009	17.30
63	0.017972	815720	14660	808390	13525504	16.58
64	0.019740	801060	15813	793154	12717114	15.88
65	0.021677	785247	17022	776736	11923961	15.18
66	0.023800	768225	18284	759084	11147224	14.51
67	0.026125	749942	19592	740146	10388141	13.85
68	0.028671	730349	20940	719879	9647995	13.21
69	0.031457	709410	22316	698252	8928116	12.59

续表 2

年龄	死亡率	生存人数	死亡人数	生存人年数		期望人数
(x)	q_x	l_x	d_x	L_x	T_x	$\mathring{e}_x$
70	0.034504	687094	23707	675240	8229864	11.98
71	0.037835	663386	25099	650837	7554624	11.39
72	0.041474	638287	26472	625051	6903788	10.82
73	0.045446	611815	27805	597912	6278737	10.26
74	0.049779	584010	29071	569474	5680825	9.73
75	0.054501	554939	30245	539816	5111350	9.21
76	0.059644	524694	31295	509047	4571534	8.71
77	0.065238	493399	32188	477305	4062487	8.23
78	0.071317	461211	32892	444765	3585182	7.77
79	0.077916	428319	33373	411632	3140418	7.33
80	0.085069	394946	33598	378147	2728786	6.91
81	0.092813	361348	33538	344579	2350639	6.51
82	0.101184	327810	33169	311226	2006060	6.12
83	0.110218	294641	32475	278404	1694834	5.75
84	0.119951	262166	31447	246443	1416430	5.40
85	0.130418	230719	30090	215674	1169987	5.07
86	0.141651	200629	28419	186420	954313	4.76
87	0.153681	172210	26465	158977	767893	4.46
88	0.166534	145745	24271	133609	608916	4.18
89	0.180233	121473	21893	110526	475307	3.91
90	0.194795	99580	19398	89881	364781	3.66
91	0.210233	80182	16857	71754	274900	3.43
92	0.226550	63325	14346	56152	203146	3.21
93	0.243742	48979	11938	43010	146994	3.00
94	0.261797	37041	9697	32192	103985	2.81
95	0.280694	27344	7675	23506	71793	2.63
96	0.300399	19668	5908	16714	48287	2.46
97	0.320871	13760	4415	11552	31573	2.29
98	0.342055	9345	3196	7747	20020	2.14
99	0.363889	6148	2237	5030	12274	2.00
100	0.386299	3911	1511	3156	7244	1.85
101	0.409200	2400	982	1909	4088	1.70
102	0.432503	1418	613	1111	2179	1.54
103	0.456108	805	367	621	1068	1.33
104	0.479911	438	210	333	446	1.02
105	1.000000	228	228	114	114	0.50

表 2 中国人寿保险业经验生命表(1990—1993 年)(女)

年龄	死亡率	生存人数	死亡人数	生存人年数		期望人数
(x)	q_x	l_x	d_x	L_x	T_x	$\mathring{e}_x$
0	0.002765	1000000	2765	998618	77762282	77.76
1	0.001859	997235	1854	996308	76763665	76.98
2	0.001314	995381	1308	994727	75767357	76.12
3	0.000966	994073	960	993593	74772630	75.22
4	0.000734	993113	729	992748	73779037	74.29
5	0.000573	992384	569	992100	72786288	73.34
6	0.000458	991815	454	991588	71794189	72.39
7	0.000375	991361	372	991175	70802600	71.42
8	0.000315	990989	312	990833	69811425	70.45
9	0.000274	990677	271	990541	68820592	69.47
10	0.000249	990406	247	990282	67830050	68.49
11	0.000240	990159	238	990040	66839768	67.50
12	0.000248	989921	246	989799	65849728	66.52
13	0.000269	989676	266	989543	64859929	65.54
14	0.000302	989410	299	989260	63870386	64.55
15	0.000341	989111	337	988942	62881126	63.57
16	0.000382	988774	378	988585	61892183	62.59
17	0.000421	988396	416	988188	60903599	61.62
18	0.000454	987980	449	987756	59915411	60.64
19	0.000481	987531	475	987294	58927655	59.67
20	0.000500	987056	494	986810	57940361	58.70
21	0.000511	986563	504	986311	56953552	57.73
22	0.000517	986059	510	985804	55967241	56.76
23	0.000519	985549	511	985293	54981437	55.79
24	0.000519	985037	511	984782	53996144	54.82
25	0.000519	984526	511	984271	53011362	53.84
26	0.000520	984015	512	983759	52027092	52.87
27	0.000525	983503	516	983245	51043333	51.90
28	0.000533	982987	524	982725	50060087	50.93
29	0.000546	982463	536	982195	49077362	49.95
30	0.000566	981927	556	981649	48095167	48.98
31	0.000592	981371	581	981081	47113518	48.01
32	0.000625	980790	613	980484	46132438	47.04
33	0.000666	980177	653	979851	45151954	46.07

续表 1

年龄 (x)	死亡率 q_x	生存人数 l_x	死亡人数 d_x	生存人年数 L_x	T_x	期望人数 $\mathring{e}_x$
34	0.000714	979524	699	979175	44172104	45.10
35	0.000772	978825	756	978447	43192929	44.13
36	0.000838	978069	820	977659	42214482	43.16
37	0.000914	977250	893	976803	41236823	42.20
38	0.001001	976356	977	975868	40260020	41.23
39	0.001098	975379	1071	974844	39284152	40.28
40	0.001208	974308	1177	973720	38309308	39.32
41	0.001331	973131	1295	972483	37335589	38.37
42	0.001468	971836	1427	971123	36363105	37.42
43	0.001620	970409	1572	969623	35391983	36.47
44	0.001790	968837	1734	967970	34422360	35.53
45	0.001979	967103	1914	966146	33454390	34.59
46	0.002188	965189	2112	964133	32488244	33.66
47	0.002420	963077	2331	961912	31524111	32.73
48	0.002677	960747	2572	959461	30562199	31.81
49	0.002962	958175	2838	956756	29602738	30.89
50	0.003277	955337	3131	953771	28645982	29.99
51	0.003627	952206	3454	950479	27692211	29.08
52	0.004014	948752	3808	946848	26741732	28.19
53	0.004442	944944	4197	942845	25794884	27.30
54	0.004916	940746	4625	938434	24852039	26.42
55	0.005440	936122	5093	933576	23913605	25.55
56	0.006020	931029	5605	928227	22980029	24.68
57	0.006661	925424	6164	922342	22051802	23.83
58	0.007370	919260	6775	915873	21129460	22.99
59	0.008154	912485	7440	908765	20213587	22.15
60	0.009022	905045	8165	900962	19304822	21.33
61	0.009980	896880	8951	892404	18403860	20.52
62	0.011039	887929	9802	883028	17511456	19.72
63	0.012209	878127	10721	872766	16628428	18.94
64	0.013502	867406	11712	861550	15755662	18.16
65	0.014929	855694	12775	849307	14894112	17.41
66	0.016505	842919	13912	835963	14044805	16.66
67	0.018244	829007	15124	821445	13208842	15.93
68	0.020162	813883	16410	805678	12387397	15.22
69	0.022278	797473	17766	788590	11581719	14.52

续表 2

年龄 (x)	死亡率 q_x	生存人数 l_x	死亡人数 d_x	生存人年数 L_x	T_x	期望人数 $\mathring{e}_x$
70	0.024610	779707	19189	770113	10793129	13.84
71	0.027180	760518	20671	750183	10023016	13.18
72	0.030009	739848	22202	728747	9272833	12.53
73	0.033123	717645	23771	705760	8544086	11.91
74	0.036549	693875	25360	681195	7838326	11.30
75	0.040313	668514	26950	655040	7157132	10.71
76	0.044447	641565	28516	627307	6502092	10.13
77	0.048984	613049	30030	598034	5874785	9.58
78	0.053958	583019	31459	567290	5276751	9.05
79	0.059405	551561	32765	535178	4709461	8.54
80	0.065364	518795	33911	501840	4174283	8.05
81	0.071876	484885	34852	467459	3672443	7.57
82	0.078981	450033	35544	432261	3204984	7.12
83	0.086722	414489	35945	396517	2772722	6.69
84	0.095145	378544	36017	360536	2376206	6.28
85	0.104291	342527	35723	324666	2015670	5.88
86	0.114207	306805	35039	289285	1691004	5.51
87	0.124933	271766	33952	254789	1401719	5.16
88	0.136511	237813	32464	221581	1146930	4.82
89	0.148980	205349	30593	190053	925349	4.51
90	0.162374	174756	28376	160568	735296	4.21
91	0.176721	146380	25868	133446	574728	3.93
92	0.192046	120512	23144	108940	441282	3.66
93	0.208364	97368	20288	87224	332342	3.41
94	0.225680	77080	17395	68382	245118	3.18
95	0.243992	59685	14563	52403	176736	2.96
96	0.263285	45122	11880	39182	124333	2.76
97	0.283531	33242	9425	28529	85151	2.56
98	0.304690	23817	7257	20189	56621	2.38
99	0.326708	16560	5410	13855	36433	2.20
100	0.349518	11150	3897	9201	22578	2.02
101	0.373037	7253	2706	5900	13376	1.84
102	0.397173	4547	1806	3644	7476	1.64
103	0.421820	2741	1156	2163	3832	1.40
104	0.446863	1585	708	1231	1669	1.05
105	1.000000	877	877	438	438	0.50

表 3　中国人寿保险业经验生命表(1990—1993 年)(混合)

年龄	死亡率	生存人数	死亡人数	生存人年数		期望人数
(x)	q_x	l_x	d_x	L_x	T_x	$\mathring{e}_x$
0	0.002909	1000000	2909	998546	75673158	75.67
1	0.002016	997091	2010	996086	74674612	74.89
2	0.001470	995081	1463	994349	73678526	74.05
3	0.001114	993618	1107	993065	72684177	73.15
4	0.000872	992511	865	992078	71691112	72.23
5	0.000702	991646	696	991298	70699034	71.29
6	0.000579	990950	574	990663	69707736	70.34
7	0.000489	990376	484	990134	68717074	69.38
8	0.000421	989892	417	989683	67726940	68.42
9	0.000374	989475	370	989290	66737257	67.45
10	0.000346	989105	342	988934	65747967	66.47
11	0.000339	988763	335	988595	64759033	65.50
12	0.000356	988427	352	988251	63770438	64.52
13	0.000396	988075	391	987880	62782187	63.54
14	0.000457	987684	451	987458	61794307	62.56
15	0.000529	987233	522	986972	60806849	61.60
16	0.000602	986711	594	986414	59819877	60.63
17	0.000670	986117	661	985786	58833463	59.66
18	0.000724	985456	713	985099	57847677	58.70
19	0.000762	984742	750	984367	56862578	57.74
20	0.000778	983992	766	983609	55878211	56.79
21	0.000784	983226	771	982841	54894602	55.83
22	0.000780	982456	766	982072	53911761	54.87
23	0.000767	981689	753	981313	52929688	53.92
24	0.000752	980936	738	980568	51948375	52.96
25	0.000738	980199	723	979837	50967808	52.00
26	0.000728	979475	713	979119	49987971	51.04
27	0.000727	978762	712	978406	49008852	50.07
28	0.000730	978051	714	977694	48030466	49.11
29	0.000743	977337	726	976974	47052752	48.14
30	0.000773	976611	755	976233	46075779	47.18
31	0.000809	975856	789	975461	45099545	46.22
32	0.000855	975066	834	974649	44124085	45.25
33	0.000910	974232	887	973789	43149435	44.29

续表1

年龄 (x)	死亡率 q_x	生存人数 l_x	死亡人数 d_x	生存人年数 L_x	生存人年数 T_x	期望人数 $\mathring{e}_x$
34	0.000976	973346	950	972871	42175646	43.33
35	0.001057	972396	1028	971882	41202775	42.37
36	0.001146	971368	1113	970812	40230893	41.42
37	0.001249	970255	1212	969649	39260082	40.46
38	0.001366	969043	1324	968381	38290433	39.51
39	0.001497	967716	1449	966995	37322051	38.57
40	0.001650	966271	1594	965474	36355056	37.62
41	0.001812	964676	1748	963802	35389583	36.69
42	0.001993	962928	1919	961969	34425781	35.75
43	0.002193	961009	2107	959955	33463812	34.82
44	0.002409	958902	2310	957747	32503856	33.90
45	0.002658	956592	2543	955320	31546110	32.98
46	0.002933	954049	2798	952650	30590789	32.06
47	0.003231	951251	3073	949714	29638139	31.16
48	0.003558	948177	3374	946491	28688425	30.26
49	0.003925	944804	3708	942950	27741935	29.36
50	0.004322	941095	4067	939062	26798985	28.48
51	0.004770	937028	4470	934793	25859923	27.60
52	0.005263	932558	4908	930104	24925130	26.73
53	0.005790	927650	5371	924965	23995026	25.87
54	0.006367	922279	5872	919343	23070061	25.01
55	0.007005	916407	6419	913197	22150718	24.17
56	0.007735	909988	7039	906468	21237520	23.34
57	0.008524	902949	7697	899101	20311052	22.52
58	0.009386	895252	8403	891051	19431952	21.71
59	0.010349	886849	9178	882260	18540901	20.91
60	0.011378	877671	9986	872678	17658640	20.12
61	0.012508	867685	10853	862259	16785962	19.35
62	0.013779	856832	11806	850929	15923704	18.58
63	0.015167	845026	12817	838618	15072775	17.84
64	0.016672	832209	13875	825272	14234157	17.10
65	0.018275	818335	14955	810858	13408885	16.39
66	0.020107	803380	16154	795303	12598028	15.68
67	0.022111	787226	17406	778523	11802725	14.99
68	0.024315	769820	18718	760461	11024202	14.32
69	0.026701	754102	20055	741074	10263741	13.66

续表 2

年龄 (x)	死亡率 q_x	生存人数 l_x	死亡人数 d_x	生存人年数 L_x	生存人年数 T_x	期望人数 $\mathring{e}_x$
70	0.029296	731046	21417	720338	9522667	13.03
71	0.032152	709630	22816	698222	8802329	12.40
72	0.035305	686814	24248	674690	8104107	11.80
73	0.038746	662566	25672	649730	7429417	11.21
74	0.042465	636894	27046	623371	6779688	10.64
75	0.046582	609848	28408	595644	6156316	10.09
76	0.051078	581440	29699	566591	5560672	9.56
77	0.055926	551742	30857	536313	4994081	9.05
78	0.061236	520885	31897	504936	4457768	8.56
79	0.066958	488988	32742	472617	3952832	8.08
80	0.073092	456246	33348	439572	3480215	7.63
81	0.079823	422898	33757	406020	3040642	7.19
82	0.087192	389141	33930	372176	2634622	6.77
83	0.095102	355211	33781	338321	2262446	6.37
84	0.103653	321430	33317	304771	1924126	5.99
85	0.112976	288113	32550	271838	1619354	5.62
86	0.123047	255563	31446	239840	1347516	5.27
87	0.133927	224117	30015	209109	1107676	4.94
88	0.145631	194101	28267	179968	898567	4.63
89	0.158079	165834	26215	152727	718599	4.33
90	0.171599	139619	23959	127640	565873	4.05
91	0.185702	115661	21478	104922	438233	3.79
92	0.200967	94182	18928	84719	333311	3.54
93	0.217252	75255	16349	67080	248592	3.30
94	0.234450	58906	13810	52000	181512	3.08
95	0.253233	45095	11420	39385	129512	2.87
96	0.272344	33676	9171	29090	90127	2.68
97	0.292664	24504	7172	20918	61037	2.49
98	0.314651	17333	5454	14606	40118	2.31
99	0.336441	11879	3997	9881	25512	2.15
100	0.358080	7882	2823	6471	15632	1.98
101	0.381455	5060	1930	4095	9161	1.81
102	0.405397	3130	1269	2495	5066	1.62
103	0.429801	1861	800	1461	2570	1.38
104	0.454556	1061	482	820	1109	1.05
105	1.000000	579	579	289	289	0.50

表 4 中国人寿保险业经验生命表(1990—1993 年)养老金业务(男)

年龄	死亡概率	生存人数	死亡人数	生存人年数		期望人数
(x)	q_x	l_x	d_x	L_x	T_x	$\mathring{e}_x$
0	0.002733	1000000	2733	998633	74911910	74.91
1	0.001941	997267	1936	996299	73913277	74.12
2	0.001450	995331	1443	994609	72916978	73.26
3	0.001125	993888	1118	993329	71922369	72.36
4	0.000900	992769	893	992323	70929041	71.45
5	0.000739	991876	733	991510	69936718	70.51
6	0.000621	991143	615	990835	68945209	69.56
7	0.000534	990528	529	990263	67954373	68.60
8	0.000468	989999	463	989767	66964110	67.64
9	0.000421	989536	417	989327	65974343	66.67
10	0.000393	989119	389	988924	64985016	65.70
11	0.000389	988730	384	988538	63996091	64.73
12	0.000412	988345	407	988142	63007554	63.75
13	0.000464	987938	459	987709	62019412	62.78
14	0.000543	987479	536	987211	61031703	61.81
15	0.000635	986943	627	986630	60044492	60.84
16	0.000731	986316	721	985956	59057862	59.88
17	0.000816	985595	805	985193	58071907	58.92
18	0.000883	984791	869	984356	57086714	57.97
19	0.000925	983921	910	983466	56102358	57.02
20	0.000944	983011	928	982547	55118891	56.07
21	0.000943	982083	926	981620	54136344	55.12
22	0.000927	981157	910	980702	53154725	54.18
23	0.000903	980247	885	979805	52174023	53.23
24	0.000875	979362	857	978934	51194218	52.27
25	0.000851	978506	832	978089	50215284	51.32
26	0.000833	977673	814	977266	49237195	50.36
27	0.000824	976859	804	976457	48259928	49.40
28	0.000826	976055	806	975652	47283471	48.44
29	0.000840	975249	819	974839	46307819	47.48
30	0.000867	974430	845	974007	45332980	46.52
31	0.000906	973585	882	973144	44358973	45.56
32	0.000958	972703	931	972237	43385829	44.60
33	0.001022	971771	994	971274	42413592	43.65

续表 1

年龄 (x)	死亡概率 q_x	生存人数 l_x	死亡人数 d_x	生存人年数 L_x	生存人年数 T_x	期望人数 $\mathring{e}_x$
34	0.001100	970778	1068	970244	41442318	42.69
35	0.001189	969710	1153	969134	40472074	41.74
36	0.001292	968557	1252	967931	39502940	40.79
37	0.001409	967305	1362	966624	38535009	39.84
38	0.001539	965943	1487	965200	37568385	38.89
39	0.001685	964456	1625	963644	36603185	37.95
40	0.001846	962831	1777	961943	35639541	37.02
41	0.002025	961054	1946	960081	34677598	36.08
42	0.002223	959108	2132	958042	33717517	35.16
43	0.002442	956976	2337	955808	32759475	34.23
44	0.002683	954639	2561	953359	31803668	33.31
45	0.002948	952078	2807	950675	30850309	32.40
46	0.003241	949271	3076	947733	29899634	31.50
47	0.003562	946194	3371	944509	28951902	30.60
48	0.003917	942824	3693	940978	28007392	29.71
49	0.004306	939131	4044	937109	27066415	28.82
50	0.004734	935088	4427	932874	26129306	27.94
51	0.005205	930661	4844	928239	25196431	27.07
52	0.005722	925817	5298	923168	24268192	26.21
53	0.006292	920519	5792	917623	23345024	25.36
54	0.006917	914728	6328	911564	22427401	24.52
55	0.007604	908400	6908	904946	21515837	23.69
56	0.008359	901492	7536	897725	20610891	22.86
57	0.009189	893957	8215	889849	19713166	22.05
58	0.010100	885742	8946	881269	18823317	21.25
59	0.011100	876796	9732	871930	17942048	20.46
60	0.012198	867064	10576	861776	17070118	19.69
61	0.013403	856488	11479	850748	16208342	18.92
62	0.014725	845009	12443	838787	15357593	18.17
63	0.016175	832566	13467	825833	14518806	17.44
64	0.017766	819099	14552	811823	13692973	16.72
65	0.019509	804547	15696	796699	12881150	16.01
66	0.021420	788851	16897	780402	12084451	15.32
67	0.023513	771954	18151	762879	11304049	14.64
68	0.025804	753803	19451	744078	10541170	13.98
69	0.028311	734352	20790	723957	9797092	13.34

续表 2

年龄 (x)	死亡概率 q_x	生存人数 l_x	死亡人数 d_x	生存人年数 L_x	T_x	期望人数 $\mathring{e}_x$
70	0.031054	713562	22159	702482	9073135	12.72
71	0.034052	691403	23543	679631	8370653	12.11
72	0.037327	667860	24929	655395	7691021	11.52
73	0.040901	642931	26297	629782	7035626	10.94
74	0.044801	616634	27626	602821	6405843	10.39
75	0.049051	589008	28891	574563	5803022	9.85
76	0.053680	560117	30067	545083	5228460	9.33
77	0.058714	530050	31121	514489	4683376	8.84
78	0.064185	498929	32024	482917	4168887	8.36
79	0.070124	466905	32741	450534	3685971	7.89
80	0.076562	434163	33240	417543	3235437	7.45
81	0.083532	400923	33490	384178	2817894	7.03
82	0.091066	367433	33461	350703	2433716	6.62
83	0.099196	333973	33129	317408	2083013	6.24
84	0.107956	300844	32478	284605	1765605	5.87
85	0.117376	268366	31500	252616	1481000	5.52
86	0.127486	236866	30197	221768	1228384	5.19
87	0.138313	206669	28585	192377	1006617	4.87
88	0.149881	178084	26691	164738	814240	4.57
89	0.162210	151393	24557	139114	649502	4.29
90	0.175316	126835	22236	115717	510388	4.02
91	0.189210	104599	19791	94704	394671	3.77
92	0.203895	84808	17292	76162	299967	3.54
93	0.219368	67516	14811	60111	223805	3.31
94	0.235617	52705	12418	46496	163694	3.11
95	0.252625	40287	10177	35198	117198	2.91
96	0.270359	30109	8140	26039	82000	2.72
97	0.288784	21969	6344	18797	55961	2.55
98	0.307850	15625	4810	13220	37164	2.38
99	0.327500	10815	3542	9044	23944	2.21
100	0.347669	7273	2529	6009	14900	2.05
101	0.368280	4744	1747	3871	8892	1.87
102	0.389253	2997	1167	2414	5021	1.68
103	0.410497	1830	751	1455	2607	1.42
104	0.431920	1079	466	846	1153	1.07
105	1.000000	613	613	306	306	0.50

表 5　中国人寿保险经验生命表(1990—1993 年)养老金业务(女)

年龄	死亡概率	生存人数	死亡人数	生存人年数		期望人数
(x)	q_x	l_x	d_x	L_x	T_x	$\mathring{e}_x$
0	0.002489	1000000	2489	998756	78937766	78.94
1	0.001673	997512	1669	996677	77939010	78.13
2	0.001183	995843	1178	995254	76942333	77.26
3	0.000869	994665	865	994232	75947079	76.35
4	0.000661	993800	657	993472	74952847	75.42
5	0.000516	993144	512	992888	73959375	74.47
6	0.000412	992631	409	992427	72966487	73.51
7	0.000338	992222	335	992055	71974060	72.54
8	0.000284	991887	281	991747	70982005	71.56
9	0.000247	991606	245	991484	69990259	70.58
10	0.000224	991362	222	991251	68998775	69.60
11	0.000216	991140	214	991032	68007524	68.62
12	0.000223	990925	221	990815	67016492	67.63
13	0.000242	990704	240	990584	66025677	66.65
14	0.000272	990464	269	990330	65035092	65.66
15	0.000307	990195	304	990043	64044763	64.68
16	0.000344	989891	340	989721	63054720	63.70
17	0.000379	989551	375	989364	62064999	62.72
18	0.000409	989176	404	988974	61075635	61.74
19	0.000433	988772	428	988558	60086661	60.77
20	0.000450	988344	445	988121	59098103	59.80
21	0.000460	987899	454	983672	58109982	58.82
22	0.000465	978445	459	987215	57122310	57.85
23	0.000467	986985	461	986755	56135095	56.88
24	0.000467	986524	461	986294	55148340	55.90
25	0.000467	986063	461	985833	54162046	54.93
26	0.000468	985603	461	985372	53176213	53.95
27	0.000473	985142	465	984909	52190840	52.98
28	0.000480	984676	472	984440	51205932	52.00
29	0.000491	984204	484	983962	50221492	51.03
30	0.000509	983720	501	983470	49237530	50.05
31	0.000533	983219	524	982957	48254060	49.08
32	0.000563	982695	553	982419	47271103	48.10
33	0.000599	982142	589	981848	46288684	47.13

续表 1

年龄 (x)	死亡概率 q_x	生存人数 l_x	死亡人数 d_x	生存人年数 L_x	T_x	期望人数 $\mathring{e}_x$
34	0.000643	981554	631	981238	45306836	46.16
35	0.000695	980923	682	980582	44325598	45.19
36	0.000754	980241	739	979872	43345016	44.22
37	0.000823	979502	806	979099	42365144	43.25
38	0.000901	978696	882	978256	41386045	42.29
39	0.000988	977815	966	977332	40407789	41.32
40	0.001087	976848	1062	976317	39430458	40.36
41	0.001198	975786	1169	975202	38454140	39.41
42	0.001321	974617	1288	973974	37478938	38.46
43	0.001458	973330	1419	972620	36504965	37.51
44	0.001611	971911	1566	971128	35532344	36.56
45	0.001781	970345	1728	969481	34561217	35.62
46	0.001969	968617	1907	967663	33591736	34.68
47	0.002178	966709	2105	965657	32624073	33.75
48	0.002409	964604	2324	963442	31658416	32.82
49	0.002666	962280	2565	960997	30694975	31.90
50	0.002949	959715	2830	958299	29733977	30.98
51	0.003264	956884	3124	955322	28775678	30.07
52	0.003613	953760	3446	952038	27820356	29.17
53	0.003998	950315	3799	948415	26868318	28.27
54	0.004424	946516	4188	944422	25919903	27.38
55	0.004896	942328	4614	940021	24975481	26.50
56	0.005418	937714	5081	935174	24035460	25.63
57	0.005995	932634	5591	929838	23100286	24.77
58	0.006633	927043	6149	923968	22170448	23.92
59	0.007339	920894	6758	917515	21246479	23.07
60	0.008120	914136	7423	910424	20328965	22.24
61	0.008982	906713	8144	902641	19418540	21.42
62	0.009935	898569	8927	894105	18515899	20.61
63	0.010988	889642	9775	884754	17621794	19.81
64	0.012152	879866	10692	874520	16737040	19.02
65	0.013436	869174	11678	863335	15862520	18.25
66	0.014855	857496	12738	851127	14999185	17.49
67	0.016420	844758	13871	837823	14148058	16.75
68	0.018146	830888	15077	823349	13310236	16.02
69	0.020050	815810	16357	807632	12486887	15.31

续表 2

年龄 (x)	死亡概率 q_x	生存人数 l_x	死亡人数 d_x	生存人年数 L_x	生存人年数 T_x	期望人数 $\mathring{e}_x$
70	0.022149	799453	17707	790600	11679255	14.61
71	0.024462	781746	19123	772185	10888655	13.93
72	0.027008	762623	20579	752325	10116470	13.27
73	0.029811	742026	22120	730966	9364146	12.62
74	0.032892	719906	23681	708065	8633180	11.99
75	0.036282	696225	25260	683595	7925114	11.38
76	0.040002	670965	26840	657545	7241519	10.79
77	0.044086	644125	28397	629926	6583975	10.22
78	0.048562	615728	29901	600778	5954048	9.67
79	0.053465	585827	31321	570167	5353271	9.14
80	0.058828	554506	32620	538196	4783104	8.63
81	0.064688	521886	33760	505006	4244908	8.13
82	0.071083	488126	34697	470777	3739902	7.66
83	0.078050	453428	35390	435733	3269125	7.21
84	0.085631	418038	35797	400140	2833392	6.78
85	0.093862	382242	35878	364303	2433252	6.37
86	0.102786	346364	35601	328563	2068949	5.97
87	0.112440	310762	34942	293291	1740386	5.60
88	0.122860	275820	33887	258877	1447095	5.25
89	0.134082	241933	32439	225714	1188218	4.91
90	0.146137	209494	30615	194187	962505	4.59
91	0.159049	178879	28451	164654	768318	4.30
92	0.172841	150429	26000	137429	603664	4.01
93	0.187528	124428	23334	112762	466235	3.75
94	0.203112	101095	20534	90828	353474	3.50
95	0.219593	80561	17691	71716	262646	3.26
96	0.236967	62871	14898	55422	190930	3.04
97	0.255178	47973	12242	41852	135508	2.82
98	0.274221	35731	9798	30832	93656	2.62
99	0.294037	25933	7625	22120	62824	2.42
100	0.314566	18308	5759	15428	40704	2.22
101	0.335733	12549	4213	10442	25275	2.01
102	0.357455	8336	2980	6846	14833	1.78
103	0.379638	5356	2033	4339	7987	1.49
104	0.402177	3323	1336	2655	3648	1.10
105	1.000000	1986	1986	993	993	0.50

表 6　中国人寿保险经验生命表(1990－1993 年)养老金业务混合表

年龄 (x)	死亡概率 q_x	生存人数 l_x	死亡人数 d_x	生存人年数 L_x	生存人年数 T_x	期望人数 $\mathring{e}_x$
0	0.002618	1000000	2618	998691	76917527	76.92
1	0.001814	997382	1810	996477	75918836	76.12
2	0.001323	995572	1317	994914	74922359	75.26
3	0.001003	994255	997	993757	73927446	74.35
4	0.000785	993258	780	992869	72933689	73.43
5	0.000632	992479	627	992165	71940821	72.49
6	0.000521	991852	517	991593	70948655	71.53
7	0.000440	991335	436	991117	69957062	70.57
8	0.000379	990899	375	990711	68965945	69.60
9	0.000337	990523	333	990356	67975234	68.63
10	0.000311	990190	308	990036	66984877	67.65
11	0.000305	989881	302	989730	65994842	66.67
12	0.000320	989579	317	989421	65005112	65.69
13	0.000356	989262	353	989086	64015691	64.71
14	0.000411	988910	407	988706	63026605	63.73
15	0.000476	988503	471	988268	62037899	62.76
16	0.000542	988032	535	987765	61049631	61.79
17	0.000603	987497	595	987199	60061867	60.82
18	0.000652	986902	643	986580	59074667	59.86
19	0.000686	986259	676	985920	58088087	58.90
20	0.000700	985582	690	985237	57102166	57.94
21	0.000706	984892	695	984545	56116929	56.98
22	0.000702	984197	691	983852	55132385	56.02
23	0.000690	983506	679	983167	54148533	55.06
24	0.000677	982827	665	982495	53165367	54.09
25	0.000664	982162	652	981836	52182872	53.13
26	0.000655	981510	643	981188	51201036	52.17
27	0.000654	980867	642	980546	50219848	51.20
28	0.000657	980225	644	979903	49239302	50.23
29	0.000669	979581	655	979253	48259399	49.27
30	0.000696	978926	681	978585	47280145	48.30
31	0.000728	978245	712	977889	46301560	47.33
32	0.000770	977533	752	977156	45323671	46.37
33	0.000819	976780	800	976380	44346514	45.40

续表 1

年龄	死亡概率	生存人数	死亡人数	生存人年数		期望人数
(x)	q_x	l_x	d_x	L_x	T_x	$\mathring{e}_x$
34	0.000878	975980	857	975552	43370134	44.44
35	0.000951	975123	928	974659	42394583	43.48
36	0.001031	974195	1005	973693	41419924	42.52
37	0.001124	973191	1094	972644	40446231	41.56
38	0.001229	972097	1195	971499	39473587	40.61
39	0.001347	970902	1308	970247	38502087	39.66
40	0.001485	969593	1440	968874	37531840	38.71
41	0.001631	968154	1579	967364	36562966	37.77
42	0.001794	966575	1734	965708	35595602	36.83
43	0.001974	964841	1904	963889	34629894	35.89
44	0.002168	962937	2088	961893	33666005	34.96
45	0.002393	960849	2299	959700	32704112	34.04
46	0.002640	958550	2530	957285	31744412	33.12
47	0.002908	956020	2780	954630	30787127	32.20
48	0.003202	953240	3052	951714	29832497	31.30
49	0.003533	950188	3357	948509	28880783	30.39
50	0.003890	946831	3683	944990	27932274	29.50
51	0.004293	943148	4049	941124	26987284	28.61
52	0.004737	939000	4448	936875	26046210	27.74
53	0.005211	934651	4870	932216	25109385	26.86
54	0.005730	929780	5328	927117	24177169	26.00
55	0.006305	924453	5828	921538	23250053	25.15
56	0.006962	918624	6395	915427	22328514	24.31
57	0.007672	912229	6998	908730	21413088	23.47
58	0.008447	905231	7647	901408	20504358	22.65
59	0.009314	897584	8360	893404	19602950	21.84
60	0.010240	889224	9106	884671	18709546	21.04
61	0.011257	880118	9908	875164	17824875	20.25
62	0.012401	870211	10792	864815	16949711	19.48
63	0.013650	859419	11731	853553	16084896	18.72
64	0.015005	847688	12719	841328	15231342	17.97
65	0.016448	834968	13733	828102	14390014	17.23
66	0.018096	821235	14861	813804	13561913	16.51
67	0.019900	806374	16047	798350	12748108	15.81
68	0.021884	790327	17295	781679	11949758	15.12
69	0.024031	773032	18577	763744	11168078	14.45

续表 2

年龄	死亡概率	生存人数	死亡人数	生存人年数		期望人数
(x)	q_x	l_x	d_x	L_x	T_x	$\mathring{e}_x$
70	0.026366	754455	19892	744509	10404335	13.79
71	0.028937	734563	21256	723935	9659826	13.15
72	0.031775	713307	22665	701975	8935891	12.53
73	0.034871	690642	24084	678600	8233916	11.92
74	0.038219	666558	25475	653821	7555316	11.33
75	0.041924	641084	26877	627645	6901495	10.77
76	0.045970	614207	28235	600089	6273850	10.21
77	0.050333	585972	29494	571225	5673760	9.68
78	0.055112	556478	30669	541143	5102535	9.17
79	0.060262	525809	31686	509966	4561392	8.67
80	0.065783	494123	32505	477870	4051426	8.20
81	0.071841	461618	33163	445036	3573555	7.74
82	0.078473	428455	33622	411644	3128519	7.30
83	0.085592	394833	33794	377936	2716875	6.88
84	0.093288	361038	33680	344198	2338939	6.48
85	0.101678	327358	33285	310715	1994741	6.09
86	0.110742	294073	32566	277790	1684026	5.73
87	0.120534	261506	31520	245746	1406236	5.38
88	0.131068	229986	30144	214914	1160490	5.05
89	0.142271	199842	28432	185626	945576	4.73
90	0.154439	171410	26472	158174	759950	4.43
91	0.167132	144938	24224	132826	601776	4.15
92	0.180870	120714	21834	109797	468950	3.88
93	0.195527	98881	19334	89214	359153	3.63
94	0.211005	79547	16785	71154	269939	3.39
95	0.227910	62762	14304	55610	198784	3.17
96	0.245110	48458	11878	42519	143174	2.95
97	0.263398	36580	9635	31763	100655	2.75
98	0.283186	26945	7631	23130	68893	2.56
99	0.302797	19315	5848	16391	45763	2.37
100	0.322272	13466	4340	11296	29372	2.18
101	0.343310	9126	3133	7560	18076	1.98
102	0.364857	5993	2187	4900	10517	1.75
103	0.388021	3807	1472	3070	5617	1.48
104	0.409100	2334	955	1857	2546	1.09
105	1.000000	1379	1379	690	690	0.50

表 7 多元衰减表

年龄	$I_x^{(r)}$	$d_x^{(d)}$	$d_x^{(w)}$	$d_x^{(i)}$	$d_x^{(r)}$	S_x
30	100000	100	19990	—	—	1.00
31	79910	80	14376	—	—	1.06
32	65454	72	9858	—	—	1.13
33	55524	61	5702	—	—	1.20
34	49761	60	3971	—	—	1.28
35	45730	64	2693	46	—	1.36
36	42927	64	1927	43	—	1.44
37	40893	65	1431	45	—	1.54
38	39352	71	1181	47	—	1.63
39	38053	72	989	49	—	1.74
40	36943	78	813	52	—	1.85
41	36000	83	720	54	—	1.96
42	35143	91	633	56	—	2.09
43	34363	96	550	58	—	2.22
44	33659	104	505	61	—	2.36
45	32989	112	462	66	—	2.51
46	32349	123	421	71	—	2.67
47	31734	133	413	79	—	2.84
48	31109	143	373	87	—	3.02
49	30506	156	336	95	—	3.21
50	29919	168	299	102	—	3.41
51	29350	182	293	112	—	3.63
52	28763	198	259	121	—	3.86
53	28185	209	251	132	—	4.10
54	27593	226	218	143	—	4.35
55	27006	240	213	157	—	4.62
56	26396	259	182	169	—	4.91
57	25786	276	178	183	—	5.21
58	25149	297	148	199	—	5.53
59	24505	316	120	213	—	5.86
60	23856	313	—	—	3552	6.21
61	19991	298	—	—	1587	6.56
62	18106	284	—	—	2692	6.93
63	15130	271	—	—	1350	7.31
64	13509	257	—	—	2006	7.70
65	11246	204	—	—	4448	8.08
66	6594	147	—	—	1302	8.48
67	5145	119	—	—	1522	8.91
68	3504	83	—	—	1381	9.35
69	2040	49	—	—	1004	9.82
70	987	17	—	—	970	10.31

表 8 中国人寿保险业经验生命表基数表(1990—1993 年)(男女混合)

利率:6%

年龄(x)	D_x	N_x	S_x	C_x	M_x	R_x
0	1000000.00	17183532.75	284752634.60	2744.3396	27347.2026	1065459.0970
1	940651.88	16183532.75	267569101.85	1789.0133	24602.8629	1038111.8943
2	885618.42	15242880.86	251385569.09	1228.1689	22813.8495	1013509.0314
3	834260.91	14357262.44	236142688.23	876.7609	21585.6806	990695.1818
4	786161.83	13523001.52	221785425.79	646.7293	20708.9196	969109.5011
5	741015.38	12736839.69	208262424.26	490.7479	20062.1902	948400.5815
6	698580.36	11995824.31	195525584.57	381.5830	19571.4423	928338.3912
7	658656.49	11297243.94	183529760.26	303.8519	19189.8593	908766.9489
8	621070.20	10638587.44	172232516.31	246.6703	18886.0073	889577.0896
9	585668.61	10017517.24	161593928.86	206.6415	18639.3370	870691.0822
10	552310.91	9431848.62	151576411.62	180.2826	18432.6954	852051.7451
11	520867.75	8879537.70	142144562.99	166.5794	18252.4128	833619.0496
12	491218.09	8358669.95	133265025.28	164.9751	18085.8334	815366.6367
13	463248.32	7867451.85	124906355.33	173.0625	17920.8583	797280.8033
14	436853.65	7404203.53	117038903.47	188.3416	17747.7957	779359.9449
15	411937.74	6967349.88	109634699.93	205.5802	17559.4541	761612.1492
16	388414.93	6555412.13	102667350.05	220.5903	17353.8738	744052.6591
17	366208.59	6166997.19	96111937.92	231.4714	17133.2835	726698.8212
18	345248.33	5800788.59	89944940.72	235.8111	16901.8120	709565.5377
19	325470.16	5455540.26	84144152.12	233.9700	16666.0009	692663.7257
20	306813.35	5130070.09	78688611.86	225.1894	16432.0308	675997.7247
21	289221.37	4823256.73	73558541.77	213.9146	16206.8414	659565.6939
22	272636.43	4534035.36	68735285.03	200.6192	15992.9267	643358.8525
23	257003.56	4261398.92	64201249.67	185.9639	15792.3074	627365.9258
24	242270.23	4004395.35	59939850.74	171.8747	15606.3435	611573.6183
25	228384.94	3762125.12	55935455.38	159.0076	15434.4688	595967.2747
26	215298.49	3533740.17	52173330.25	147.8653	15275.4612	580532.8059
27	202963.91	3318441.68	48639590.08	139.2026	15127.5958	565257.3447
28	191336.19	3115477.77	45321148.39	131.7692	14988.3932	550129.7488
29	180374.07	2924141.57	42205670.62	126.4320	14856.6239	535141.3556
30	170037.78	2743767.50	39281529.04	123.9992	14730.1919	520284.7317
31	160289.00	2573729.72	36537761.53	122.3337	14604.1926	505554.5397
32	151093.71	2413440.71	33964031.81	121.8727	14483.8589	490948.3470
33	142419.36	2262347.00	31550591.09	122.2656	14361.9861	476464.4881

续表 1

利率:6%

年龄(x)	D_x	N_x	S_x	C_x	M_x	R_x
34	134235.62	2119927.63	29288244.09	123.5980	14239.7204	462102.5020
35	126513.78	1985692.01	27168316.45	126.1557	14116.1223	447862.7815
36	119226.47	1859178.23	25182624.44	128.8995	13989.9666	433746.6591
37	112348.90	1739951.76	23323446.20	132.3809	13861.0670	419756.6925
38	105857.14	1627602.85	21583494.44	136.4159	13728.6861	405895.6254
39	99728.81	1521745.70	19955891.59	140.8434	13592.2702	392166.9392
40	93942.94	1422016.88	18434145.88	146.2319	13451.4268	378574.6689
41	88479.19	1328073.93	17012128.99	151.2493	13305.1948	365123.2421
42	83319.68	1239594.74	15684055.05	156.6567	13153.9455	351818.0472
43	78446.82	1156275.06	14444460.30	162.2961	12997.2888	338664.1017
44	73844.13	1077828.24	13288185.24	167.8212	12834.9926	325666.8129
45	69496.46	1003984.10	12210357.00	174.2656	12667.1714	312831.8202
46	65388.43	934487.64	11206372.89	180.9285	12492.9057	300164.6488
47	61506.27	869099.21	10271885.25	187.4780	12311.9772	287671.7430
48	57837.30	807592.93	9402786.04	194.1369	12124.4991	275359.7657
49	54369.36	749755.63	8595193.10	201.3205	11930.3622	263235.2666
50	51090.52	695386.27	7845437.47	208.3144	11729.0417	251304.9043
51	47990.29	644295.74	7150050.20	215.9563	11520.7273	239575.8626
52	45057.90	596305.44	6505755.46	223.7167	11304.7709	228055.1353
53	42283.74	551247.53	5909450.01	230.9649	11081.0542	216750.3643
54	39659.36	508963.79	5358202.48	238.2180	10850.0892	205669.3101
55	37176.27	469304.42	4849238.69	245.6790	10611.8711	194819.2209
56	34826.27	432128.15	4379934.26	254.1332	10366.1921	184207.3497
57	32600.84	397301.88	3947806.10	262.1599	10112.0588	173841.1576
58	30493.35	364701.03	3550504.22	270.0100	9849.8988	163729.0988
59	28497.30	334207.68	3185803.18	278.2251	9579.8888	153879.1999
60	26606.02	305710.37	2851595.50	285.5880	9301.6637	144299.3111
61	24814.43	279104.35	2545885.12	292.8103	9016.0756	134997.6473
62	23117.03	254289.91	2266780.77	300.4996	8723.2653	125981.5716
63	21508.02	231172.88	2012490.85	307.7473	8422.7657	117258.3063
64	19982.84	209664.85	1781317.97	314.2961	8115.0183	108835.5406
65	18537.44	189682.01	1571653.11	319.5959	7800.7222	100720.5222
66	17168.55	171144.57	1381971.09	325.6680	7481.1262	92919.8000
67	15871.08	153976.02	1210826.51	331.0617	7155.4581	85438.6738
68	14641.65	138104.94	1056850.49	335.8602	6824.3963	78283.2156
69	13477.02	123463.28	918745.55	339.4811	6488.5361	71458.8192

续表 2

利率:6%

年龄(x)	D_x	N_x	S_x	C_x	M_x	R_x
70	12374.69	109986.26	795282.26	343.0084	6149.0549	64970.2831
71	11332.22	97611.56	685296.00	343.7300	5807.0464	58821.2281
72	10347.05	86279.33	587684.43	344.6251	5463.3164	53014.1816
73	9416.74	75932.28	501405.09	344.2086	5118.6912	47550.8652
74	8539.51	66515.54	425472.81	342.1041	4774.4825	42432.1739
75	7714.04	57976.02	358957.27	338.9956	4432.3784	37657.6913
76	6938.40	50261.98	300981.24	334.3392	4093.3827	33225.3129
77	6211.32	43323.58	250719.25	327.7116	3759.0434	29131.9302
78	5532.02	37112.26	207395.67	319.5840	3431.3317	25372.8868
79	4899.30	31580.23	170283.40	309.4791	3111.7476	21941.5550
80	4312.50	26680.93	138703.16	297.3678	2802.2685	18829.8074
81	3771.03	22368.42	112022.23	283.9769	2504.9006	16027.5389
82	3273.60	18597.38	89653.81	269.2756	2220.9236	13522.6383
83	2819.03	15323.77	71056.43	252.9203	1951.6480	11301.7146
84	2406.54	12504.74	55732.65	235.3258	1698.7276	9350.0666
85	2034.99	10098.20	43227.91	216.8924	1463.4017	7651.3389
86	1702.91	8063.20	33129.71	197.6781	1246.5093	6187.9371
87	1408.84	6360.28	25066.50	178.0025	1048.8312	4941.4277
88	1151.09	4951.43	18706.22	158.1468	870.8286	3892.5965
89	927.79	3800.34	13754.78	138.3631	712.6818	3021.7678
90	736.91	2872.54	9954.44	119.2961	574.3186	2309.0860
91	575.90	2135.62	7081.89	100.8934	455.0224	1734.7674
92	442.41	1559.72	4946.26	83.8781	354.1289	1279.7449
93	333.49	1117.30	3386.54	68.3512	270.2507	925.6160
94	246.26	783.81	2269.23	54.4689	201.8995	655.3652
95	177.85	537.54	1485.42	42.4900	147.4305	453.4657
96	125.30	359.68	947.87	32.1931	104.9404	306.0352
97	86.01	234.38	588.18	23.7484	72.7473	201.0947
98	57.39	148.37	353.80	17.0378	48.9988	128.3474
99	37.11	90.97	205.42	11.7787	31.9609	79.3486
100	23.23	53.86	114.45	7.8477	20.1821	47.3876
101	14.06	30.63	60.58	5.0627	12.3344	27.2054
102	8.20	16.56	29.94	3.1396	7.2716	14.8710
103	4.60	8.35	13.38	1.8672	4.1320	7.5993
104	2.47	3.75	5.02	1.0622	2.2647	3.4673
105	1.27	1.27	1.27	1.2025	1.2025	1.2025

表 9　中国人寿保险业经验生命表(1990—1993 年)精算现值表(男女混合)

利率:6%

年龄(x)	$1000A_x$	$1000A_{xx}$	$1000A_{xxx}$	$\ddot{a}_x$	$\ddot{a}_{xx}$	$\ddot{a}_{xxx}$
0	27.3472	45.8880	62.3523	17.18353	16.85597	16.56510
1	26.1551	43.0821	57.8956	17.20459	16.90554	16.64384
2	25.7603	41.8075	55.6696	17.21156	16.92806	16.68317
3	25.8740	41.5000	54.8477	17.20955	16.93349	16.69768
4	26.3418	41.8564	54.9839	17.20129	16.92720	16.69528
5	27.0739	42.6990	55.8151	17.18836	16.91231	16.68059
6	28.0160	43.9191	57.1798	17.17171	16.89076	16.65648
7	29.1348	45.4492	58.9770	17.15195	16.86373	16.62473
8	30.4088	47.2446	61.1390	17.12944	16.83201	16.58654
9	31.8257	49.2789	63.6252	17.10441	16.79607	16.54262
10	33.3737	51.5263	66.3956	17.07706	16.75636	16.49367
11	35.0423	53.9634	69.4137	17.04758	16.71331	16.44035
12	36.8183	56.5616	72.6357	17.01620	16.66741	16.38343
13	38.6852	59.2857	76.0074	16.98322	16.61928	16.32386
14	40.6264	62.1001	79.4747	16.94893	16.56956	16.26261
15	42.6264	64.9717	82.9865	16.91359	16.51883	16.20057
16	44.6786	67.8841	86.5168	16.87734	16.46737	16.13820
17	46.7855	70.8388	90.0654	16.84012	16.41518	16.07550
18	48.9555	73.8485	93.6448	16.80178	16.36200	16.01220
19	51.2059	76.9433	97.3085	16.76202	16.30733	15.94754
20	53.5570	80.1586	101.0937	16.72049	16.25053	15.88067
21	56.0361	83.5427	105.0722	16.67669	16.19074	15.81039
22	58.6602	87.1244	109.2832	16.63033	16.12746	15.73599
23	61.4478	90.9343	113.7680	16.58108	16.06016	15.65676
24	64.4170	95.0026	118.5675	16.52803	15.98828	15.57197
25	67.5809	99.3487	123.7061	16.47273	15.91150	15.48119
26	70.9501	103.3876	129.2020	16.41321	15.82955	15.38409
27	74.5334	108.9299	135.0664	16.34990	15.74223	15.28049
28	78.3353	114.1782	141.2990	16.28274	15.64951	15.17038
29	82.3656	119.7442	147.9122	16.21154	15.55118	15.05355
30	86.6289	125.6300	154.9046	16.13622	15.44720	14.93001
31	91.1241	131.8262	162.2577	16.05680	15.33773	14.80011
32	95.8601	138.3421	169.9803	15.97313	15.22262	14.66368
33	100.8429	145.1815	178.0727	15.88510	15.10179	14.52071

续表 1

利率:6%

年龄(x)	$1000A_x$	$1000A_{xx}$	$1000A_{xxx}$	$\ddot{a}_x$	$\ddot{a}_{xx}$	$\ddot{a}_{xxx}$
34	106.0800	152.3504	186.5383	15.79258	14.97514	14.37115
35	111.5777	159.8523	195.3770	15.69545	14.84260	14.21500
36	117.3394	167.6848	204.5800	15.59366	14.70423	14.05241
37	123.3751	175.8581	214.1562	15.48703	14.55983	13.88324
38	129.6906	184.3734	224.1019	15.37546	14.40940	13.70753
39	136.2923	195.2332	234.4149	15.25883	14.25287	13.52533
40	143.1871	202.4411	245.0946	15.13702	14.09020	13.33666
41	150.3765	211.9893	256.1242	15.01001	13.92152	13.14180
42	157.8732	221.8914	267.5171	14.87757	13.74658	12.94053
43	165.6827	232.1472	279.2674	14.73960	13.56539	12.73294
44	173.8119	242.7584	291.3716	14.59598	13.37793	12.51910
45	182.2707	253.7328	303.8348	14.44655	13.18405	12.29891
46	191.0568	265.0550	316.6302	14.29132	12.98402	12.07286
47	200.1743	276.7217	329.7477	14.13025	12.77791	11.84112
48	209.6311	288.7363	343.1867	13.96318	12.56565	11.60370
49	219.4317	301.0959	356.9382	13.79003	12.34730	11.36075
50	229.5737	313.7855	370.9768	13.61086	12.12312	11.11274
51	240.0636	326.8061	385.2996	13.42554	11.89309	10.85970
52	250.8942	340.1343	399.8706	13.23420	11.65762	10.60228
53	262.0641	353.7580	414.6687	13.03686	11.41694	10.34083
54	273.5820	367.6824	429.7010	12.83338	11.17094	10.07528
55	285.4474	381.8975	444.9484	12.62376	10.91981	9.80591
56	297.6543	396.3843	460.3845	12.40810	10.66387	9.53320
57	310.1778	411.0922	475.9406	12.18685	10.40403	9.25838
58	323.0178	426.0141	491.6069	11.96001	10.14041	8.98160
59	336.1682	441.1332	507.3614	11.72769	9.87331	8.70328
60	349.6074	456.4081	523.1511	11.49026	9.60345	8.42433
61	363.3399	471.8422	538.9821	11.24766	9.33078	8.14464
62	377.3522	487.4100	554.8244	11.00010	9.05575	7.86476
63	391.6104	503.0541	570.6075	10.74821	8.77937	7.58593
64	406.0993	518.7498	586.3044	10.49224	8.50208	7.30862
65	420.8090	534.4820	601.9015	10.23237	3.22415	7.03307
66	435.7458	550.2632	617.4218	9.96849	7.94534	6.75888
67	450.8487	566.0017	632.7570	9.70167	7.66730	6.48795
68	466.0945	581.6668	647.8778	9.43232	7.39055	6.22082
69	481.4517	597.2176	662.7425	9.16101	7.11582	5.95821

续表 2

利率:6%

年龄(x)	$1000A_x$	$1000A_{xx}$	$1000A_{xxx}$	$\ddot{a}_x$	$\ddot{a}_{xx}$	$\ddot{a}_{xxx}$
70	496.9056	612.6411	677.3455	8.88799	6.84333	5.70022
71	512.4363	627.9179	691.6742	8.61362	6.57344	5.14708
72	528.0070	643.0059	705.6896	8.33854	6.30689	5.19948
73	543.5733	657.8537	719.3422	8.06353	6.04458	4.95828
74	559.1047	672.4329	723.6107	7.78914	5.78701	4.72387
75	574.5858	686.7386	745.5030	7.51565	5.53428	4.49611
76	589.9605	700.7091	757.9602	7.24403	5.28747	4.27603
77	605.1921	714.3123	769.9573	6.97493	5.04714	4.06408
78	620.2667	727.5490	781.5086	6.70862	4.81330	3.86001
79	635.1401	740.3792	792.5802	6.44585	4.58663	3.86441
80	649.7999	752.8071	803.1889	6.18686	4.36707	3.47699
81	664.2470	764.3578	813.3763	5.93163	4.15417	3.89701
82	678.4334	776.4911	823.1107	5.68100	3.94865	3.12504
83	692.3115	787.6674	823.3587	5.43583	3.75120	2.96166
84	705.8786	798.4069	841.1539	5.19614	3.56147	2.80628
85	719.1170	808.7113	849.5099	4.96226	3.37943	2.65865
86	731.9847	818.5512	857.4057	4.73493	3.20559	2.51916
87	744.4604	827.9223	864.8465	4.51453	3.04003	2.38771
88	756.5194	836.8149	871.8298	4.30148	2.88293	2.26433
89	768.1454	845.2267	878.3595	4.09609	2.73432	2.14898
90	779.3547	853.1953	884.4817	3.89806	2.59354	2.04082
91	790.0969	860.6729	890.1485	3.70828	2.46144	1.34070
92	800.4449	867.7587	895.4663	3.52547	2.33626	1.34676
93	810.3603	874.4220	900.4094	3.35030	2.21854	1.75943
94	819.8423	880.6703	904.9886	3.18278	2.10815	1.67853
95	828.9241	886.5498	909.2593	3.02234	2.00428	1.60308
96	837.5123	891.9465	913.1091	2.87061	1.90894	1.53507
97	845.7555	897.0002	916.6732	2.72498	1.81966	1.47210
98	853.6775	901.7042	919.9589	2.58502	1.73655	1.41405
99	861.2359	905.9118	922.8246	2.45149	1.66222	1.36343
100	868.7534	909.7604	925.3664	2.31868	1.59423	1.31852
101	876.7425	913.4743	927.7472	2.17754	1.52861	1.27646
102	885.7757	917.1004	929.9064	2.01796	1.46455	1.23832
103	897.2798	921.1616	931.9810	1.31472	1.39281	1.20166
104	914.2696	927.5093	934.7307	1.51456	1.28066	1.15308
105	943.3962	943.3962	943.3962	1.00000	1.00000	1.00000

参考文献

[1] Gerber HU.Life Insurance Mathematics,Springer—Verlag,1997.
[2] Bowers NL,Gerber HU.Hickman JC,et al.Actuarial Mathematics,The Society of Actuaries,Schaumburg,Illinois,1997.
[3] Stuart A Klugman,Harry H Panjer,Gordon E Willmot.Loss Models:From Data to Decisions,John Willey & Sons,Inc.2004.
[4] Booth P,Chadburn R,Cooper D,et al.Modern Actuarial Theory and Practice,CHAPMAN and HALL/CRC,1999.
[5] Stephen G Kellison.The Theory of Interest,2 nd edition,IRWIN,1991.
[6] Brown RL,Gottlieb LR.Introduction to Ratemaking and Loss Reserving for Property and Casualty Insurance. 2 nd ed.Winsted,C.T.:Actex,2001.
[7] Straub E.Non—Life Insurance Mathematics,Berlin,Heidelberg:Springer—Verlag;Zurich:Association of Swiss Actuaries,1998.
[8] Foundations of Casualty Actuarial Science, 4 th ed. Virginia: Casualty Actuarial Society,2001.
[9] 魏华林,林宝清.保险学.北京:高等教育出版社,2006.
[10] 刘占国.利息理论.天津:南开大学出版社,2000.
[11] 王晓军,孟生旺.保险精算原理与实务.北京:中国人民大学出版社,2008.
[12] 孟生旺,袁卫.实用非寿险精算学.北京:经济科学出版社,1999.
[13] 杨静平.寿险精算基础.北京:北京大学出版社,2002.
[14] 杨静平.非寿险精算学.北京:北京大学出版社,2006.
[15] 邹公明.非寿险精算数学与实务.上海:上海财经大学出版社,2003.
[16] 雷雨.寿险精算学.北京:北京大学出版社,1998.
[17] 李秀芳.寿险精算实务.天津:南开大学出版社,2000.
[18] 李秀芳,傅安平,王静龙.保险精算.北京:中国人民大学出版社,2008.
[19] 李秀芳,傅安平,李静.寿险精算.北京:中国人民大学出版社,2004.
[20] 王晓军.寿险精算学.北京:中国人民大学出版社,2005.
[21] 宋世斌,申曙光.社会保险精算.北京:中国劳动社会保障出版社,2007.
[22] 王静龙,汤鸣,韩天雄.非寿险精算.北京:中国人民大学出版社,2004.

[23] 张博.精算学.北京:北京大学出版社,2005.
[24] 肖争艳,高洪忠.非寿险精算.北京:中国人民大学出版社,2006.
[25] 吴小平.保险公司非寿险业务准备金评估实务指南.北京:中国财政经济出版社,2005.